《为了两代人的重生:"法律孤儿"救助保护的实践研究》编委会

主　编：王君健

副主编：朱巧英　寇　薇

成　员：

梁镜鸾　高湘涛　和彦杰　陈秋霖　张　赞　孙铭慧　李鹏超

郝思瑶　郭　宏　马丹丹　王亚美　冯　艳　王水秋　李亚利

陈鹏程　唐艳茹　赵亚南　彭　燕　郝　锴

王君健 主编

为了两代人的重生

"法律孤儿"救助保护的实践研究

上海三联书店

资助方：

凯瑟克基金会　河南师范大学青少年问题研究中心

目 录

引言 ……………………………………………………… 3

第一篇 记忆之伤与生存之痛

"法律孤儿"的生存现状 ………………………………… 3
"法律孤儿"的需求评估 ………………………………… 18
"法律孤儿"的自我情绪定位 …………………………… 29

第二篇 天使之翼与专业实践

消退"法律孤儿"不良记忆的个案工作介入 …………… 47
"法律孤儿"的心理创伤干预 …………………………… 60
"法律孤儿"的心理创伤康复 …………………………… 76
"法律孤儿"重新体验创伤性事件的个案社会工作干预 … 92
"法律孤儿"的抗逆力养成 ……………………………… 103
"法律孤儿"的偏差行为矫正 …………………………… 140
"法律孤儿"的兄弟姐妹关系探析 ……………………… 155
"法律孤儿"的亲社会行为研究 ………………………… 171

第三篇 重生之路与救助探索

"法律孤儿"的机构救助问题 …………………………… 189
"法律孤儿"的救助类型探析 …………………………… 204

1

"法律孤儿"的多元救助模式探索 …………………… 220
"法律孤儿"陪护人员的专业养成路径 ……………… 258
"法律孤儿"的基本保护标准 …………………………… 273

结语与反思

一、限制和困惑 ………………………………………… 293
二、伦理和价值 ………………………………………… 296
三、前路和展望 ………………………………………… 298

附录 ……………………………………………………… 299
参考文献 ………………………………………………… 332
致谢 ……………………………………………………… 345

引　言

2003年6月,成都3岁幼女李思怡因其母亲盗窃吸毒被捕无人照看,被饿死在家中;2013年6月,因父亲服刑母亲吸毒失踪,南京市两幼童饿死家中。在农业社会,社会组织以家族为单位,平日遵照"守望相助,疾病相扶持"和"里仁为美"的古训,类似"法律孤儿"(指因父母触犯法律而处于事实孤儿状态、需要救助的未成年人,即因父母双方均在监狱服刑,或父母一方在监狱服刑,另一方已死亡、无能力或其他原因没有得到有效监护的服刑人员未成年子女。本研究之所以用这样一个称呼除引起社会关注之外,一是因为该群体因父母触"法"而产生,二是法律关于孤儿的界定使得该群体虽然是事实孤儿但因父母在世而不能得到孤儿应有的救助)的救助问题一般都在家庭和宗族内部解决,他们大都由亲戚和宗族内部以私人身份予以抚养,但是随着生产方式的转变,传统的家族本位关系被打破,使得原有的救助方式不复存在,而现有的救助体制尚未形成,导致"法律孤儿"饿死的惨剧一幕幕地重演。据司法部统计,截至2005年底,在我国监狱服刑的156万名在押犯中,有未成年子女的服刑人员近46万人,占在押犯总数的30%左右,服刑人员未成年子女总数逾60万,其中94.8%的人没有受到任何形式的社会救助,不少人走向了流浪、乞讨甚至犯罪的道路(司法部,2005)。

我国针对"法律孤儿"的理论与实践起步都很晚,1996年成立的陕西省"回归儿童村"是我国第一家专门为服刑、劳教人员免费代养未成年子女的民间机构。2000年常扬的报告文学《在离开父母的日子里——中国首家罪犯子女儿童村纪实》算是理论研究的发端;2006年《关于开展为了明天——全国服刑人员未成年子女关爱行动的通知》是我国首次从政策层面专门对其救助的文件。目前我国"法律孤儿"救助保护工作存在许多的问题和不足,一方面政府在对"法律孤儿"的救助工作中缺乏明确的救助政策,在具体实务救助工作中也处于缺位状态,相关救助制度与救助工作亟待完善与落实;另一方面民间社会组织在对救助"法律孤儿"方面的工作还不够系统成熟,主要表现在专门从事针对这一群体开展救助工作的民间社会组织数量还不多,已有的相关社会组织发展一方面不够成熟,并且还受到来自社会政策等方面的限制;社会中对"法律孤儿"的关注还不够多,有些社会成员对这一群体还心存偏见或歧视;另外,以关注社会弱势群体为己任的社会工作专业近年来在我国虽然有了很大的发展,但对"法律孤儿"领域的关注与救助目前也基本还处于缺位状态,在这方面的专业研究与专业发展还比较滞后。

我们的研究团队成员最早于2000年在西安作为志愿者接触服刑人员未成年子女,也就是本研究中的"法律孤儿";2005年开始组建志愿者团队在河南省新乡市太阳村提供志愿服务;2009年主管民政部、河南省郑州市民政局和晨露国际基金会的"晨露国际郑州爱童园"项目;2013年承担中国社会工作研究中心和凯瑟克基金会"法律孤儿救助保护计划——为了两代人的重生"的"实务、实习"项目;2017年承担香港理工大学"法律孤儿救助保护计划——为了两代人的重生"的"研究"项目。

项目组成员在田野中发现,"法律孤儿"群体面对的主要问题有:社会排斥、歧视;群体的自我矮化;心理创伤导致的成长发展障碍、成年后的社交生活障碍、触法问题;社会救助缺失,家庭贫困、家族蒙羞导致的养护缺失;家庭暴力案件对儿童的伤害和影响,尤其是对女童的影响,这些问题的解决迫在眉睫。在相处之中我们了解了"法律孤儿"背后的故事、真实的生活状况,切实感受到了他们的痛苦、迷茫以及在获得救助保障后依然存在的困惑和问题。我们不得不思考："法律孤儿"这个群体的生活经验和感受是怎样的？机构救助服务对他们产生什么样的影响？我们究竟怎么做才能真正满足"法律孤儿"这个特殊群体的需要？

相关研究表明早期经验的剥夺对儿童的心理发展的确会造成巨大的伤害，但这种伤害是可以补偿的。我们一方面应尽最大的努力避免儿童在早期被遗弃或与父母分离；另一方面，一旦遗弃或分离已成为事实，在现有的条件下，必须及时寻找最佳的替代照料方案，补偿儿童因不幸遭遇造成的创伤，否则阴影对孩子的影响将是终身的（曾凡林，2002）。这启示我们，对在早期遭遇过重大变故的儿童来说，通过我们的努力改善照料仍然有弥补创伤的可能。

父母有罪，但子女无辜。关爱和救助"法律孤儿"不单是一份道义，还是一份责任。帮助他们成长无论对其在监狱服刑的父母的改造，还是对于整个社会的和谐发展都有重要意义。为了悲剧不再发生，为了服刑人员及其子女两代人的重生，本项目组成员策划了一个从陪伴到专业介入再到政策倡导的服务方案，介入"法律孤儿"的救助保护。通过回顾、比较中外学者和救助实践者对"法律孤儿"救助保护研究和实践，为"创伤儿童"的研究提供理论借鉴；通过基线调研和"三角校正"进行的材料收集和问题分析，为学术界提供关于"法律孤儿"的需求现状、救助回应及责任分担的学理解释。把理论与实践相结合，为该群体的救助保护提供有针对性和可操作性的干预策略，同时有利于服刑父母的犯罪矫治。

前前后后的实务和研究项目为河南师范大学社会工作专业的学生提供了很好的实习和实践平台，培养了一大批具有实务操作能力和研究能力的优秀学生，如高湘涛、郭宏、刘文静、李鹏超、王亚美、冯艳、李帅、马丹丹、王瑞、王梅、李亚利、董玉、李会会、邓盼盼、王水秋、陈鹏程、唐艳茹、赵亚楠、殷浩田、文丽华、王雪茹、刘婷婷等，为其社会工作专业的教师提供了研究平台，产出了一系列研究成果。本研究成果也是研究团队多年来成果的积淀，如今这帮学生有的在读博士，有的在读研究生，有的研究生毕业在从事各项社会工作，有的正准备读研究生，还有的在读大学。在项目告一段落（香港理工大学支持的研究项目到2018年3月结束）之际，王君健作为带头人把大家召集起来，把团队先前的研究成果再修订后集结出版，一为对支持我们做研究的机构和老师的感谢，二为对多年实务和研究的交代，三为这帮勤劳努力的学生能有成果公开发表，同时，也为成果能够为救助带来帮助，为这两代人的重生带来希望。当然，限于不同的作者所持的立场与所关注的对象个体不同，可能会有差异甚至相悖的发现也在所难免。也因团队成员水平有限，还夹杂有个人的知识站位，难免有偏颇或错误，敬请谅解。

第一篇 记忆之伤与生存之痛

"法律孤儿"记忆深处模糊而又清晰的是亲情的变异、友情的疏离、世情的淡漠、寄人篱下、颠沛流浪和在园舍管控下的生存之痛。

"法律孤儿"的生存现状

一、问题的提出

"法律孤儿",指因父母触犯法律而处于事实孤儿状态、需要救助的未成年人,即因父母双方均在监狱服刑,或父母一方在监狱服刑,另一方已死亡、无能力或其他原因没有得到有效监护的服刑人员未成年子女。

司法部在2005年进行的"监狱服刑人员未成年子女现状调查"研究显示:截至2005年底,在我国各类监狱服刑的156万名在押犯中,有未成年子女的服刑人员接近46万人,占在押犯人总数的30%左右,服刑人员未成年子女总数已逾60万。这一群体整体状况的调查结果令人堪忧:(1)家庭经济陷入困境,孩子基本生活状况没有保障。(2)辍学现象严重,服刑人员未成年子女的基本教育权利得不到保障。(3)服刑人员未成年子女流浪乞讨现象令人担忧。(4)服刑人员未成年子女犯罪率高于全社会未成年人犯罪率。(5)不发达地区和农村贫困地区服刑人员未成年子女的生活是"弱者更弱",雪上加霜。(6)遭遇双重家庭变故的监狱服刑人员未成年子女其父母的监护职责形同虚设。(7)未成年子女是监狱服刑人员的主要精神支柱。(8)"相见难",监狱服刑人员未成年子女缺乏"零距离"亲情互动。(9)"救助弱",监狱服刑人员未成年子女受助状况欠佳。94.8%的服刑人员未成年子女没有受到过任何形式的社会救助。(司法部,2006)

笔者自2001年开始以志愿者的身份接触到"法律孤儿"这个群体,在2005年又与"天使之家"(化名,一家专门为"法律孤儿"提供救助保护的民间组织)开展项目合作。在12年的时间里,笔者不仅了解了"法律孤儿"背后的故事,真实的生活状况,也在相处中切实感受到他们那种深深的疼痛和迷茫,在获得救助保障之后依然存在的困惑和问题。"法律孤儿"这个群体的生活经验和感受到底是怎样的?机构救助服务对他们产生的影响是什么?我们到底要如何做才能满足"法律孤儿"这个群体的真正需要?这些都是笔者进行本研究的动力,以及要探讨的问题。

二、文献综述

(一)国外研究述评

国外研究以美国为典范,主要有五个面向:一是"法律孤儿"成因研究(Nell Bernstein,2005;Rosemary,2003)。二是"法律孤儿"面临困境研究(Gabel S.,1992;Gaudin J,& Sutphen R.,1993;Smith B,& S. Elstein,1994)。三是对救助"法律孤儿"的经验分析(Room G. J.,1999;Rosemary,2003)。四是对政府出台的相关法案的分析(Laver M.,2001;Philip Genty,Arlene Lee,Mimi Laver,2005)。五是关于服刑人员与其未成年子女亲子关系的研究(Nell Bernstein,2005;Rosemary,2007)。他们开展调查的规模大,对个案的分析也较多,相关理论与实践研究相对丰富。

(二)国内研究述评

我国针对"法律孤儿"的理论与实践起步都很晚,1996年成立的陕西省回归儿童村,是我国第一家专门为服刑、劳教人员免费代养未成年子女的民间机构。2000年常扬的报告文学《在离开父母的日子里——中国首家罪犯子女儿童村纪实》算是理论研究的发端;2006年《关于开展为了明天——全国服刑人员未成年子女关爱行动的通知》,是我国首次从政策层面专门针对"法律孤儿"救助的文件。有限的研究成果主要包含五个取向:一是现状描述(常扬,2000;徐浙宁、冯萍,2005;郑霞泽,2006;卢琦,2006;杜静,2007;朱华燕、朱华军,2008)。二是问题探讨(张雪梅,2004;张淑琴,2005;陈伙平,2005;刘新玲、杨优君,2007)。三是救助分析(周涛,2005;郭欣,2006)。四是政策建议(李克、孙温平,2005)。五是比较研究(刘新玲、张金霞、杨优君,2009)。

三、研究方法论

(一)理论基础

承认理论:法兰克福学派第三代代表人物霍耐特在批判继承前人学说的基础上把承认关系在主体间体现出的不同形式分为爱、法律、团结三种,与承认形式相对应的三种蔑视形式,即"承认形式的被拒绝"类型:强暴、剥夺权利、侮辱。霍耐特认为人的完整性归因于承认形式的完整,而蔑视使自身完整性受到伤害,不仅限制了主体的自由,而且使他们不能从其他主体获得肯定的自我理解。于是,蔑视经验便成为了社会对抗和社会冲突的道德动机。

本研究对这一理论的应用逻辑是通过呈现社会对"法律孤儿"的蔑视及这一群体的蔑视体验,以期找到消除蔑视的方法,提供有效的救助保护服务,满足"法律孤儿"的真正需要。

(二)研究对象

研究选取在"天使之家"生活的"法律孤儿"作为研究对象。研究中还涉及与"法律孤儿"救助工作相关的人员,包括机构工作人员、儿童父母、警察等。

(三)研究方法

本研究采用质性研究方法:首先,笔者使用了工作日志作为一种研究资料的收集方法。笔者最初的研究动力来自于日常工作中感受到的"法律孤儿"群体真实的疼痛以及在工作中产生的困惑,这些点滴的感受和困惑都是通过工作日志的方式记录下来的。工作日志不仅是笔者对工作过程记录和反思的一种方式,更为研究提供了大量的一手资料。

其次,本研究采用深度访谈的方式。研究对象的需要是行动的基础也是最终目标。通过深度访谈,能更深入地走进研究对象的内心世界,挖掘出他们真正的需要。因此,本研究对机构生活的13名儿童进行了深入访谈(如表一)。

再次,参与实践活动。由于工作的场所即为研究的田野,笔者可全方位的参与到与研究对象相关的各项活动中去:包括研究对象的日常生活、学习、游戏、外出活动、宿舍会议、机构的日常管理工作以及服务计划制定等。最大限度地展现了儿童和机构的真实情况,为研究资料的收集奠定了基础。

(表一)天使之家中孩子的基本情况

编号	性别	年龄	入村时间	父母情况
C01	男	17	9年	父:无期徒刑;母:不知去向
C02	男	15	2年	父母同入狱,12年有期徒刑
C03	男	17	10年	父:12年有期徒刑;母:病亡
C04	男	13	3年	父:10年有期徒刑;母:不知去向
C05	男	16	10年	母亡,父死刑已执行
C06	男	18	10年	母亡,父死刑已执行
C07	女	13	4年	母:无期徒刑;父亡
C08	女	12	4年	母:11年有期徒刑;父亡
C09	女	16	6年	母:死刑缓期执行;父亡
C10	女	15	10年	父母已出狱,不知去向
C11	女	18	11年	母:死刑缓期执行;父亡
C12	女	10	2年	父:有期徒刑12年;母:不知去向
C13	女	17	10年	父母已出狱,不知去向

四、研究发现

当一个孩子从成为"法律孤儿"那一刻起,他/她的生活发生了怎样的变化,他/她的内心世界正在经历着什么,他/她又希望对外界表达什么,了解这些是我们认识这个群体及其需要的第一步,也是我们反思自身工作的基础,在这个基础上,我们不仅看到孩子的疼痛,更要在这种疼痛和挣扎中反思自身工作的缺失,才能提供真正满足服务对象需要的服务。

(一) 被强暴的记忆——另类的心路历程与生而为人的抗争

1. 家庭暴力和孩子的伤痛记忆

在工作以及研究的过程中,笔者接触到的"天使之家"的儿童,约有三分之一是因为严重的家庭暴力(父母一方将另一方杀死),失去监护人而不得不进入救助保护机构。这类儿童与父母由于其他原因入狱的儿童相比,承受的痛苦更加沉重。在离开家庭之前,家庭带给他们的就是无尽的恐惧和伤痛,父母无论是施虐方还是受虐方,无论最终入狱的是施虐方还是受虐方,在儿童的认知、依恋能力、健康人际关系建立、信任度、自我认识以及抗逆力等方面造成的伤害和影响都是巨大的,有些甚至是无法逆转的。

笔者进行深入访谈的 C09 就是其中典型并具代表性的个案:C09 的母亲在家中长期受到丈夫的虐待,在 C09 的成长过程中伴随她的没有多少快乐的记忆,更多的是母亲遭受无端毒打和谩骂的画面。C09 谈及父亲时总是低下头,避免与笔者有任何的目光接触,时至今日仍然无法摆脱那些父亲带给她的恐惧和伤害。"对他,我最深的印象就是,无论什么时候,哪怕是在深夜熟睡时,只要他的脚步声在门口响起,我就会惊醒",因为不知道父亲的归家是否又是一次对母亲的毒打,在这样的家庭氛围里成长,C09 表现出比同龄孩子过度的早熟和敏感。C09 的母亲不堪忍受虐待,又因为法律意识淡薄,将 C09 熟睡中的父亲杀死,由一个受害者变成了一个施暴者,自己被判死缓入狱服刑。当警察来抓捕 C09 的母亲时,当时只有 7、8 岁的 C09 用小小的身体死死抵住家门,大声喊着"妈妈,快跑,快跑呀"。像以往每一次母亲受到父亲毒打,她奋力想用自己的小身体为母亲遮挡父亲的拳脚一样,拼劲全力想要把警察们挡在门外。警察最终带走了 C09 的母亲,而那样的无望、恐惧、愤怒和怨恨至今都留在 C09 的心里。"为什么带走我妈?他该死,他早就该死了",C09 在进入保护机构之后,每当提及自己的父亲,都会这样不停地发问。然而,家庭变故带给C09的伤害并没有随着父亲的死亡而结束。母亲入狱后,C09跟随大姨生活了近两年的时间,但在村子里,周围的人都开始疏远她们的家庭,很多家长甚至禁止自己的孩子与C09玩耍,同村的孩子看到C09就会喊"杀人犯、杀人犯"。在学校里,C09犯错时,有些老师甚至会用她的家庭遭遇来讽刺C09,周围人的冷漠、排斥和歧视,让C09的生活更加艰难,她变得更加敏感和沉默,并且极易愤怒和富有攻击性。C09的大姨将她送进"天使之家"的时候非常难过,"实在不是因为一口饭养活不了娃,在村里太遭罪了,到处都有人说娃,娃整天闷着头,怕把娃再弄出个好歹,咋跟俺姐交待?一家子就全毁了"。

C09的情况绝不仅仅是个个案,在众多家庭暴力的案件中,受到伤害最大的往往是孩子,他们在父母入狱之前经受着由最亲近的人带给他们的恐惧和伤害,又在父母入狱之后承受着社会对他们的排斥和歧视,这对于一个儿童来说不啻于是最残酷的经历,在这样的环境里成长,如何才能造就一个有着健全人格、人生观的孩子?如果没有来自外界的包容和支持介入,这样的儿童会有一个怎样的未来,以及为社会带来如何的影响,我们不敢想象。

2. 暴力抓捕对孩子的心理创伤

在父母被捕的过程,孩子直接面对暴力,心理遭受了巨大恐惧刺激和羞辱,也因此失去了庇护和生活保障。来到机构接受救助的孩子当中,绝大多数都经历过父母被抓捕的过程,其中一些是警察直接到他们居住的地方把父母带走,另一些是其父母在实施犯罪行为的时候就将孩子带在身边,警察在抓捕罪犯的时候连孩子一起抓了。

无论哪一种情况,经历父母被捕的过程都让孩子充满了恐惧。经过很长时间依然不能从那段恐惧的记忆里走出来,噩梦会常常再现那个场面,成长中也因此增加了巨大的痛苦。其一,在制止犯罪行为的过程当中,警察与罪犯的对抗关系,决定了抓捕方式存在暴力性。警方一般采取的行为比较暴力,如果遭遇反抗手段将会更加粗暴,以暴制暴的抓捕场面给孩子带来极大的刺激并产生恐惧。其二,警方以抓捕到罪犯为其行为目的,在过程中不会考虑其犯罪动机,通常也就不会考虑当事人以及儿童的感受。C08 明确地告诉过笔者,其母亲因为不堪忍受父亲的暴力而将父亲毒死之后,警察来抓捕的时候对其母亲使用了暴力——"揪她的头发,还踢她",孩子觉得警察比自己的父亲还坏。一方面,母亲的被捕已经使孩子产生了深深的痛苦;另一方面,警察的暴力行为,不仅给孩子带来了恐惧,更让孩子对警方产生了憎恨。有些孩子不仅因此惧怕、憎恨上了警察,也因为父母是造成这个经历的根源而怨恨上了父母——"为什么要带给我这些?"越是长大,这样的怨恨也越深,伤痕也越无法轻易的治愈。其三,在警方实施抓捕的过程当中,没有对孩子进行适当的保护。例如:将孩子领到一边,向其解释此次行为的原因。考虑到孩子在现场的因素,行为是否可以考虑不要过于暴力。或者,在抓捕之后,考虑到孩子在失去父母庇护之后可能会失去生活保障,从而产生危险,而联系可能临时监护儿童的人员或者机构。

可是,无论是基于工作要求还是按照"常理",警察在抓捕过程中的所有行为目的都集中在罪犯身上,而儿童显然不在其工作任务考虑的范围之内。我们从现存的任何规章制度中也找不到关于警务工作者在抓捕过程中对罪犯子女进行保护的要求,但我们无法否认,父母的被捕是对"法律孤儿"的又一重伤害。

(二)被剥夺的权力——因为隐喻身份的失语和为了尊严的发声

探监是每个"法律孤儿"在其生命历程里必有的一个经历,可是如果你问及孩子的感受,你会发现,这种经历带给孩子的不仅仅是可以见到父母的喜悦,更多的是见过之后的羞辱和疼痛,探监是一个痛苦的过程。

1. 从等待开始就失去尊严

监狱按月提供探视时间,通常的程序是:在探视时间内持亲属接见证在大门口办理登记,等候传唤,然后再进入监区接待室,在那里与亲属见面。这个程序没有问题,但执行起来往往是这样一种状态:从办理登记到等待传唤,到见到亲属需要的时间从来是不固定的,通常情况下需要 45 分钟到一个小时,这都属于正常的等待时间,但实际上多数情况下等待会远远超过这个时间。等待,是孩子在见到父母需要经历的第一道障碍。作为罪犯的家属(孩子),你没有提问的权利,什么时候让你进去你就进去,让你等你就得等着,无论何种原因造成的等待时间延长(笔者经历过的最长一次等待是从上午 10 点一直等到了下午 3 点半才带着孩子见到其母亲)监狱方面都不会有人出来解释任何原因。无论寒暑、天气如何恶劣,只能在大门外等待,并且没有厕所,每次带领孩子去探监,工作人员都要嘱咐孩子"别喝那么多水,等的时间长了,上哪儿给你找厕所去?"我们带去探监的孩子,无论平日里有多调皮,在等待的过程里通常都会很安静,随时一点点的响动,都会惊得他们回头去看,好像永远在防备着什么,又在期待着什么。这些等待的犯人家属常常会受到无端的呵斥,人群里常常充满了焦虑不安和迷茫。孩子也只能在这种压抑中等待被放进去的那一刻。因为父母所犯的错误,让孩子随时随地都能体会到什么叫做被忽略和歧视,在森严的执法部门面前,这样的体会更深刻一些。

2. 见到父母要承受更大的煎熬

首先,接见方式造成的隔阂。在监狱亲属会见时,一般采用的是窗口接见方式,即就是犯人和来访者坐在玻璃的两边,通过电话进行沟通,双方只能相互看到,却接触不到。暂且放下监狱管理需要而制定这种接见方式的必要性不谈,我们单从儿童的角度来进行一些讨论,来自于母亲真实地接触和抚摸对儿童(尤其是幼龄儿童)来说具有怎样非常的意义。机构带着孩子去探监,还可以为孩子争取到与父母同坐的空间,但一年最多也不会超过四次(暑假、六一、中秋、春节),可是更多的孩子呢?每次去都只能隔着玻璃看到父母,永远也触摸不到。笔者曾经在接见室看到这样一幕:一个两岁左右的孩子被奶奶抱着,隔着玻璃与妈妈相望。玻璃墙里面的服刑母亲已经泣不成声,玻璃外面抱着孩子的白发老人泣不成声,孩子也在哇哇地大哭。一位警官接过了孩子,向门口走去,她想让里面的女犯抱抱孩子,已经走到门口,被另一位警官拦住,低声说,"有监控,别去了。"笔者相信作为女人、作为母亲、就算是作为一个必须让自己面带冷峻的狱警也好,内心都有柔软善良的一面,那是一个人的人性所在。监狱作为一个特殊的执法和管理机构,我们可以理解为保证其安全严密性或惩戒目的而必须制定地极为森严的制度。但即使是从管理安全的角度考虑,一个两岁的孩子又可能对监狱安全造成什么威胁而必须隔离?如果从对罪犯惩罚的角度考虑,我们常识性的知道在犯罪行为产生之后,犯罪者的自由及政治权利都会相应的被剥夺,可是这是否意味着连人性的基本需要和表达也要被剥夺?如果是这样,那么监狱改造的是人的什么?在不违反法律法规的前提下,最大限度地保存人性的做法,尽可能多地为弱势人群(老人、孩子)提供一个人性化的空间,相信这样的做法即使是对最黑暗的心灵催生的也绝对不会是更多的罪恶。"隔着玻璃相互对望,把手掌隔着玻璃对齐重合,没有经历过的人体会不出那样的寒冷和绝望",个案 C11 在一次探访之后回来告诉笔者,每一次见到妈妈都成了她内心的煎熬。

其次,跟随父母,尊严一起被剥夺。"我妈看到队长(警官)过来,慌得站起来的时候凳子都挂倒了,可队长(警官)连她看都没看,我的脸一下就红了。"让孩子看到自己父母这样的慌乱,受到轻视,孩子那本已经少到可怜的尊严还有多少?父母在与自己的孩子隔窗而望的时候,心里产生的不仅仅是愧疚,也有恐惧,一个母亲说,"我宁愿选择让孩子相信我死了,也不要她这样无望的摸着玻璃看着我,眼泪汪汪,还要面对政府(狱警)的呵斥,我犯罪了,我的家人为什么也要受到这样的呵斥?犯罪的又不是他们,我宁愿他们当我死了,不要来受这样的侮辱。"孩子在那样的环境中也会觉得自己像犯人,间或有个别警官无意地向孩子提问,孩子都条件反射似的有问必答,连沉默这样最基本的反抗技巧都忘记了,笔者曾经经历过这样的场面,我想孩子真的是被吓到了,能否保护自己的尊严已经不重要了,因为你没有空间可以保存尊严。制度的冰冷造成了人性的冰冷,孩子的尊严和安全感也在这种冷漠下被一点点剥夺。

(三)被标签的侮辱——道德连坐和自我矮化

1."道德连坐"对"法律孤儿"的侮辱

一方面,在一般传统认识当中,服刑人员都是罪不可赦的"坏人",他们给社会带来的危害、给他人造成财产或生命的伤害都是不可原谅的,应该受到严厉的惩罚。在我国的传统文化当中,因果报应的观念存在于很多人的思想当中,当有人犯罪服刑,而其家人遭受困难和不幸的时候,往往被认为是罪有应得。对父母罪恶造成的恶劣印象积累到其子女身上;另一方面,家庭是一个人成长的第一环境,父母也是儿童的第一任老师,家庭环境的影响是儿童成长和人格形成的关键。出自一个罪犯家庭,在其父母言传身教影响下成长起来的孩子会好到哪里去?"有其父必有其子"的血统论和"上梁不正下梁歪"的观念,让"法律孤儿"遭受着极大的社会歧视。对其父母罪行的憎恶和痛恨影响到社会对罪犯子女的接受程度,"法律孤儿"因此被排斥在社会边缘,他们面对的困难和需求好似是不配得到社会关注的。

2."问题导向"对"法律孤儿"群体的侮辱

社会对于"法律孤儿"最初的关注是从这一群体引发的社会问题开始的,而目前几乎所有关于这个群体的研究也都是围绕着解决社会问题和缓解社会压力展开的。问题导向的认识途径从根源上决定了社会对这个群体认识上的偏颇——贫困、流浪、社会不稳定因素、心理障碍、问题儿童、暴力、青少年犯罪等都是人们一旦想到这个群体就会立刻出现在脑海中的印象,"法律孤儿"被贴上了"社会问题"的标签。认识上的偏差形成了社会对这个群体稳固的"恶劣印象",也导致了社会对这个群体的强烈排斥。

3. 在主流社会价值观影响下"法律孤儿"的自我矮化

主流价值观形成的"舆论环境"不仅对"弱者极为不利",因为"它不仅剥夺了弱者获得社会救济的道义根据,而且还通过强化他们的自卑和自责使他们在物质的不幸之外更加上心理的不幸"(康晓光,2003),在这种主流价值观的影响和压迫之下,"法律孤儿"这个群体对自己形成了规训。"对社会无贡献,还对社会有要求?"一方面对自己的权利要求降低,甚至是放弃,更不要说去争取。这种情况不仅仅存在于"法律孤儿"这个弱势群体当中,也存在于例如贫困人口、流浪儿童等其他弱势群体当中。另一方面,自我认同程度很低,在心理上自觉低人一等,长久被排斥在主流社会之外受到歧视,还会造成"法律孤儿"的自暴自弃,从而产生对社会的对抗情绪。这些导致了他们的发声方式永远是通过造成的社会问题而引起社会关注——贫穷、流浪、社会不稳定因素、触法、犯罪,而这些又更导致社会对这个群体更加极端的排斥、厌恶,从而导致一种恶性循环,而我们的救助模式也只能停留在补救的层面上,而无法进行主动预防。

(四)蔑视与反抗——恐惧与困惑背后的挣扎

1. 孩子的恐惧

"我妈让我好好学习,将来做个有用的人,对社会有贡献,不要像她一样无知、犯罪,还给别人添麻烦。我必须要考上大学,这样我妈、我哥以后才有依靠,才有活路。像我这样的孩子,和班里其他的同学不一样,人家还有爸妈可以靠,我什么都没有,现在连身上穿的一件衣服都是社会上的人捐赠的,除了自己,我什么都没有,我只能靠自己找出路……我妈出来了以后,我有能力了,就把她和我哥接到一个谁都不认识我们的地方去,我们在那里重新开始生活。"

这是个案 C11 高考之前的一个晚上跟笔者说的话,一边说,她一边哭。我想不仅仅是因为高考前的紧张,更是因为高考对她来说已经不是一种生存的选择,而是唯一的可能,唯一能改变自己和亲人的生活的可能——考取大学,赢得社会认同和尊重,才能活下去。这样的压力,在一个 18 岁的女孩身上,带来的可能不仅仅是紧张,而是一种近乎恐惧的体验。笔者问她:"为什么要带着妈妈和哥哥去一个没人认识你们的地方生活?"她说:"我妈觉得她给我们丢人,她让我自己好好活,可是我很爱她,我不能丢下她只管自己,我只能带她走,没人认识我们,没人知道我们的过去,我们就能重新开始生活了。"这个孩子的母亲因为不堪忍受家庭暴力,在一次遭受虐待时杀了自己的丈夫,入狱时被死刑缓期执行,现在经过减刑已经改为有期徒刑,她入狱时留下一双儿女,男孩儿在外流浪后依靠到处打零工来维持生计,目前因患骨病,在老家依靠救济生活,女儿被村里送到"天使之家"已经在这里生活了 10 年。这个孩子对生活最大的憧憬,就是考上大学,找到一份稳定的工作,带着母亲和哥哥离开这个有人认识他们的地方,永远的离开。

在机构中和个案 C11 有同样想法的孩子绝非少数。在离开机构以后也基本上没有孩子再回到这里,机构也因此和几乎所有的孩子失去了联系。他们告诉笔者:"我永远不会让人知道我是'天使之家'出来的孩子","我要到一个新的地方重新开始","我不会再回'天使之家'去了,有的时候我也挺想回去看看,毕竟生活了那么多年,有一些朋友还在那里,还有老师,不管怎么说也为我们付出了那么多。可是一回去我所有的记忆就都回来了,我很难过,我也怕别人看到我去那里,问东问西"。而几乎所有的孩子,在长大离开机构之后,与他们的伙伴也都断了联系,笔者认为这不仅仅是由于距离上的客观原因造成的,更相信他们是因为不想再继续这种联系,不想与过去的生活经历再有任何的瓜葛。因为那样一段生活对个人来说不是什么愉快的体验,而进入机构生活的原因更没什么光彩,甚至是要深深埋藏起来的。笔者理解那些"没良心"的孩子离开之后就从此音信全无,相信他们心里的伤害一定比我们能够想象的还要深、还要痛,不然不会这样毅然决然的撕裂、甚至是砍掉自己人生的一个部分。是什么让这些孩子对自己的身份如此惧怕,恐惧到无法面对,一定要彻底隐瞒才能继续生活下去?

2. 孩子的困惑

从父母被捕到机构生活,没有机会了解有关父母的真实情况,给孩子带来的不仅仅是伤害,还有极大的困惑。而这种困惑在儿童的成长过程当中会给其"是非"观念的形成以及对事物的正确认知带来很大的障碍。一般来说,在儿童的成长过程当中,父母常常充当的是第一任教师的角色,而儿童最初对爱的感受和理解,也是从父母那里得到的。在儿童的感知认识里,父母与"爱"、"好"、"好人"这样的概念是联系在一起的。但随着社会教育程度的加深,孩子也会逐渐学习到"坏"、"坏人"、"罪恶"这样的概念,与一般儿童不同,"法律孤儿"对于这些负面概念的印证恰恰又来自自己的父母。一方面父母是孩子所爱的人,另一方面,父母对于社会来讲又是坏人,是不被社会接受和被唾弃的,这样的联系,在孩子成长的过程里,尤其是年幼儿童的成长过程里,常常会造成非常混乱的理解。在形成"是非"、"好坏"这些观念的过程里给儿童带来很大的困扰。因此,出现了孩子在面对自身情感——对父母的爱,面对社会公德意识——对父母的罪恶感到羞耻的时候,不知道该如何面对和协调自己的情感,从而出现回避父母的情况。在这一点上,机构中生活的很多孩子都有困惑,个案 C07 就非常具有代表性。笔者还记得 C07 刚到机构的时候,每一次探监之前她都激动得睡不着觉,省下自己的零食带给妈妈,找出自己珍爱的照片在背面写上悄悄话带给妈妈,见到妈妈的时候总是说个没完没了。可是,随着时间的推移和 C07 的成长,工作人员和笔者都发现 C07 对探监的热情和期待越来越少,终于在一次机构组织孩子探监的时候,C07 向工作人员提出了不去的请求:"我这次不想去看我妈了","为什么?","不知道,就是不想去"……"去了,不知道和她说什么。"

而个案 C10 跟笔者说过的一段话至今让笔者感到深深的刺痛。C10 在机构中是为数极少的品学兼优的孩子,也被机构老师视为掌上明珠,日常生活中小会大会都少不了对 C10 的表扬,以 C10 为榜样对其他孩子进行教育规劝。C10 是市级的"三好学生"和"优秀少年",是机构可以向外界展示的重要工作成果,C10 在机构一向被老师关爱有加、另眼相看,也是打破"血统论"的一个特例。但是在与 C10 长期的接触当中,笔者发现这个孩子长久隐藏的压抑、痛苦和困惑,她常常会突然地哭泣,但从来不说明原因。在一次与 C10 谈心的过程中,C10 突然问了笔者一个问题:"你说我能做个坏孩子吗?"笔者当时十分诧异为何 C10 会产生这样的念头,深谈下去 C10 自己道出了原因——"我 6 岁就到这儿来了,在这儿生活了快 10 年了,这么多年来我觉得自己就是在报恩,什么都没干就是在报恩,报答老师对我的养育,报答社会对我的关怀,我活得太累了,这种生活啥时候是个头?有的时候太累了我就跟自己说,'再忍忍,上了大学就能离开了,就能摆脱了,到时候我要去个没任何人认识我的地方生活'。我为什么就得背着这些东西呢?能扔掉吗?为什么我就不能像其他孩子一样犯错误呢?我也害怕自己犯错,你一旦犯了错老师能把你思想说的丑恶的你都没法接受。就因为给了我饭吃,我就得感恩戴德一辈子?不能有任何的不满?"

也许是青春期的叛逆反应,也许是C10开始反抗生活给她带来的疼痛和困惑,在外住校上高中的C10开始逃课甚至不参加考试,还开始跟老师说谎。C10"抹黑"自己反抗着生活给自己带来的困惑和压力,而她的困惑也给机构的老师带来了更多的迷茫——为什么似乎每个孩子最终都逃不开堕落的这个怪圈?自己的辛劳付出又是为了什么?我们不能因此否定十年来机构以及所有工作人员付出的艰辛努力和得到的成果,十余年来如果没有这样一个机构和这样一群不求回报的工作人员,将有更多的孩子流离失所,过着我们不能想象的生活,也绝对不会像今天这样有如此多的人来关注这个群体,甚至引起政府的重视,来推动针对这个群体的救助进程,更不会有笔者写下这些话的契机。

"法律孤儿"的需求评估

一、理论框架概述

以系统理论和生态理论整合为基础的 TIE(个体与情境交流)架构是 Monkman 和 Allen-Meares 提出的专门用作青少年社会工作评估模式。该架构遵循现代社会工作"人在情境中"的视角,聚焦于情境、个体的应对行为和应对形态三个层面展开实务工作。(paula Allen-Meares,2006)

在 TIE 架构中,情境泛指个体可以直接接触到的环境,TIE 架构聚焦于对环境品质的分析,即分析环境向个体提供支持的程度,具体包括资源、期待、法律和政策等方面。资源是指个体在需要时可获得的支持和协助,可进一步细分为非正式资源(即个人间的情感支持、劝导等)、正式资源(各种为社会成员谋求特定权益的团体或协会)和社会资源(即按照特定程序提供服务的机构或单位,如学校、医院等)。期待是情境中重要的他人对个体的期待。

个体泛指在社会生活中功能受到损害的个人、家庭、群体或社区。应对行为是指个体在面对外部情境时通过意志控制所呈现的行为,包括生存行为、依附(或社交)行为和发展行为。生存行为即个体获得和使用各种资源以维持生命或活动的行为。依附(或社交)行为是指个体与环境中的他人及机构建立亲密关系和社会联系的行为。发展行为是个体增强自身各方面权能的行为,可进一步细分为各种增强认知、体能、经济和情绪等方面的行为。个体的应对形态是指个体对外部情境的一般行为模式。(陈钟林,吴伟东,2006)

顾东辉(2008)指出,根据社会工作的架构,需求评估至少应涉及需求主体、界定主体、需求内容、需求不足或问题的状况和原因、服务思路等方面的工作。文章对"法律孤儿"需求评估的逻辑为：通过个体行为现状发现需求不足——分析情境系统把握原因机制——结论及服务思路。

二、研究对象及方法

1. 研究对象

笔者以×市太阳村 23 名"法律孤儿"为访谈对象，研究还涉及园内相关工作人员。

2. 研究方法

本文采用质性研究方法，综合运用文献法、访谈法搜集资料。一方面，笔者通过在期刊网搜集相关文献资料，了解国内"法律孤儿"研究状况，以扩大研究群体区域范围，并从中探究这一群体在 TIE 框架中的需求点。

另一方面，以访谈提纲（见附录）为基础，运用结构访谈与无结构访谈相结合的方法对太阳村 15 名"法律孤儿"进行深入细致的访谈，获得一手定性资料。

三、"法律孤儿"行为现状

TIE 架构中，应对行为包括生存行为、依附（或社交）行为和发展行为。因此，笔者将"法律孤儿"群体的需求分为：生存、依附（或社交）及发展的需求。本部分内容旨在通过对行为现状的描述发掘需求点。

1. 生存现状

在家庭系统中，父母的离去导致"法律孤儿"缺乏经济依靠，大多面临经济上的困难，生活状态存在不稳定因素。因此，接受寄养的孩子生活状况的好坏一定程度上取决于监护人的居住情况和经济收入水平。

在机构系统中,机构中的生活条件也只能达到温饱的标准。走访太阳村的过程中,笔者发现相比同龄的孩子,他们的发育状况欠佳。有不少孩子称"偶尔吃顿好的,会吃到吐"、"小病不愿对爱心妈妈讲,也从来不医治"。在参观他们的住所时,笔者发现屋内非常整洁,生活用品摆放整齐,虽然不知道这是否是他们生活的常态,但不难发现他们身上较强的自理和自立能力,只是一些生活中的细节,如卫生习惯、生理习惯等需要工作人员悉心的指导。虽然在生存需求上他们极易得到满足,但笔者却为他们的现状感到担忧。

2. 依附(或社交)现状

"法律孤儿"在社交过程中表现出矛盾的状态。有调查研究指出"服刑家庭子女虽然在社会交往中存在一定问题,相对普通家庭子女不足,比如:在社会参与、同伴交往方面显著弱于普通家庭子女,但他们的'乐群性'与'成熟度'发展正常,与普通家庭子女没有差异"(徐浙宁,冯萍,2005)。可见,服刑人员未成年子女也有正常的人际交往需求,而且也有这方面潜在的能力。在与同伴的交往中,大多数的孩子愿意和朋友分享快乐,但另一方面,他们不愿意信赖他人,害怕被骗和被伤害。在面对痛苦及不开心的事情,多半更倾向于自己承担,不愿向朋友、老师倾诉。

在访谈过程中,有些孩子,尤其是年龄偏大的孩子坦诚"不善于和别人交流",并主动向志愿者咨询与他人沟通的技巧。"你(访谈者)告诉我一些人际交往方面的技巧吧。""以前刚来这的时候,我谁都不搭理,我又不认识你干嘛理你啊,慢慢地变得可孤单,以后慢慢熟了才好点,都是别人主动跟我说话我才理别人的。"(编号19,男,15岁,初三学生,籍贯为河南商丘。)

3. 发展现状

包含情绪管理能力发展和正确的成就动机。李迎生(2010)指出,儿童对社会的认识处于由感性向理性的转变过程中,有较强的心理依赖,但与此同时,他们也处于由少年期向青春期过渡的阶段,"心理断乳"让他们有着极强的独立意识。面对陌生的社会,他们内心迷茫矛盾,对社会信号有超强的敏感性,这使得他们在社会中的心理压力高于一般社会群体,容易产生较为强烈的受挫情绪。他们在社会生活中缺乏社会支持感,在心理上容易产生不满、苦闷、焦虑、急躁情绪,难以自我调适。在情绪表露上出现了隐蔽性,将喜怒哀乐各种情绪都尽可能隐藏于心中,尤其是对一些消极情绪,隐藏得更严密。因此,在审视"法律孤儿"心理及情绪问题时,我们应当首先考虑到儿童青少年这一特定时期的心理特征。

在访谈提纲中,笔者特意加入了不良情绪疏导等相关问题,访谈结果显示,绝大多数孩子在有负面情绪时,通常采取消极被动方法,如采取不恰当的方式发泄甚至封闭自己,而不愿跟他人倾诉或通过听音乐、运动等消遣方式舒缓情绪。"被大孩子欺负或者被阿姨训过以后感觉可生气,不想跟任何人说话,有时候可想打人,很多时候都是憋心里,没人的时候就哭了。"(编号11,女,11岁,五年级学生)工作者在对其进行心理疏导的过程中,应秉持助人自助的理念,通过改善他们对自身的评价和认知、帮助其释放情绪并学会管理情绪。在成就动机方面,调查资料显示,他们长大后想做对社会有用的人,诸如长跑运动员、舞蹈家、设计师等等,很多人希望考取大学,找一份好的工作,改善家庭现状。"我就是想着考上大学,我姐我妈都让我好好上学,上学才能改变出路,我妈我姐说全部的期望都寄托在我身上了,我要好好学习。"(编号15,女,13岁,六年级学生,籍贯为河南沁阳)

笔者认为,面对自身生存、依附及发展的需求,情境中"法律孤儿"的应对行为有两个方面的取向:一是减少需求以试图适应环境,二是增加资源以满足需求。由于自身获取资源的能力有限,大多数"法律孤儿"的应对行为符合第一种取向,即他们获取资源的行为是被动的。

四、"法律孤儿"情境分析

在 TIE 架构中，情境泛指个体可以直接接触到的环境。专业社会工作者基本使命的完成需要对个体和情境的双重聚焦。实务工作者在介入个体问题之前，必须对服务对象所处的情境有完整的认识，并在此基础上评估个体的问题和需求。（Allen-Meares，1995）遵循"人在情境中"视角的 TIE 框架认为，个体追求自身与环境的适应以满足需求。本文中，笔者不仅是将情境作为需求评估的依据，更是把其当作是向个体提供资源的工具。笔者认为，"法律孤儿"需求不足是情境系统提供资源不足造成的。因此，对其所处情境品质的分析至关重要。依据 TIE 架构中概念的界定，笔者将"法律孤儿"所处情境分为：家庭、学校、机构、社会情境。在每个情境系统中，笔者以特定的指标评估情境品质，即环境向个体提供支持的程度。指标具体包括资源、期待、法律和政策几个重要方面。

1. 家庭情境

（1）情感支持

一方面，家庭为子女提供个别化的成长环境，如物质条件、精神寄托、发展潜质等。另一方面，家庭的教育对子女早期社会化起到了决定性的作用。因此，将"法律孤儿"放到整个家庭的互动关系中去理解才能真正了解其需求。对他们而言，最好的成长环境仍在家庭。但"法律孤儿"普遍面临的情况是：或父母双双入狱，或一方入狱，另一方出走。在孩子幼小的心灵当中，对于入狱的父（或母）亲，他们并没有排斥或反感，反而在因此而出走的父（或母）身上感受到了"背叛"，这无疑是继父（或母）入狱之后的第二次伤害。"爸爸虽然偶尔会打我，但对自己很好，不喜欢妈妈，因为妈妈在爸爸入狱后抛弃了自己。"（编号16，男，

12岁,四年级学生,籍贯为四川省广元市)在访谈中笔者发现,太阳村的孩子极希望得到家人或亲戚的探视而无果,但习惯以"他们忙"等方式自我安慰。缺乏家庭系统内的情感支持。"每天晚上都会想爸爸妈妈,我来这儿这么多年都没人来看过我。"(编号14,女,13岁,五年级学生,籍贯为河南新乡市,曾在汽车东站打工,被人发现送来太阳村。)

(2) 期待

根据TIE框架的概念描述,期待是环境中的重要他人对于服务对象的期望。这些期待意味着建立在社会结构基础上的模仿行为和标准化义务。服刑人员作为"法律孤儿"的重要他人,虽然有履行教育子女的权利和义务,却因自身越轨没能给孩子树立良好典范而羞于启齿。"每次去看妈妈的时候她总是一直哭,说对不起我,让我好好听老师的话,其实妈妈才比较痛苦,这么想着,时间长了也就习惯了。她也对我好像也没以前那么严了,以前还嫌她可啰嗦,现在说着说着就没话了,不知道说啥。"(编号2,女,12岁,五年级学生,籍贯为河南商丘。)

2. 学校情境

(1) 教育资源

作为"法律孤儿"社会化过程中最重要的社会环境因素,学校承担了教育和指导作用。学校通过传授知识和技能,塑造他们的价值体系,并使这种价值体系内化为自身的行为标准。在太阳村访谈过程中笔者了解到,"法律孤儿"在学校里基本能够平等享受教学资源。此外,他们还普遍反映"老师对他们并没有歧视态度,反而在生活和学习上给予了更多的关心和帮助"。另外,多数调查均显示,"法律孤儿"这一群体普遍面临学习上的困难,部分学生采取放任学习的方式。访谈对象也提到"以前在家上私立学校成绩好,来到这不行了,被分到差班,大家都玩,我也就太不想学了"。(编号22,男,14岁,初二学生,家住新乡市牧野区)对其问题产生的原因虽很难界定,但并不排除学校方面的因素,如何提高学生的学习动机是学校面临的挑战之一。

(2) 同伴群体

另一方面,学校也是"法律孤儿"与同辈群体交往的重要媒介。在访谈资料中笔者发现,在谈及"最有意义的事"时,他们叙述的内容大多与学校有关。如"参加班里或学校组织的某项比赛"、"和朋友分享好吃、好玩的"、"帮助同学"等,可见,学校这一主体无形中成为他们获取生活意义与成就感的来源之一。"有没有一件事情,让你感觉到自己突然长大了,能够担当了,或者说你感觉十分有意义的事情?""嗯,有一次参加跑步比赛,在不知情的情况下,老师让我去参加,我跑了第一名,后来,我参加了新乡市举办的多项短长跑比赛,也都取得了不错的成绩。"(编号23,男,14岁,初中二年级学生,家住平顶山市宝丰县)但在学校"基本没有朋友",在同伴群体中"揭伤疤"的事也时有发生。"小一点的时候,因为爸爸的原因,同龄的孩子们有时候会嘲笑我。"(编号21,男,12岁,六年级学生,家住平顶山市通许县。)

3. 机构情境

(1) 基本设施及环境

相比流浪社会、无依无靠的"法律孤儿",机构中的他们是幸运的。尽管目前太阳村的环境有些恶劣,设备较落后,生活水平低于普通家庭,但大多数的儿童村服刑人员子女"满意在太阳村的生活"。但是类似于"太阳村"的民间机构中存在的问题却不容忽视。

(2) 运营及管理机制

目前"法律孤儿"民间组织的管理模式大多是"扁平式"或"家长负责制"模式,"运营急需规范、机构内部管理及运营机制存有缺陷"早为社会所诟病。笔者在访谈中了解到,机构中"以大欺小"的现象十分严重,打架斗殴频频发生。在问及"你最生气的事"中,他们的回答多是"被人欺负"、"跟××打架"、"打架后爱心妈妈评判不公"。"其实,我比较生气的是和园子里另外一名女同学打架,原因很简单,在劳动中浇水的时候,我不小心将水溅在了一名女同学的身上,但是她却死守着不放,一定要打我,于是我们就打了起来,而且她不依不饶,还拿水果刀来和我打架,最后王奶奶(太阳村主管)解决了问题。""就是这样,小的听大的话,大的听更大的话,都听阿姨的话。"(编号23,男,14岁,初中二年级学生,家住平顶山市宝丰县。)

(3) 工作人员

目前儿童村的工作人员构成主要是:下岗职工、离退休员工、农民等。平日的生活中,机构中的"法律孤儿"的日常生活由爱心妈妈负责。但爱心妈妈不可能顾及每个孩子,在教育孩子时也难免"专制"。"阿姨无缘无故地吵自己时我就很生气,有时我在那坐着好好的,阿姨不知道什么原因就吵我,我就很生气。"(编号11,女,11岁,五年级学生。)"法律孤儿"的特殊经历决定了他们需要能给自己生理、心理各方面提供指导的"监护人"及教育者。很显然,缺乏专业知识和专业技能的工作人员不能满足这群特殊孩子的教育成长需求。

4. 社会情境

(1) 社会认知

大众对"法律孤儿"的社会认知度不够。朱华燕等(2008)通过143份问卷调查了公众对服刑人员未成年子女的态度,并指出:服刑人员未成年子女的生存状况为社会所忽视。被访者中48.22%的人根本就没有想到过还有服刑人员未成年子女这个群体的存在,而在想到过或者关心过服刑人员未成年子女问题的人中,其获得的信息的方式73.75%源于影视媒体、新闻报道。(朱华燕,朱华军,2008)社会民众对"法律孤儿"的实际生存状况并不了解,对于他们绝大多数的人抱着同情和理解的态度,但也有少数人对服刑人员未成年子女抱有敌视的态度。社会大众的忽视、歧视再次将他们推到生活的边缘。在促进"法律孤儿"的社会化过程中，促进服刑家庭的社会回归并带动整个社区和社会对服刑家庭的接纳与援助显得尤为重要。

（2）志愿者及组织

社会中缺乏专业且提供长期服务的志愿者组织。目前，类似于"太阳村"的民间机构受到社会爱心人士、团体和高校志愿者的关注。毫无疑问，不定期的捐助和志愿服务确实在一定程度上发挥了作用。但频繁零散的救助功效到底如何？刘岸泓等（2011）提及"孩子们对双休日频繁的捐助活动已心生厌倦。看到陌生的叔叔与阿姨捐来的大量衣物与食物，他们不再似以前那般欢呼雀跃，取而代之的是回房间玩或写作业"。（黄晓燕，许文青，2013）笔者在访谈过程中也了解到，大多数太阳村的孩子对爱心人士的到访表示欢迎和感谢，但"对经常穿统一服装表演迎接来访者感到厌烦"。有访谈对象表示"挺烦的，每次过来都要演节目。"（编号20，男，13岁，五年级学生，家住周口项城）"期末考试时学业负担很重，本来计划好了时间安排，但是突然又被迫去迎接爱心人士，打乱了我的时间安排，当天一直熬到凌晨两点才完成任务，早上五点又要起床。"（编号15，女，13岁，六年级学生，籍贯为河南沁阳）我们不禁感慨，"慈善"过于繁琐竟也成为了他们的心理包袱。

（3）政策及法规

目前，我国政府对"法律孤儿"这一特殊弱势群体的救助意识有了较大的提升，各地政府帮扶成果也广为宣传。政府依次制定颁布了一些相关的救助文件和帮扶通知。例如：2006年1月《关于开展为了明天——全国服刑人员未成年子女关爱行动的通知》中强调各级司法行政部门要大力宣传与服刑成员未成年孩子救助等相关法律法规，为未成年人提供法律援助，协助做好监护人无法完成职责义务的服刑人员未成年孩子生活教育成长等诸多事宜。

2006年4月《关于加强孤儿救助工作的意见》指出"对因父母服刑或其他原因暂时失去依靠而无法继续生活下去的未成年人,可以根据有关法律法规妥善解决生活问题"。但是这些实施办法中将帮扶责任下放到各级政府身上,缺少非常明确的分工,可能导致下面很多部门推卸责任。

(4) 媒体宣传

媒体宣传不到位。一方面,相关新闻媒体缺乏这方面的报道和对这类弱势群体的深度关注;另一方面,媒体宣传的焦点偏差,致使真正需要获取社会大众关注的"法律孤儿"却只能隐藏在"爱心人士"的身后。

五、结论与反思

"法律孤儿"的生存需求为最基本的需求,但随着父母入狱,家庭系统不再是为"法律孤儿"提供物质资源的主要来源,机构在满足其生存需求方面发挥日益重要的作用,社会层面的物质救助为其生存提供补充资源,一定程度上缓解了机构经济压力。总体来看,机构中"法律孤儿"生存需求得到不同程度的满足。

"法律孤儿"依附(或社交)方面的需求相对物质层面显得更为迫切,甚至关系到这一群体的心理健康发展。家庭结构的解散和功能的丧失让"法律孤儿"减少了对至亲的依赖和交流,这需要家族内的支持网络和相关部门的努力。一方面要尽量弥补"法律孤儿"因家庭变故造成的家庭教育的缺失或偏差,父母在此环节中不能逃避或退缩;另一方面,建立多样化的家庭沟通平台,为促进服刑家庭的亲子交流创造和谐的探监环境。同时,学校应成为"法律孤儿"获取社交技巧及资源的重要载体且承担更多的教育及协助其社会化的责任。

"法律孤儿"发展需求正是现有的救助体系中极易遭到忽视的内容。情绪调节与控制技巧、认知水平、体能发展,包括未来走入社会所需的职业技能理应在家庭、机构、学校及社会情境系统中得到发展。机构中急需引进专业人员给予"法律孤儿"及时的心理辅导。学校应实行无差别的教育管理方式并依据其身情况鼓励发展其特殊技能。社会对"法律孤儿"的认知度受政府和大众媒体关注度的影响,帮助他们撕去"标签"是一项长远的任务,为促进其长远发展奠定社会基础。

此外,TIE框架不仅要求工作者检查环境因素在满足"法律孤儿"生存、依附及发展需求过程中发挥的影响力,还要重视培养"法律孤儿"从其环境(如家庭、学校或社会)中获取生存、依附、成长和成就所需的能力。目前该领域研究关注的焦点是作为主体的社会对作为客体的"法律孤儿"的单向救助,忽视了"法律孤儿"自身对社会救助的主观认识,即支持体系一味地给予,而弱势群体被动地获得或接受。这既不利于社会救助工作的有效开展,也容易造成"法律孤儿"对社会救助认知的偏差,使其加深自己的"弱势"形象,一旦脱离救助,更易产生无助心理。因此,在实务工作中应协助他们主动掌握并提高自身从环境中获取资源(包括正式与非正式的资源)的能力。

当我们在对这一特殊群体做出问题解释,并以失范、越轨等词汇描述或形容"法律孤儿"时,我们要警惕和不断反省自己的立场和取向,尽可能避免将他们身上本属于儿童青少年这一特殊发展时期行为及心理状况扩大化和特殊化。同时,我们也需要更多地从社会环境和他们的个体成长的互动状态中去理解、体会、包容和倡导,一切从其需求出发,这才是我们未来工作的重中之重。

"法律孤儿"的自我情绪定位

一、理论基础

(一)优势视角

"优势视角"(Strength Perspective)是一种关注人的内在力量和优势资源的视角,意味着应当把人们及其环境中的优势和资源作为社会工作助人过程中所关注的焦点,而非关注其问题和病理(胡孝斌,2011)。优势视角相信人可以改变,每个人都有尊严和价值,都应该得到尊重。认为每个人都有自己解决问题的力量与资源,并具有在困难环境中生存下来的抗逆力。即便是处在困境中备受压迫和折磨的个体,也具有他们自己从来都不曾知道的与生俱来的潜在优势。优势视角超越了传统的问题视角的理论范式,关注点在于案主的优势和潜能(黄卫湘,2010)。它强调运用社会工作优势视角的观点思考案主问题时,并不是要刻意忽略其痛苦或是不足之处,而是期待以另一种角度出发,协助案主以另一种态度去思考自己的问题与改变的机会,使得问题对于案主或其他人较不具威胁性,当危险性降低时,案主与他人愿意解决问题的动机便会提高(黄卫湘,2010),是社会工作中的一种全新工作理念。

(二)污名化

美国社会学家Goffillan于1963年在其著作《污名:受损身份管理诊释》中对污名进行了详尽的阐述,他将污名定义为个体的一种不被信任和不受欢迎的特征,这种特征降低了个体在社会中的地位,使他从一个完美的、有用的个体变成了一个有污点和丧失了部分价值的人,污名是社会对某些个体或群体贬低性、侮辱性的标签(张宝山、俞国良,2007)。

污名的核心内涵是"受贬抑的特征",围绕这一内涵可以得到许多与之相联系的不良后果,如:受损的社会身份、消极的态度、偏见、刻板印象、歧视等(陈福侠,2010)。对此,Link 和 Phelan(2001)从社会学角度认为污名包括贴标签、刻板化、隔离、地位丧失、歧视以及权力参与等几个成分,当它们共同存在时,污名就发生了。

人们对污名的界定,不仅从静态视角关注其造成贬抑的特征或属性,而且从动态视角更加强调它是具有被贬抑特征的人与社会的互动过程。这也说明了污名是一个多维度的概念,它是由不同的社会推动者所导致的,是一个动态变化的过程(管健,2007)。

情绪和记忆调节是当今健康心理学、发展心理学和情绪领域等多门学科研究的热点和前沿课题。情绪调节及情绪定位的研究起源于20世纪80年代发展心理学的研究,经过20多年的发展,情绪调节与心理学的许多分支建立了密切的关系,其研究渐渐延伸到儿童和成人,教育和健康等领域。但就目前研究的情况来看,尚未有明确的情绪定位及调节在未成年人成长中的重要作用相关方面的理论。但公认的是,情绪调节是儿童社会性发展的重要方面,不良情绪是一种基本情绪的表现,有效且正确地掌握情绪和把握情绪调节规律,对人们的交往、工作、学习及身心健康等方面都有重要的影响作用。

本研究对这一理论的应用逻辑是通过发现"法律孤儿"在集中供养的生活环境下,了解之前的"暴力事件"对该群体成长过程中的不良情绪和负面记忆的发展情况。运用之前我们所探讨的"优势视角"来发现"法律孤儿"自身的长处和他们自身的调节不良情绪的良好发泄方式,从而探究用情绪定位的方法,发现不良记忆与对"法律孤儿""污名化"的关系,辅助记忆社会工作疗法,采取阶段性的对应调节方式,促进该群体的健康成长。

二、研究方法论

(一)研究工具

根据之前的接触了解,针对新老太阳村里未成年人情况,自编

《服刑人员未成年子女调查问卷》、家庭功能评定量表(李克特量表)、心理状况指数量表(贝利量表)、服刑人员未成年子女访谈表。

1.《服刑人员未成年子女调查问卷》

在《服刑人员未成年子女调查问卷》当中设置关于自身性格、对身边人的依赖程度、对未来和社会的态度、对关心自己的公益人的态度、负面记忆来源等能体现"法律孤儿"情绪和心理状况的核心问题。

2.服刑人员未成年子女访谈表

相对应在服刑人员未成年子女的访谈提纲上,重点设置了"生活经历或生活中发生的重大事件或日常困扰"、"家庭状况及对父母的认识与评价"、"最难忘、高兴和伤心的一件事"、"对外界爱心人士的看法"等问题,进一步了解影响当前情绪和记忆的具体事情,收集资料。

3.家庭功能评定量表(李克特量表)

在家庭功能评定量表(李克特量表)的制定中,遵循研究主题,进行如下表2-1所示的设置和考察,从而了解"法律孤儿"在集中供养的形式下,对于家庭功能的认知和依赖程度,明确该群体的情绪定位和不良记忆的来源,寻找对应的解决办法。

表 2-1 家庭功能量表值

家庭功能	题目	作用
解决问题(PS)	1-6	维持家庭平衡,解决这个问题的能力。
沟通(CM)	7-14	信息的交流和信息的对称,重点在于言语是否清楚表达。
角色(RL)	15-24	指家庭是否建立了一系列的家庭功能的行为模式,如提供生活来源,支持个人发展,管理家庭以及家庭的任务分工是否公平和家庭成员是否认真完成。
情感反应(AR)	25-33	评价家庭成员对刺激的情感反应。
情感介入(AI)	34-41	评价家庭成员对家庭成员的活动和一些其他事情的关心和重视程度。
行为控制(BC)	42-49	评价家庭的行为模式,不同的环境有不同的反应。
总的功能(GF)	50-59	总体上评价家庭功能。

4. 心理状况指数量表(贝利量表)

在心理状况指数量表(贝利量表)的设置上,除了设置效度量表外,总体测验项目由八项不同内容组成,重点了解集体供养条件下"法律孤儿"的心理状况。具体如下所示:

a. 学业压力(由 1—10 题组成):高分(6 分以上),对学业怀有焦虑心理,无法安心学习,十分关心是否自己能完成学业和获得更高的深造机会;低分(3 分以下),学业焦虑低,学习不会受到困扰,能正确对待学业。

b. 对人焦虑(由 11—15 项组成):高分(4 分以上),过分注重自己的形象,害怕与人交往,退缩;低分(2 分以下),热情,大方,容易结交朋友。

c. 孤独倾向(由 16—22 项组成):高分(5 分以上),孤独、抑郁,不善与人交往,自我封闭;低分(3 分以下),爱好社交,喜欢寻求刺激,喜欢和他人在一起。

d. 自责倾向(由 23—30 项组成):高分(6 分以上),自卑、常怀疑自己的能力,常将失败、过失归咎于自己;低分(3 分以下),自信,能正确看待失败。

e. 过敏倾向(由 31—37 项组成):高分(6 分以上),过于敏感,容易为一些小事而烦恼;低分(3 分以下),敏感性较低,能较好地处理日常事务。

f. 身体症状(由 38—46 项组成):高分(6 分以上),在极度焦虑的时候,会出现呕吐失眠、小便失禁等明显症状;低分(3 分以下),基本没有身体异常表现。

g. 恐怖倾向(由 47—56 项组成):高分(6 分以上),对某些日常事物,如黑暗等,有较严重的恐惧感;低分(3 分以下),基本没有恐惧感。

h. 冲动倾向(由 57—66 项组成):高分(6 分以上),十分冲动,自制力较差;低分(3 分以下),基本没有冲动。

(二)研究对象

面对×市新老太阳村里的"法律孤儿",选取有一定的自我认知能力和情绪辨别能力的适龄孩子及工作人员。共累计发放问卷60份,两类量表各60份,回收有效问卷和量表共156份。访谈园子里爱心妈妈4人,青少年25人,其中有效访谈22份。

(三)研究方法

对象选取在×市新老太阳村生活的"法律孤儿"。由于×市监狱坐落集中、数量多的基本现状导致×市成立了两座对"法律孤儿"采取集中供养的太阳村,从而使研究对象"法律孤儿"集中,又与笔者学习的地方相距较近,便于收集数据。在对新老太阳村的研究对象的选取上,使用整群抽样,即从新老太阳村总体人数当中,按照女生和男生各自的总数,分为三个不同的年龄段,即8—10岁、11—13岁和14—15岁。同时使用多阶段抽样,从每个年龄段中按性别随机抽调服刑人员未成年子女来构成调研主体。

资料收集上,为了摒除该群体污名化和被标签化的现象,我们的调研过程主要分为两阶段进行,累计3年时间。第一阶段,我们通过定期和有序的礼品赠送和开展活动的方式先拉近彼此之间的距离,降低他们的排斥心理。在活动中了解和观察该群体生活状况和心态特点。第二阶段,采取访谈法,制作访谈提纲,通过前后调查,寻找四组特案进行对比。接着,使用问卷调查法,展开广泛的问卷调查。同时,运用案例研究法,采取和案主同吃同住的形式,并利用大学四年的长期联系,暗中观察的方法,以保证案主在最自然的状态下收集数据,以达到详实可靠的目的。最后,结合文献资料借鉴相关经验。

数据分析阶段,运用 SPSS Statistics 软件进行定量数据分析,针对家庭功能评定量表(李克特量表)、心理状况指数量表(贝利量表)的衡量标准,分不同的衡量指标判定该群体的集体情况。并利用访谈结果和问卷调查结果相结合,对于该群体的生活、学习、心理和身体状况有了相对应的数据支持和了解。这些都为课题组进一步了解"法律孤儿"的学习状况、生活状况、心理状况、思想状况、情绪调节状况和自我评价状况,进行定量分析和定性提供了详实资料和可靠依据。

三、研究结果分析

(一)定量分析

在此次分析中主要是通过对问卷、量表的统计录入结果等的分析,来了解×市新老太阳村的"法律孤儿"一些基本信息、对自我的认识、对现有处境的态度、心理状况和家庭功能的评定,根据数据的处理结果,相对应的从以下所示的几个方面对"法律孤儿"进行一个量化的统计和分析,为研究目的提供数据支持。

此次量化统计对象具体分布如下:

共计 55 人次,其中除两人性别缺失外,有女生 27 人,男生 26 人,各占总调查人数的 49.1% 和 47.3%,且年龄在 8 至 15 岁之间。从这一年龄阶段和性别分布特征上来看,被调查者有一定的自我认知能力和情绪辨别能力,从而增加了数据的可信度。且年龄频率分布集中,有利于我们进一步进行对比分析,得出研究结果。性别人数和年龄情况的具体分布如表 3-1 和表 3-2 所示。

表 3-1 性别分布

		人数	百分比
类别	男	26	47.3
	女	27	49.1
	缺失	2	3.6
共计		55	100.0

表3－2 年龄分布

类别		人数	百分比
类别	8－10岁	15	27.3
	11－13岁	31	56.4
	14－15岁	5	9.1
缺失		4	7.3
总计		55	100.0

调查结果发现：

1. 性别与情绪的控制存在着矛盾的统一性和差异性。

一方面，差异性表现在：在谈到当自己伤心时是否总会想起自己的父母时，3.8%的男生选择了总是，而女生则占到22.2%。同样的结果也明显出现在谈到对于父母入狱自己的感受和自己是否害怕外出的问题上，在谈到对于父母入狱的感受时，13%的女生选择了害怕，却无一男生持相同想法。而同样的36%的女生选择了害怕外出远远大于男生的3.8%。从这里我们看出情绪的调控形式存在着性别上的巨大不同，男生对于正面情绪的调控上会较多地使用忽略和控制的调整方式，女生则较多地使用看重和发泄的调整方式。因此，男生在这种特有的调整方式下，使情绪郁积从而会感受到更多的负面情绪。女生比男生更多地使用评价忽视、评价重视和转移注意这三种情绪调节方式，忽视负面情绪控制自己的恐惧情绪反应，但男生却恰恰相反，会在生活中给自己以更多负面情绪和记忆的压力。

另一方面，统一性则表现在男女生谈到现状和对自己的影响时，在统计结果中我们发现男女生在谈到"自我擅长行为技能"、"较强的情绪调节能力"、"愿意帮助他人"等积极因素方面，男女比例一致且占统计数据的绝大部分都做出同样选择，说明该被调查群体在现有的生活条件和供养模式下，内心存在的积极情绪，并不像大家之前所设想的"恐惧交往"、"仇视社会"、"困扰担忧"等那样的负面和消极。因此,改变之前大家心中自定义的对于该群体身上表现出来的"负面情节",对该群体的正面情绪和负面情绪多加引导,使正面情绪占上风,养成该群体的自我调节能力和自我开发能力,是我们在探究新型的"记忆社工"介入方法时应达到的目标。

2.年龄对于不良情绪的调控作用成正比例增加。

为方便进行比较分析,我们将被调查者的年龄人为的划分为三个阶段,分别是8—10岁、11—13岁和14—15岁。在统计分析结果时,发现了年龄的增长与情绪调控的增强存在一致性和统一性。如:在讨论自卑问题时,三个年龄阶段第一阶段到第三阶段,即随着年龄的增长,该群体对于自卑的承认程度分别占同年龄阶段人数的42.9%、37.9%和20.0%,明显的呈现阶梯状递减趋势。同样,在不同年龄阶段,由于父母入狱带给自己的痛苦感觉,也随着年龄的增大而减少,对社会和国家暴力部门的仇视态度也呈现下降趋势。因此,在我们所调查的研究群体里,对于不良情绪的控制和自我认同感的能力,都处于上升的阶段。在情绪调控的范围内,该被调查群体的控制能力不断增强,而负面情绪也不断减少。因此,在用社会工作方法来改变该群体的心理状况时,有效地根据不同的年龄阶段选择不同的情绪处理模式,如不同年龄段适用的倾诉、发泄、交流和心理适应等方式,处理不同年龄阶段的不良情绪和负面记忆问题,会起到事半功倍的效果。

3.过去的情感创伤是当前处理情绪问题的主要影响因素,并且与居住环境有密切关系。

在探讨处理情绪问题上,家庭始终是太阳村里的"法律孤儿"不愿意讨论的地方。如在对该群体"日常讨论话题"的统计中,对于"学习"的讨论占据主要的比例,这个在对该群体的"生活习惯讨论"中也有体现,大家都认为学习是改变自己现状的重要出路。而在饼状图中我们发现对于"明星"话题的关注程度也占据最少的地位,经我们深入了解发现,与社会上同龄孩子的"追星热"相比,集中供养的孩子由于生活条件、生活环境和生活方式的限制,他们对这些娱乐浮夸的大环境的兴趣度下降,并抱有罕见的"冷漠态度"。并且这种喜好程度,在男女性别上的重要性和关注程度呈现一致性。因此,对于集中供养的"法律孤儿"这个群体而言,在情绪的产生和情绪控制上,过去的情感创伤和生活环境对于该群体的不良情绪的控制和发展,在男女性别上起着相同的重要影响作用。具体统计结果如图 3-1 和图 3-2 所示:

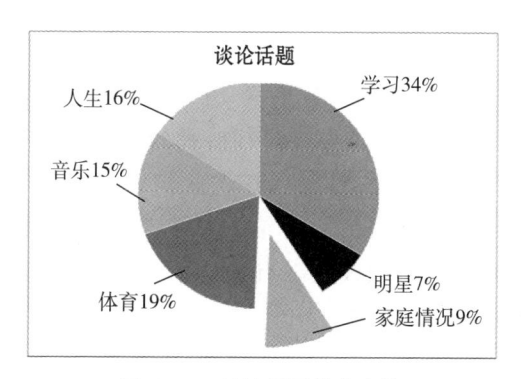

图 3-1 讨论话题的集中性

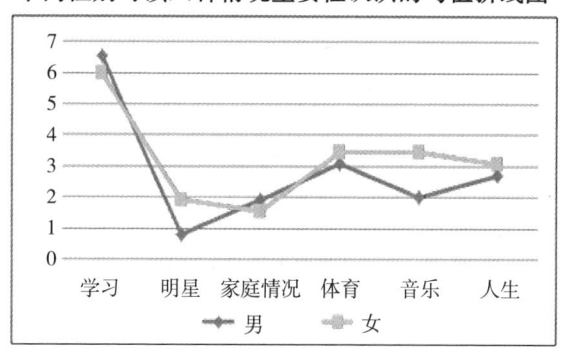

图 3-2 不同性别对该六种情况重要性认识的均值折线图

4."污名化"是影响太阳村里"法律孤儿"负面情绪以及发散不良情绪的重要因素。

在对被访者进行问卷和量表的测试时,发现在提到情绪发泄问题上,大家一致的回答有轻微的暴力倾向,而致使出现这些轻微的"用拳头说话为自己正名"倾向的原因 26.3% 的是因为别人欺负自己,43.7% 是因为别人用父母的事情嘲笑自己,15.1% 的是因为兄弟哥们义气,8.6% 的是因为无故想爆发,6.3% 的是因为其他原因。绝大多数孩子都在日常生活中因为父母的事情成为情绪的导火索而导致暴力倾向大打出手。同样,在对这些孩子们进行"别人因为父母的事情对自己进行不好的指点"的调查时,绝大多数的孩子都频率极高的受到别人的异样眼光,在调查结果呈现 42.3% 的"没有"选项时,经分析是一些年龄较小,且入园时间长的孩子选择。因此,在这些孩子们的记忆里,旁人的"污名化"眼光,是他们负面情绪的主要来源。在处理"法律孤儿"的问题时,我们必须改变现有的生活环境和别人对该群体的误解。

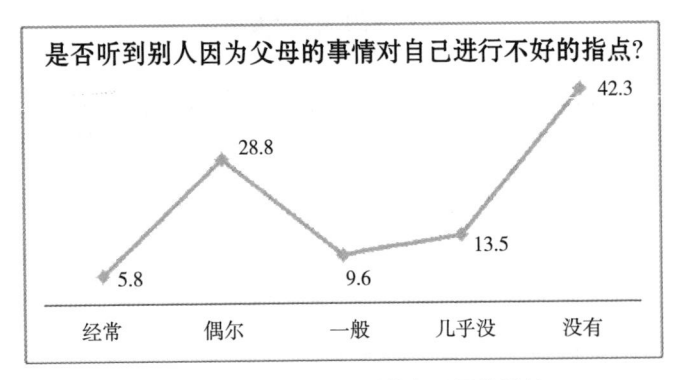

图 3-3 因父母而遇到的负面评价(%)

5.外力的辅导与排解,是不良情绪得以发泄的有力途径。

在对进行过心理辅导和社工小组活动的群体进行调查时发

现,进行过心理辅导的群体认为对自己的帮助较大的占到50.9%,进行过社工小组的群体认为对自己的帮助较大的占到60.0%,并且这一群体普遍的表现出积极的心态和对外人不排斥的态度,在与人交谈中,能对之前的不良记忆进行良好的表述,并且有自己独特的排解情绪方式。因此,在对该群体的不良情绪进行调节时,进行记忆社工介入和心理辅导能够取得重要的正面效果。

(二)定性分析

在对×市新老太阳村的园长、爱心妈妈和未成年群体进行访谈的同时,与园子里的几例特殊儿童,建立一对一伙伴关系,了解其成长过程和经历,为更好地了解园子里孩子的情绪的产生、发展、变化以及成熟提供了依据和研究方向。

经大量的观察和访谈发现,×市新老太阳村里的"法律孤儿"的不良情绪发展会随着在园子里的生活时间的增加和年龄的增长,呈现"V"字型的变化过程,具体表现在:

1. 入园前期,负面情绪和不良记忆随时间的增长而减少。

我们研究发现,年龄小的孩子或者刚被接受成为集中供养模式之一的"法律孤儿"时,在刚进园时期,不良情绪和负面记忆主要表现在畏惧生人、排斥外人接触、霸占欲强以及害怕制服人员等方面。随着年龄增长,之前入园的情绪因为和具有相同经历的孩子的共同生活而逐渐减少,并逐渐淡化,特别是在害怕穿制服人员上,会随着到监狱与爸妈见面次数的增加而大量降低,由之前的异常排斥到逐渐接受,甚至到最后归于平静。因此,在这一阶段,由于新的生活环境和新的生活态度的注入,并在相同经历的同龄人之间会很容易找到自我满足,不良情绪和负面记忆对"法律孤儿"的影响处于下降阶段。

2. 自我意识萌生,负面情绪和不良记忆随年龄增长而增加。

由于集体生活的时间增加,随着年龄的继续增长(集中表现在

10—15岁之间），"法律孤儿"另外一些负面情绪呈上升趋势，如与人交恶、暴力倾向和仇视心理逐渐出现并增强。经了解和总结发现，处于10岁到15岁之间的儿童，逐渐进入叛逆期，且由于年龄增长、见识的增加、自我意识的萌生与变化，在学校与其他同龄人接触时，会不由自主的增加对比，从而产生自卑感和仇视社会心理。之前被遗忘或压抑着的情绪会出现极强烈的反弹现象。在行为上表现为玩世不恭、拉帮结派和打群架等不良行为，并认为这可以增加自我面子和自我保护；在情绪上表现为极度反叛和暴躁，会时常爆发；在生活上则表现为消极和激进这两种截然相反并且相互矛盾的态度。因此，在这一阶段不良情绪会随着年龄增长而增加，也是处理孩子们成长问题的关键时期。

为了说明不良情绪和负面记忆的"V"型发展规律，我们以案主小D为例，小D，男，现在14岁。从8岁因为父母误杀他人入狱开始，进入×市新太阳村生活。据爱心妈妈讲述，从进园开始，小D一直呈现明显的攻击性，并且性格孤僻。会因为口角对园子里的孩子动手，并且开始总有逃跑倾向，不相信任何人。在与志愿者或者心理咨询师接触时总是处于强烈的自我保护意识下，不予配合。当笔者和小D接触时，他的抵触性已慢慢减少，经过不断接触和外出活动，慢慢向笔者敞开心扉。后经了解，他在自己将过生日时亲眼看到自己的父母被警察抓走，家里边亲戚不愿意抚养他，并受到自家奶奶的言语攻击，只有自家大伯对自己好。在谈到自己的日常生活时，他谈到自己之所以表现得那么具有攻击性只是为了保护自己，来显示自己不是好欺负的。对于学习，他认为自己努力了但是收不到效果，所以将自身发展的重点放在自己所钟爱的体育上，在体育上他容易找回自信。在园子里的生活经过适应之后，他已经习惯，但是最放不下还是自己的大伯，并愿意长大之后为大伯做一切事。

小D的成长过程在太阳村里并不是唯一，据访谈了解，在一起生活的孩子们出现明显的共性和一致性。他们的情绪表达方式也主要体现在运动、学习和课余活动上,并且有较大的群体效应,会相互学习。

笔者与小 D 持续接触三年时间,见证了其不良情绪发展的"V"字型变化过程,并且在长时间接触中充分了解了成长的心理状态和情绪定位,并能在不同的发展阶段根据其不同的表现来做出相应的指导和调节。在个案访谈调查的对象当中的详细实验和总结得到验证。所以,掌握太阳村里孩子们的"V"型情绪变化过程,对于他们的情绪调节和成长起到重要的帮助作用。

四、结论

情绪和记忆调节是当今健康心理学、发展心理学和情绪领域等多门学科研究的热点和前沿课题。对于"法律孤儿"该群体而讲,我们可以将不良情绪和不良记忆同等看待,对于不良情绪的调整是对于不良记忆的改变以及淡化的过程。同时,也是探讨我们怎样实施"记忆社工"介入的方向。而情绪产生分为五个阶段,在这五个阶段里我们可以相对应地采取不同的措施。

情绪和记忆产生过程的五个阶段是:

首先,选择情境,案主通过远离或回避特定的情境、地方或人来调控情绪和记忆。而×市新老太阳村的集体供养模式正是情景选择的一种,"法律孤儿"在这里可以通过脱离之前的生活环境,在一个都是同龄人和照顾者的大环境下生存,达到调节情绪的目的。

然后,修正情境,案主通过对大脑特定选择的情境进行简单的改变来影响情绪和记忆的产生。在新老太阳村里生存的"法律孤儿"在集体生活的大背景下,因为集体供养模式的影响,之前产生的恶性记忆(如梦境中重现全部或部分、睡眠障碍、易激怒及紧张等)以及不良行为(感觉麻木、身心障碍和行动迟缓等)可以受到明显的缓解和改变,而该群体对于集体的日常生活这种"非主动"的情境选择来改变情绪和记忆。

其次,分配情境,指案主选择自己所注目的外部或内部情境来调节情绪和记忆。"法律孤儿"在接受群体性生活时因为关注点的变化会产生两种截然不同的认知态度。一部分人在不断接触外界所带来的抒发情绪的活动和心理调节时,可以顺利地走出不良记忆带来的影响,并可以帮助身边的孩子达到正确的生活态度和社会认知。而另一部分在接受心理疏解的同时,却因为排外、胆怯以及内在生活习惯性思维的原因,导致对社会认同的认知错误,仇视社会并影响回归社会的进程。这都是在注意分配这一过程中,由于对内外情境的认知失调所造成的。这也是我们运用"记忆社工"介入时应把握的关键期和敏感点。

再次,改变认知,这牵涉到对特定情境的影响解释,这类影响解释会反映在情绪的生理、行为和体验的反应倾向上。前边的定性分析中我们也已经看到,在新老太阳村生活过一部分的孩子们,不良情绪的发展呈"V"字型的规律。这其中牵涉到一个很重要的情况,那就是认知改变。园子里的"法律孤儿"在受到不断的关注和帮扶的情况下,自己的情绪、行为和生理反应都产生了改变。然而,在情绪发展规律上边体现得比较好的方面,便是不良记忆的减退。而反弹期,即不良情绪在一定的年龄阶段当中不下降反而反弹上升时,就涉及认知的增长与社会环境的变化之间的矛盾。在不良情绪上升的时候,是最需要社工介入并帮扶的阶段,对该群体的未来成长起着不可估量的作用。

最后,反映调节指对诱发出来的情绪反应倾向加以控制,如抑制正在表达的表情行为。情景选择、情景修正、注意分配、认知改变属于先行关注的情绪调节,即原因调节;反应调整属于反应关注的情绪调节,即反映调节(Ohcsener,2002)。在"法律孤儿"成长的过程中,对他们的帮助和救扶包括记忆社工的介入等,最应该关注的便是反映调节这一块内容,怎样做到正确控制情绪的反映倾向,怎样做好情境的修正和分配,使用迈克·怀特与大卫·艾普森等人的叙事心理治疗所提倡的故事叙说、问题外化、由薄到厚的方式,进行反映调节,从而形成积极有力的自我观念。而这些正是"记忆社工"所提倡的。

情绪和记忆的调整过程是由三个阶段有顺序地组合在一起的。这三个阶段包括:

(1)基础的调控过程,即调整即时的情绪和记忆反应,其调整形式有情绪和记忆的分离、压抑、表达和情绪的宣泄方式——大笑等;这要求我们在进行心理辅助治疗时,把握好情绪释放的方式,用"空房子"和"心理倾诉垃圾桶"等社工小组的方式,对不同年龄阶段"法律孤儿"们产生的负面情绪进行排解,并在年龄阶段上遵循"排解越早越好"的原则,可以达到意想不到的良好效果。

(2)预想的调控过程,通过规避之前特定的某些地方、人群和环境,重新估量使用动笔写下、谈论有关情节等方式,为未来的情绪和记忆调整的需要做准备;对于刚刚经历过父母事件的孩子们,在"记忆社工"的介入当中,需要用不同的人、事和物来分散"法律孤儿"们对发生事态的关注,转移因为刻意的报道和无意的频繁关注对孩子们造成的"二次伤害",用社工的介入填补之前内心的空缺和调适不良反应。

(3)探索调整过程,在探索中,尝试使用新的填充技能,充分利用知识和资源,进行情绪和记忆的调整。"记忆社工"的工作除了排解情绪和记忆的不良反应外,应该以交给"法律孤儿"新的生活技能为主。在调查观察中我们不难发现,现有的集体供养模式关心点集中在孩子们成长的物质帮助上,而对于他们的心理动态和重返社会的职能上边总是轻描淡写,没有真正地做到重建生存技能上边。我们可以通过"记忆社工"的介入,教给孩子们生活技能和生存常识,为他们重返社会提供一个"跳板"。

情绪和记忆是有机体为了适应环境变化的需要,对具有重要意义的内部和外部事件的识别、评价、组织的一种非线性动态加工过程。掌握"法律孤儿"的情绪和记忆的发展规律和调节过程,情绪和情绪调节以及"记忆社工"的介入,对"法律孤儿"的人际交往、工作和学习及心身健康等方面都有重要的影响作用。

  对于这次研究的数据来源和发现来看,笔者的研究对象不妨带些片面化,适用范围也有限。然而,在与这些"法律孤儿"不断接触的过程中,通过对他们全方位的观察和了解,看到他们在集中生活下的精神状态,总促使自己要做些什么来使他们摆脱过去的阴影。发现他们的情绪发展规律,并阶段性的实施社会工作的辅助性治疗,对该群体的心理健康起着非同小可的积极影响。

  每一个孩子的身上都承载着国家的未来,每一个孩子都有权利生活在阳光下,每一个孩子都有对美好人生的期盼。我们应正视"法律孤儿"这群孩子,从优势视角发现其优点和长处,加强情感和心理健康教育,增强对情绪的自控能力。为他们的成长保驾护航,为儿童福利和保障制度的建立提供思考的空间和有益借鉴,是我们应该做和必须做的事情。

第二篇 天使之翼与专业实践

消退"法律孤儿"不良记忆的个案工作介入

尽管"法律孤儿"的救助一直都是我国政府的工作重点,但是由于政府和社会组织的各种不足和缺陷,当前的救助重物质帮扶而轻心理辅助,使得精神救助处于相对缺失的状态。在这种状况下,专业社会工作介入"法律孤儿"不良记忆的消退就体现出势在必行的趋势了,社会工作的有效介入对于消退"法律孤儿"的不良记忆、增强"法律孤儿"的自信心、增强"法律孤儿"救助的效果在国内外实践中都已得到了有力的证明(冯艳,2013)。

这里的消退是指在一定程度上,削减或者减少"法律孤儿"的不良记忆,以减轻这些不良记忆对其生活的影响。

这里将不良记忆定义为不良经验或者不良事件在人头脑中的反映。

一、理论基础

理性情绪疗法的基本理论主要是 ABC 理论,在 ABC 理论模式中,A 是指诱因,即诱发性事件;B 是指个体在遇到诱发事件之后相应而生的信念,即他对这一事件的看法、解释和评价;C 是指在特定情景下,个体的情绪及行为结果。通常人们认为,人的情绪的行为反应是直接由诱发性事件 A 引起的,即 A 引起了 C。ABC 理论指出,诱发性事件 A 只是引起情绪及行为反应的间接原因,而人们对诱发性事件所持的信念、看法、理解 B 才是引起人的情绪及行为反应的更为直接的原因(范玉倩,2013)。

理性情绪疗法认为,人们的情绪障碍是由人们的不合理信念所造成的,因此简言之,这种疗法就是要用理性来治疗非理性,帮助求助者以理性的思维方式代替不理性的思维方式,以合理的信念取代不合理的信念,从而最大限度地减少非理性信念给情绪带来的不良影响,通过改变认知为主的治疗方式,来帮助求助者减少或消除他们的情绪障碍(王铁梅,于秋波,2007)。

针对"法律孤儿"这个特殊群体,运用阿尔伯特·艾利斯的理性情绪疗法分析"法律孤儿"群体的不良记忆运用个案工作的方法进行干预。社工介入的主要目标就是来发现孩子们内心的不良记忆,引导案主树立合理的信念,消退不良记忆,从而使案主正确面对未来的生活,更好地成长和发展。本研究以 ABC 理论为基础,在用 ABC 理论分析了孩子们的不良记忆以及不合理信念,对当前造成的影响等因素之后,我们运用社会工作的专业知识和技巧,针对不同孩子的不同问题,给予干预。具体从记忆、信念、影响三方面入手。记忆作为人们的一种经历,采用一般的方法是很难清除的,我们可以采用灌输一些美好记忆的方法来取代或者是暂时忘记不好的记忆;信念在一定程度上会指导人的行为,因此改变孩子们的不合理信念是一个很关键的步骤;影响既有不良记忆对孩子当前行为的影响,也有通过正确的方式来影响孩子,改变对当前造成的影响也是消退不良记忆的一个重要环节。

二、研究方法

本研究主要采用了观察法、个案访谈法。

观察法是工作者通过与孩子们一起生活、一起活动来收集和积累具体、生动的感性资料的方法。工作者按照事先制定好的观察计划对园内的孩子进行观察,以此鉴定社会工作介入到消退"法律孤儿"不良记忆中所取得的成效,并对结果进行分析和反思。

个案访谈法是通过访问员和受访人面对面地交谈来了解受访

人的心理和行为的研究方法。它能够通过与案主面对面的交流而更好地搜集第一手资料,保证资料的真实性。针对"法律孤儿"这一特殊群体,使用个案访谈法能更好地取得其信任,建立专业关系,得到可靠的资料和信息。针对社会工作介入消退"法律孤儿"不良记忆的研究,工作者拟选取了机构内一个问题比较严重的孩子进行深入访谈,以此明确社会工作的介入途径及介入后的成果,以保持整个研究的严谨性。

三、不良记忆消退的个案工作介入

个案工作作为社会工作的一种最为直接的工作方法,它是通过与案主面对面的直接交流来搜集资料,帮助案主解决问题,与其他社会工作方法相比较,个案社会工作是一种更为有效的工作方法。因此,为了更好地帮助孩子们消退不良记忆,我们采取面对面的个案工作介入,以使介入效果更佳。此次个案介入主要以以下案例进行说明。

(一)案主基本情况

小强,男,12岁,家里有两个姐姐,爷爷奶奶都已去世。从小家里穷,爸爸脾气很暴躁,而妈妈是个很温柔善良的人。爸爸喜欢喝酒,并且总是喝醉,每次喝醉就会打妈妈,酒醒来就好像什么事都没发生过。每次爸爸打妈妈他们三个都会很害怕,又不敢阻拦,妈妈则是能忍就忍,觉得过去就好了。自小小强就不喜欢爸爸,害怕爸爸,和妈妈很亲近。终于,在一次爸爸喝醉后又打妈妈,妈妈一气之下拿起菜刀朝爸爸砍了过去……妈妈坐牢了,爸爸去世了。由于家里没人照顾,小强就被送到了×机构,两个姐姐则辍学出去打工,过年时姐姐打工回来会来看小强,把小强接回家过年。

在机构内,小强常常表现得很自卑,经常会拿着妈妈的照片看,看着看着就会哭起来。他总是想妈妈想姐姐们,希望姐姐们能一直在家陪他,希望妈妈能赶紧出来与他一起生活。很多时候他会很依赖机构的阿姨,平常看到别的孩子有家里人来探望就会伤心难过。他不能听人提起爸爸,即使姐姐提也会很生气,一直恨爸爸。会害怕看到警察,认为警察是坏人,妈妈是个好人还是把妈妈抓走,心里特别难过。

(二)个案工作介入过程

1.接案与建立专业关系

工作员在机构与孩子们一起生活的几周时间,通过与孩子们的交流和小组活动,开始对孩子们的情况有所了解。

在与孩子们的接触中,发现小强平常表现比较低调,性格很内向,不怎么与园内的孩子交流,即使在做小组活动时也是很少发言或者表达自己的想法,但是又很渴望别人接受他。听阿姨说小强在晚上自己会偷偷哭,平常没有人来看他,他总是独来独往,就算是上下学也不与其他孩子一起。并且当有领导或者其他机构里的人来进行视察工作或者研究时,小强会对他们表现出特别的排斥。

通过几次小组活动的观察和与园内阿姨的交流,发现小强其实是个内心很脆弱的孩子。平常节假日姐姐会给他打电话,他特别期待姐姐打电话来,每次姐姐打电话他都会表现的特别开心,但是又会因为一些谈话表现得很失落。基于对小强的这些了解,工作者开始对小强进行关注,会在小组后或者是平常休息时找小强聊天,带他出去玩等。初次与小强进行谈话是在一次休息时,小强拿着妈妈的照片在看,工作员问他:"你能告诉我照片上的人是谁吗?"小强刚开始只是低着头不说话,过了一段时间,他说"是我的妈妈,我已经很长时间没见她了,想她,想让她赶紧回来,接我回家,还有姐姐。"工作员安慰他:"不要伤心,妈妈虽然现在没在你身边,但是不久就会回到你的身边的,你的妈妈如果在你身边的话也不希望看到你那么难过,现在的你好好学习,好好生活,妈妈回来了肯定会为你开心的。"小强开始哭泣,沉默不说话。后来几次的谈话,工作员开始和他熟悉起来,工作员告诉他:"园区的负责人和工作人员都会帮助你的,我也会回来看你,还有好多人关心你,你要好好地照顾自己,然后等妈妈回来。"小强开始慢慢接受工作者,愿意与工作者说自己的想法。

2.介入工作准备阶段

工作者与小强通过几次的交谈已确定了良好的工作关系。在这次整个交谈过程中,工作者注意运用了倾听、同理心、自我披露等专业技巧。如,询问小强是否想妈妈,安慰小强受伤的心,给小强希望等。为了找出小强遇到的心理问题及引起问题的原因,工作者进一步收集完善案主小强的资料,准备工作进行了3天,通过与小强的几次深入交谈了解其基本信息和家庭情况。

身体方面:小强身体健康,在学校体育很好。也由于从小家里比较穷,经常会下地帮妈妈干活,会干农活,身体比较好,平常很少生病。

心理方面:从入园以来,小强都表现得很内向,在集体活动中显得比较自卑,平常表现出很强的戒备心,讨厌一切的样子,讨厌警察,有时候甚至会偷偷砸碎保安家的玻璃。

人际交往方面:小强不愿意和园里其他孩子交流,喜欢独处,不愿意参加机构组织的活动,害怕其他孩子嘲笑他,他表示:"我不想和他们说话,也没什么好说的,平常也没有人来看我,说不定他们背后也在笑话我。"

3.介入工作开展阶段

通过与×机构孩子们的长时间相处,我们发现孩子们都有其独特的个性,聪明且善良。但是鉴于他们以往特殊的经历,成为他们内心不可磨灭的记忆,也留下了难以恢复的创伤。因此,在与孩子们的交往中,我们不断深入他们的内心,发现他们面临的各种困扰,以便于更好地解决问题。

通过小组活动，我们发现，很多孩子有很强的戒备心，不愿意在陌生人面前袒露心扉，对工作人员表现出极大的不信任。一大部分孩子表现的很自卑，当工作者组织他们对自己进行一个评价或者夸赞一下自己时，他们会保持沉默，有些孩子甚至说我没有优点。还有些孩子会有攻击、报复等行为，也有些孩子会受父母曾经的影响，偷别人东西，或者攻击别人。这些表现都是孩子们的不合理信念加上对以往父亲或者母亲犯罪相关的不良记忆即诱发事件共同造成的。要想改变当前孩子们的情绪和行为表现，就要从不合理信念和诱因两方面着手。

一是与案主一起寻找其不合理信念。根据 ABC 理论，结合孩子们的情况，我们可以总结出孩子们由于经历了以往的不良记忆后，产生的各种不合理信念，以至于这些不合理信念对未来的生活造成了极大的危害。因此，发现这些不合理信念，并对此进行干预，使孩子树立合理信念，是消退"法律孤儿"不良记忆的另一条途径。

基于对不良记忆的挖掘，我们发现由于那些不良记忆，孩子们内心树立起了很多不合理信念。如，觉得犯罪的父亲或者母亲的做法是对的，不应该被判刑，对社会或者法律不信任；对去世的父亲或者母亲怨恨，觉得即使死去也是应该的；还有就是对警察的憎恨甚至恐惧；有些父母同时犯罪的孩子（如，父母因贩毒同时被判刑等），认识不到父母的错误，甚至想继续父母的错误做法等。

根据收集到关于案主小强的资料，可以找出案主小强情绪困扰的具体表现以及这些反应相对应的诱发性事件。小强的情绪困扰主要表现在他生活中不愿与人交流，特别自卑，讨厌所有的人，认为所有的人都是坏人，他们害妈妈坐牢了。而这些反应的诱因是妈妈明明是个好人，警察还是把妈妈抓走了，人们还批判妈妈，同伴们会嘲笑自己是罪犯的孩子，没有人要等。

从 ABC 理论来看小强的问题：①诱发性事件 A：小强的妈妈因无法忍受其丈夫醉酒后的家庭暴力而用刀杀死了他，因而获罪坐牢这件事。②对诱发性事件产生的信念 B：亲眼目睹妈妈杀死爸爸、妈妈被警察带走的情形，小强认为爸爸是可恨的，警察是是非不分是坏人；所有的人都是坏人，没有人理解他，也没有人会真心地帮助他。③个体的情绪及行为结果 C：小强平常戒备心强，很少与人交流，不信任任何人，对保安或者自己认为特别坏的人表现出攻击行为等。ABC 理论中诱发性事件 A 是小强不良记忆的根源，B 则是小强在经历 A 事件后产生的不合理信念，C 是 A、B 对现在小强情绪及行为结果的影响及体现。

因此，工作者确定了用"ABC"理论来对小强进行干预和介入，以帮助其去除不合理的信念，让他能正确地面对自己目前的状况，树立正确的人生观。在与小强的会谈中，工作者首先向小强介绍了 ABC 理论的基本原理，使其对理性情绪疗法的实施有一定的思想准备。在谈话过程中，工作者首先运用"自我披露"的技巧，用自己的一些亲身经历，如遇到重大挫折时自己产生的一些非理性情绪问题来获得小强的理解，引起他的共鸣，接着指出小强目前存在的消极思维方式，引导他找出自己的非理性信念，即"认为所有的人都是坏人，没有人理解他，也没有人会真心地帮助他"，并使他了解长期处于这种不合理的情绪可能会带来的不良后果。

二是引导案主认识非理性信念对其情绪和生活的影响，帮助案主正确对待非理性信念。理性情绪疗法是通过帮助案主认识其存在的非理性思维，并将其理性化，从而达到治疗目的的方法，在帮助小强认识其存在的非理性信念后，工作者运用理性情绪想象、鼓励、辩证等方法技巧帮助小强冷静对待自己的非理性信念，让小强清楚认识到他对自身认识的偏差与他目前存在问题之间的关系，引导小强意识到是他对自身不合理的认知导致了他自卑，攻击等情绪的产生,只有改变了这种非理性信念才能解决他目前存在的情绪低落、缺少朋友等问题。积极地向小强讲述一些家庭情况和他相似依然积极面对生活的案例,也以自己身边的实例鼓励小强要勇敢面对自己的情况,正确看待自己,摆正自己的人生观。例如在找出小强的非理性信念后,工作者运用"理性情绪想象"技巧对小强进行鼓励:"虽然现在妈妈不在你身边,但是她心里肯定时刻牵挂着你,希望你和姐姐好好的,园里的阿姨还有社会工作者们也都照顾你,希望你将来能很好的生活。"并用"辩证"技巧对小强的非理性情绪进行辩驳:"小强,你在园里有这么多人关心你,怎么能说没有人真心帮助你呢?还有姐姐,她们常年不在你身边也是出去赚钱也是为了家里能更好地生活,因为奶奶年纪也大了,需要照顾。"

三是充分发挥家庭支持系统改变案主的观念。家庭支持是社会非正式支持系统中的一个重要组成部分,在满足案主的需求,解决他们面临的问题方面起着关键作用。社会工作者注重加强小强与家人之间的交流,希望家人的情感支持能帮助案主小强改变其不合理信念,建立一个理性信念系统。社会工作者首先联系了小强的姐姐,希望姐姐能鼓励小强,并且想办法联系小强的妈妈,让妈妈鼓励小强好好生活。接着工作者告诉园里的阿姨要多关心小强,经常开导他,并主动和小强提起小强对于他们的重要性,凸显出小强的作用,以帮助小强改变不合理信念,从而更好地消退生活中的不良记忆。

四是改善小强的人际交往状况。工作者采用疏通等技巧改善小强与园内其他孩子的关系方面,介绍小强与园内其他孩子认识,带领并鼓励小强参加一些园内举行的活动,增强小强与园内其他孩子之间的交流和互动,改变小强对园内其他小孩儿的错误认知,扩大小强的人际交往面,以创造现在生活中的美好记忆,改变他对社会的看法,以代替原有的不良记忆。

五是帮助小强重新审视不良记忆,进行新的定位,并帮助其消退不良记忆。不良记忆既是一种不好的经历,也包括一些不好的感受。在孩子们的童年,他们经历了很多不好的事,也有很多不好的感受,在对孩子们进行了深刻地个案辅导之后,我们发现,孩子们的不良记忆有不同的表现形式。首先,他们都有一个共同的不良记忆,就是从小父母就离开自己,自己孤独地生活;其次,有些孩子是目睹了父亲或者母亲犯罪的过程,内心留下难以磨灭的阴影;还有就是有些孩子从小在家庭矛盾中长大,或是父母的争吵,更多的则是家庭暴力给孩子留下的印象,并产生的对施暴者一方的怨恨等情绪;还有则是目睹自己的父亲或者母亲被警察带走的场面,内心的伤痛,以及产生的对警察对社会不信任甚至憎恨;当自己的父母犯罪后,同伴或者亲戚朋友的异样眼光,以及对自己的蔑视,对孩子造成又一次打击,从而会变得自卑,不自信等。这些不良记忆正是非理性信念的指导下的思维方式,也是当前情绪反应的诱因。作为此次研究的主要内容,不良记忆的消退要从非理性信念和当前的情绪、行为反应两方面着手进行,通过纠正非理性信念,来改变孩子们对以往记忆的错误认知,重新审视以往的不良记忆,将不良记忆重新进行定位,承认其合理性,改变自身的思维方式。

在与小强的多次谈话中我们发现,造成小强现在自卑、敏感、情绪不稳定等情绪和行为表现的诱发原因正是一直藏在其内心的对于过去的种种不良记忆,如母亲明明是个好人还被抓,警察无情地抓走母亲,父亲对母亲的家暴,在父亲去世母亲被抓后同伴们对他的疏远甚至嘲笑。因此,必须消退或者改变小强的这些不良记忆才能帮助他更好地面对生活,适应社会。

在对小强不良记忆的消退过程中,我们通过以上的步骤帮助小强树立理性信念和获得朋友和社会支持后,让小强重新审视自己内心的不良记忆,并对此进行重新的定位,变不良记忆为合理记忆,并从现在的生活中创造美好的记忆来取代以往的不良记忆。如在谈话中,我问小强:"小强,现在你已经明白自己以往的很多思维方式是不合理的,那你现在对以前的事有没有什么新的认识?如你妈妈坐牢,导致你痛恨警察和爸爸这些事。"当我问到这些问题时,原本敏感的小强现在表现的很乐观,他说:"当我看到妈妈被抓走时我心里特别难过,当时感觉警察,所有的人都是坏人,他们不分好歹,抓走妈妈,当然我更恨的是爸爸,都是因为他妈妈才被抓走。但是现在想想,其实我那时候对这些事的看法还是有些不对的。"于是我接着问小强:"那你觉得你以前的看法有哪些不对?现在你能坦然的面对或者说接受这些事吗?"小强说:"我现在明白了妈妈坐牢这事也不能怨爸爸和警察,爸爸虽然欺负妈妈是不对的,但是妈妈的处理方式确实不对,警察也是按法律办事,不能说他们是坏人,其实现在想想还挺想爸爸的,虽然他平常总爱发酒疯,可是他在不喝酒时对我们几个也很好的。虽然现在妈妈不能回来,但是我会好好学习好好生活等妈妈回来的。"至此,对小强的服务已经达到了预期的目标,小强能正视以往的记忆,对以往记忆的不好之处也能重新定位,使不良记忆得到了消退和改变。

介入服务开展的一个月内,工作者通过以上方法技巧来改变小强的非理性信念,引导其改变自己的错误认知,帮助他建立一个理性信念系统,让他重新审视自己对以往诸如母亲坐牢、警察的抓捕之类的不良记忆的思维方式和看法,找出自己定位错误,帮助其改变这些不良记忆,变不良记忆为合理事件,同时工作者也向小强普及了一些与其生活相关的法律知识,让小强能正确掌握自己的现状,改变对以往记忆的错误认知,以消退以往生活中的不良记忆,使小强能积极地面对自己的生活。

4.介入工作巩固及结案阶段

工作者通过与小强的谈话,使小强认识到自己的非理性信念对其情绪和思维方式造成的不良影响,并逐渐能理性地看待母亲坐牢的事实及所遇到的问题。在最后的回顾阶段,工作者与小强一起回顾前一阶段的介入所取得效果,当小强表示通过这次服务自己对事情的看法已经有所改变,觉得不论是妈妈坐牢还是旁边小伙伴和阿姨对自己的帮助,他都会换个角度思考,他开始不再讨厌害怕警察了,也不会再无缘无故偷偷砸碎保安大叔家的玻璃。工作者要继续引导小强表达具体一下。例如,工作者问:"小强,你现在可以正视妈妈坐牢这个问题了,不会因为这在学校抬不起头了,那如果别人或者姐姐再给你讲到爸爸妈妈你会排斥或者抵触他们吗?"小强回答工作者的问题:"我现在已经懂得了很多的法律知识,在别人的帮助下我也学到了很多,我觉得就算妈妈坐牢了我还是爱她的,我会好好努力,等妈妈和姐姐回家。以前我痛恨爸爸还有警察,现在我也渐渐能理解这些问题了,我不会刻意回避了。现在我已经有很多朋友了,和园里的小朋友们相处的很好,阿姨们对我也很关心,我现在觉得每天都挺开心的。"

在巩固阶段,工作者根据小强的表达来说明其取得的成绩来增强他的自信,并对小强表示积极支持的态度,鼓励他忘掉以前那些不开心的事,开心幸福地生活,并肯定其已经有能力独立处理自己生活中遇到的问题。进一步强化理性信念,从而使小强在以后的生活中仍能以理性信念思考问题。比如工作者对小强取得的成绩给予了肯定并对他提出了希望:"小强,经过这么一段时间的努力,你的很多问题都有了很大的改善,我相信你在以后的日子里,也能忘掉那些不开心,正确地面对自己遇到的问题,对吗?"小强在这一阶段时,开始经常和园内的孩子交流,已经交了很多朋友,也不再自卑了,提到家庭问题他也能坦然面对了。小强向工作者表示:"我现在已经不会再对过去耿耿于怀了,我相信大家都是真心帮我的,我也会努力学习,让妈妈和姐姐看到我的努力。"

至此,介入目标已经实现,小强的非理性信念已经得到改善,对于过去的不良记忆,如妈妈坐牢、小伙伴的嘲笑等也能重新审视,不会再因为这些事而伤心难过。这个时候,工作者告知小强一个月的实习工作已经结束了,留出足够的时间帮助小强处理离别情绪。比如,在与案主的第四次会谈过后,工作者可以以这样的话提醒小强关系即将结束:"小强,我们经过这么一段时间的努力,你的改变很大,但我想提醒你,下次会谈后,我们就将结束我们之间的工作关系,希望你可以做好准备。"在结案过程中,小强表现出否认、难过等负面情绪,工作者鼓励小强要好好生活,并用同理心表达对他这种感受的理解,鼓励小强积极面对未来的生活。

最后,积极做好结案记录,以在适当的时候进行必要的反思,并开始准备后期的介入评估工作。

反思总结

在开展工作过程中,为保证服务项目的顺利进行,社会工作者要始终与案主保持中立的专业关系,要特别注意适当的运用"同理心"去体会和理解案主的感受,不能因为案主的情感倾向而偏离了服务的方向;而且,要尽量避免对案主的问题进行主观的价值判断,以免影响交谈结果。与此同时,工作者应本着平等、真诚的工作态度与案主进行交谈,这样既有利于创造一种轻松、愉快的气氛,又能提升案主的自决能力。

针对案主的不合理信念,社会工作者要认真分析,并给予适当的引导。在与案主相处的过程中,工作者要根据案主的需要进行介入,还要时时关注案主的心理变化,以尽快获得案主的信任,巩固彼此之间的关系。此外,工作者应引导案主学会自我剖析,让他面对现实,培养其问题承受能力,学会在遇到挫折时从多角度出发去思考问题,并学会向外界求助,客观而理性地分析问题的实质,从而提高他对社会的适应能力,促进其健康成长。

此外在消退不良记忆的过程中,也面临很多困难,如,历时较长,不良记忆作为对以往不良体验或经历的反映,一时是很难消退的,所以要想有效地消退不良记忆,就要进行长期的干预;由于工作员能力有限,以及问题的复杂性,所以在实施过程中,不能很好地解决案主所有的问题。另外由于有些问题属于情感、隐私等问题,工作员在与案主进行交流时要注意用词得当,保护案主的隐私。

"法律孤儿"的心理创伤干预

一、研究设计

(一)依据理论:叙事心理治疗理论

叙事治疗是后现代主义的产物,代表人为澳大利亚家庭心理治疗师米高怀特,理论基础是社会建构主义。他认为当事人的"问题"往往是被自身主观建构的,这种建构深受"主流话语"和"正统标准"的影响,并按时间顺序链接起来固化为故事,这些故事是其生命的航标,可以说明他的过去,定义他的现在,影射他的未来。因此,叙事治疗的主旨是解构并重述当事人的生命故事,使其重获生命的动力(王思斌,2004)。

本研究通过对搜集的资料进行整理分析后,运用个案访谈,依据叙事治疗技巧进行介入,通过外化"法律孤儿"所面对的困扰问题,发掘独特结果和编写新故事、巩固新故事三个阶段对"法律孤儿"的心理创伤康复治疗进行介入,通过消退其早年不良记忆来帮助其重获生命动力。

(二)研究对象

研究地点为×市太阳村,研究对象为生活在太阳村的 8—15 岁的 55 个"法律孤儿"。研究中还涉及在太阳村工作的相关人员,包括太阳村主管、"爱心妈妈"以及与"法律孤儿"经常接触的爱心人士,具体访谈计划如下表:

表1 访谈计划登记表

访谈对象	每次访谈时间	访谈次数	访谈类型
爱心妈妈1	30分钟	2次	个案访谈
爱心妈妈2	30分钟	1次	个案访谈

访谈对象	每次访谈时间	访谈次数	访谈类型
8位"法律孤儿"(8－15岁)	45分钟	1次	团体访谈
5位爱心人士(社工专业大学生)	30分钟	1次	团体访谈

许莉娅认为在个案工作介入研究阶段,应选取3－7人进行深入访谈,因此本研究在个案介入"法律孤儿"心理创伤研究阶段,选取5位典型个案进行访谈展开深入研究。具体情况如下表:

表2　5名"法律孤儿"基本情况及个案访谈计划

编号	性别	年龄	入村时间	父母情况	每次访谈时间	访谈次数
C1	女	10岁	4年	父:10年有期徒刑;母:不知去向	30分钟	2次
C2	男	12岁	3年	母亡;父:死刑已执行	30分钟	2次
C3	女	11岁	2年	母:有期徒刑12年;父亡	30分钟	10次
C4	女	14岁	4年	父:10年有期徒刑;母病亡	30分钟	2次
C5	男	11岁	5年	父:11年有期徒刑;母不知去向	30分钟	2次

(三)研究方法

本研究的研究方法为质性研究,主要运用参与型或非参与型观察、访谈的方法,通过与"法律孤儿"的互动,从而对其心理状态和特点进行较为细致、动态的描述和分析;运用此方法,笔者可以在一种自然和轻松的状态中与"法律孤儿"互动,可以从他们的角度了解他们的看法,考察他们的心理状态和意义建构。运用此研究方法有助于与孩子们建立信任关系,减少访谈的阻力,从而确保访谈质量,获得更加真实可靠的访谈资料。

首先,笔者运用参与观察与对太阳村的爱心妈妈进行个案访谈的方法收集"法律孤儿"的基本资料,如家庭背景、父亲或母亲入狱的原因、"法律孤儿"在太阳村生活的适应状况、学校学习情况、性格特点等。并且笔者通过多次探访这些"法律孤儿",帮助他们辅导功课、做游戏、大扫除等,在活动中与他们建立良好关系,为进一步的研究做好铺垫。

其次,本研究在初步了解"法律孤儿"基本情况和与这些"法律孤儿"建立了良好信任关系的基础上选取5个典型个案进行深入访谈。通过访谈深入到研究对象的内心世界,倾听他们早年生活经历,探究他们出现心理障碍问题的原因。

再次,本研究在深入了解"法律孤儿"心理创伤状况与原因的基础之上,选取1位有"家庭暴力"创伤记忆的"法律孤儿"C3,采取主动介入的方法,通过10周的个案访谈,尝试性地运用叙事心理治疗、空椅子等技巧介入到其心理创伤康复治疗中,以帮助其消退创伤记忆,培养其正确认知,促进其心理健康发展。

二、"法律孤儿"心理创伤状况及成因分析

(一)"法律孤儿"心理创伤状况分析

在与这些孩子接触的过程中,我们也感受到了他们较多的性格缺陷,令人十分担忧。主要有以下倾向:

1. "小大人儿"的外衣下包裹着一颗脆弱的心。在他们过分独立的外表下,也存在着一些心理隐患,主要表现为恐惧、焦虑、自卑、孤僻,不愿意与人交往,防御心特别重。由于他们成长过程中父母角色和家庭养护教育的缺失,他们普遍缺乏安全感,不愿意信赖他人,更愿意自己承担所有问题,害怕被骗和被伤害。据太阳村的工作人员反映,在交往中,许多孩子容易说谎,孩子吃饭的时候都是争着抢着吃,这表明了他们心中的不安全感。

2. 顺从下的心理隐患。由于这些孩子从小缺乏父母关爱,当有爱心人士来看望他们的时候,他们会表现出极度迎合顺应,并有明显的讨好现象,他们将对父母的思念转嫁到爱心人士身上,并且他们想将爱心人士的关爱占为己有,一旦发现无法得到爱心人士的全部关注的时候,他们就会做出极端化的行为。

3. 极端化的反抗。有些孩子对社会隐藏着仇视的心态,与同伴相处有暴力倾向。访谈中发现,有不少数目睹过父母被警察暴

力逮捕的孩子倾向于将自己现在不幸生活状况归咎于警察,对警察、对社会抱有仇视心理。并且有些孩子有习惯性攻击行为,例如6岁的小M,当爱心志愿者拒绝将自己手上的手链送给他时,他便大哭大闹,气愤之极时竟然用脚踢打志愿者。有少数孩子还有自残行为,当他们没有得到自己想要的东西时便以伤害自己来引起身边人的注意,行为极端。

(二)"法律孤儿"心理创伤成因分析

1.与父母分离的经历及再次回归家庭的困难

在孩子的成长过程中,父母向其提供无限的爱和经济基础,父母用爱保护他们的孩子,在物质上和心理上向其提供良好的成长环境。而"法律孤儿"这一群体,当父母因犯错而进监狱时,也就意味着其家庭的破裂,基本权益无法保障,当"法律孤儿"要学会提早面对更多的问题与责任时,他们为了保护自己也渐渐学会把自己包裹在"小大人"的外衣下。

在访谈中,我们发现当孩子们回答"你最伤心的一件事"这个问题的时候,他们普遍流露出对自己入狱父母的思念。在对C1的访谈中他说:"每天晚上我都会想爸爸,我总是梦见爸爸带我出去玩,醒来后发现只有我自己。"太阳村的大多数孩子都吐露自己非常想念爸爸妈妈,尽管部分孩子由于父母一方入狱而被另一方抛弃而很坚决地回答:"不想,一点也不想",但是我们能从孩子伤痛的表情中读出他们对父母的思念以及对被抛弃的怨恨。原本应该无忧无虑的童年生活因为父母入狱而变得异常残酷,与父母分离使他们缺乏安全感,遇到困难时总是选择逃避或放弃,由于成长路上没有父母的关爱和鼓励,他们变得自卑,不敢与人交往,有较强的防御心。有的孩子因长期抑郁而逐渐形成孤僻、怯懦的性格,成为对他人、对社会都极端冷漠、缺乏信任感的人。

通过访谈我们得知其父母入狱后,孩子就面临着被抛弃的境遇,在抛弃孩子这一方面母亲居多。与父母长期分离的经历以及对抛弃自己的父亲或是母亲的仇恨对这些孩子的心理健康成长产生很大的影响。经历了与父母分离、被抛弃的痛苦,他们的内心充满了不安全感,他们宁愿一直呆在太阳村生活。虽然他们非常思念自己的父母,但相比再次经历被抛弃的痛苦,他们选择逃避。当问及"等爸爸出狱后,你愿不愿意在和爸爸一起去生活?"大多数孩子的回答是愿意,并表示自己的父母是一时犯了错误,他们在里面改造后就会变好了,而有极少数孩子表示不愿意,例如 C1 说:"我感觉现在生活挺好的,即使爸爸回来了我还是想住到这里。"在很小的时候就不得不经历父母入狱的痛苦,再加上同学、亲戚的轻视甚至嘲讽,社会传统的舆论和偏见,使他们产生了极度的自卑感,使他们失去了已有的安全感和幸福感,进而产生被遗弃感和恐惧感。

2. 经历"家庭暴力"的伤痛记忆

在研究中,我们发现这些孩子大多数经历了"家庭暴力"。主要表现为父母亲由于感情问题或是家庭中的琐事故意或是无意将另一方杀害,也有对孩子的暴力。如 C2 说:"4 月 8 号那天,爸爸放羊回来,妈妈割了一个羊腿,第二天爸爸妈妈吵架了,爸爸生气了就把妈妈打死了,后来警察就把爸爸带走了。"C3 说:"爸爸经常打骂我和妈妈,我妈妈就把他给杀了,他是罪有应得,我一点都不想他。"通过访谈我们发现这些"法律孤儿"中很多从小就遭受着父母情感破裂,家庭人际关系失和,父母整日无休止地打闹,直至走上违法犯罪的道路,这些经历既是对孩子施加各种不良影响,造成严重心理创伤的过程,也是使孩子形成不良性格特征的过程。有的孩子由于长期生活在争吵打骂的环境中,变得情绪暴躁而形成蛮横、粗野和冷酷的性格;此外,很多孩子亲眼目睹了其父亲把母亲杀害或母亲或第三者将父亲杀害的场景,事发之后这些孩子因对家庭、父母感到失望而逐渐形成厌恶、敌视、仇恨以致形成双重人格。这些消极的性格特征,也对这些孩子与同伴的交往活动产生了极大的阻碍,最终影响到他们的人际交往、同伴关系,造成与人交往相处能力下降。

3. 目睹警察的"暴力逮捕"及亲友"善意"谎言的影响

在访谈中有很多孩子吐露自己见过警察逮捕其服刑父母的场景,有些孩子还能清晰地描述出当时发生的每一个细节,对其保留着深刻的记忆。这些孩子反映很多时候他们想到父母被警察逮捕的场景时总会睡眠困难,在睡觉的时候总是不断回想痛苦的记忆,像恐怖电影回放。C4 有些抽泣地说:"有一次警察来我家抓我爸爸,我爸爸跑了,警察没找着,过了几天我爸爸回来了警察就把他抓住了,警察踢我爸爸,打我爸爸。"这些记忆时刻影响着他们,并且有可能在遇到困难时被强化,使他们产生恐惧和自我否定的感觉。目睹警察"暴力逮捕"自己父母的经历也让他们看到了父母的狼狈和警察对父母的"残暴",会让他们的认知产生偏差,一方面他们会对父母产生怀疑的态度,昔日父母高大的形象顷刻坍塌,从对父母的否定中渐渐演变为对自我的否定。另一方面,会对警察产生仇视心理,抱怨社会,产生错误认知。

由于父母入狱后,有些亲友出于善意,撒谎告诉孩子其父母没有犯罪,是遭人陷害等等,使孩子陷入对父母的无限期的等待和对父母入狱这一事实的不正确归因,将其父母的错误转嫁到其他人身上,比如其他亲戚,或是其未进监狱的父母一方,而产生极端的仇视社会的心理。

4. "道德连坐"引发的歧视及该群体的自我矮化

中国传统思想上的"父债子还"多多少少还延续在"法律孤儿"身上,其父母犯罪给其他人造成极大的伤害,给大多数人造成了难以弥补的损失,这种伤痛和愤恨很容易转嫁到原本身心脆弱无助的"法律孤儿"身上,使这些孩子更加自卑甚至自闭。此外,太阳村的运行模式属于院舍式供养模式,这样会产生标签,引起社会对这些孩子的歧视,对他们造成严重的心理伤害。访谈中发现有少数孩子在学校会受到村外的孩子的歧视,人际交往方面存在较大障碍。C5说:"在我小的时候,别的小孩会因为我爸爸进监狱而不跟我玩。"C5:"我大娘对我不好,她说我以后可能会像我爸爸,所以她不管我。"这些标签和歧视使他们原本脆弱的心变得更加不堪一击,对自己缺乏自信,对未来产生极大的恐惧。

5. 社会救助乏力带来的伤害

一方面政府层面的救助没有制度化的保障,机构人员对这些子女的救助也仅限于物质层面,且在运作中缺乏政府的监管。目前有55名孩子生活在太阳村,居住在容纳12人左右的"爱心小屋",并由5名爱心妈妈照顾日常起居生活。55名孩子的衣食住行已经让爱心妈妈精疲力竭,根本无暇去关注孩子们的心理,由此也会让孩子产生被忽视的感觉。另一方面社会上大多数爱心人士的"一次性看望",也会无意识地伤害到这些孩子。通过访谈得知孩子更希望爱心人士同一批多来几次,而不是来一次后再也不来了。而且,很多爱心人士脱口而出的:"过一段时间我还会再来看你们的","恩,我还会再来的",会让孩子陷入遥遥无期的期盼和等待,有些爱心人士不能再来会让孩子们感觉被欺骗而使情绪产生很大波动。

三、个案工作介入与分析

通过对居住在太阳村的"法律孤儿"的心理创伤现状及原因分析,本研究以C3为个案,运用叙事心理治疗方法对经历"家庭暴力"的"法律孤儿"的创伤记忆进行介入研究,现将此个案进行详细解释:

(一) 基本情况

案主C3,女,10岁,小学五年级学生。由于父亲天生脾气暴躁又有不良嗜好,经常在外赌博回来后又喝酒闹事,无故打骂案主与案主母亲。两年前,其母亲不堪忍受痛苦将酒后父亲毒死,而这一幕正好被案主C3看到。当警察来抓捕其母亲时,案主C3用瘦小的身躯堵住门并对其母亲大喊:"妈妈,快跑,快跑!"之后便目睹其母亲被警察带走。由于母亲入狱之后,年老的奶奶无力抚养案主,而其他亲戚不愿抚养C3,便将其送进×市太阳村。

(二)个案缘起

案主C3,是个年龄较大的孩子,个性像个男孩子,对人热情很有表现欲,但和宿舍人的关系不太好,因为她脾气暴躁,与同伴相处时有很强的暴力倾向,园子里的孩子有点怕她。有一次集体大扫除由于一个小男孩不小心把水洒在她身上,她便与其打起来,竟然还拿着水果刀划了男孩脖子一下,最后太阳村主管王妈妈及时解决了问题。但是事后很少有小伙伴和她一起玩了,甚至都不愿意接近她。在遭受同伴拒绝之后,她的性格越来越孤僻,对人的攻击性也越来越明显了,学习成绩也急速下降。笔者在观察中注意到C3的这一变化,便主动找到C3进行访谈,在征得C3同意的基础上与其一起制定个案介入计划。

(三)心理创伤现状及原因评估

1.现状评估:性格孤僻,爱冲动,缺乏安全感,对身边的人有暴力倾向;与同辈关系不好,缺乏心理支持;受情绪困扰,学习成绩下降;缺乏父母关爱,对爱心人士的爱心有强烈的占有欲。

2.原因评估:早年"家庭暴力"的伤痛记忆使其对外人有很强的防备心理,同时也使其养成暴力解决问题的习惯;将不幸的家庭归咎于警察的"错误"逮捕,对母亲入狱原因存在错误认知。

(四)服务计划与介入过程

1.服务计划:整个介入主要以深入访谈的方式展开,由于案主还要上学,所以社工将介入时间定于每周的周六周日,为期10周。第1、2周的主要任务是与案主C3建立专业关系。第3、4、5周主要深入到案主内心世界,运用同理心的技巧倾听C3讲述自己的故事,在叙事中与C3一起外化其面临的问题。第6、7周通过访谈与案主一起编写新故事。第8、9周采用优势视角帮助案主巩固新故事。第10周对个案效果进行评估并结案。服务要达到以下目标：淡化案主早年的创伤记忆，寻找新的积极的生活意义，形成对未来对自己对身边人的正确认知；与同伴建立良好关系；激发案主的学习动机，提高学习积极性；对母亲入狱有较客观的认识，消除其之前对警察的偏见。

2.介入过程

在与案主C3建立良好专业关系的基础之上，社工与C3对个案工作目标、介入过程、期限达成一致意见之后，便实施行动方案，行动分为三个阶段：

第一阶段：外化C3早年生活经验中的问题。（第3、4、5周）

由于C3从小缺失母爱，对父亲又心存怨恨，对社工有极强烈的心理依赖，社工首先在控制好度的前提下给予其大量心理支持，进一步了解C3对自身经历的看法，同时也逐步深入到她的内心世界，和她一起讨论所经历的心理创伤，外化其问题。

面谈记录节选：

……

社工：你平时都喜欢干什么啊？

案主：跳皮筋、画画、沙包，只要是玩的我都喜欢，也喜欢唱歌就是老跑调。（哈哈大笑）

社工：看来你是个爱玩的孩子，那有没有让你难过的事情，你有哭泣的时候吗？

案主：我每天晚上都会想妈妈，经常梦见爸爸打妈妈和我，有时候也梦见过凶狠的警察踹开我们家的门，拽着我妈妈的胳膊把我妈妈带走了。每次做这些梦我都会哭。

社工：那你现在想不想爸爸？

案主：不想，一点也不想。（说话的时候不敢直视笔者，低着头，声音很小）他总是打我和妈妈，我怎么会想他呢？

社工：那你怎么看待"凶狠的"警察叔叔抓走妈妈这件事？（突

出"凶狠"二字)

案主:妈妈杀了爸爸,那是因为爸爸总是打妈妈,本来就是爸爸的错,为什么要抓走我妈妈。(说话时有些激动,说着说着竟然抽泣起来)

社工:(轻拍案主,给予安慰)C3,别难过了。你已经是个大孩子了,也已经懂事了。你仔细认真想想,妈妈当时是否可以采取其他方法解决问题呢?

C3:(情绪稍微缓和一点)嗯,我妈妈那样做也不对,她不应该那样做。

社工:那你想一下,如果妈妈采取求助警察的方法来阻止爸爸的行为,那对你有什么样的影响呢?(外化警察逮捕妈妈这个问题)

C3:那样的话,我妈妈就不会进监狱了,我也不会呆在这了,我就可以和妈妈在一起了。

社工:嗯,是的。那C3能给我讲讲为什么别的小朋友不愿跟你玩吗?

C3:可能是因为我太凶了吧。(低着头)如果我们闹别扭吵架了干什么的,我就想打人,他们估计有点怕我。

社工:你的这种"想打人"的想法从什么时候开始冒出来的?

C3:(仔细想了好久)我也说不太清楚,我8岁那年,当我总是看到爸爸打妈妈,拿着板凳把妈妈的头打得直流血我就想拿刀砍我爸,但是我知道我太小了,我打不了他。还有,那一天晚上我看见警察使劲拽着我妈的胳膊把她押走,我就想拿着棍子把警察打晕,救走我妈妈。(讲述早年经历)

社工:我看得出来,你是想要保护妈妈。

C3:(使劲点头)

社工:那你能给我讲一下,你出手打你的朋友的时候你是怎样

想的?(帮助外化其"暴力倾向"困扰)

C3:我就想,我不能被他们打,我要保护我自己。如果我不打败他们,他们下次还会欺负我。

社工:所以,你是为了保护自己,就像当时你想保护妈妈那样。这样也就是说,现在的你之所以总是想打人,不是因为你这个孩子本质太坏,而是你用了错误的方式保护自己。

C3:我也不想伤害其他人,但是我真的不知道该怎么办?(哭泣)

社工:那你想想怎样做才能改掉你的这个习惯呢?如果你能改掉这个坏习惯对你有什么好处呢?

C3:如果我能改掉的话我就能交到好多朋友,他们也就不会害怕我了。

……

第二阶段:C3 自己编写故事。(第6、7周)

在叙事中帮助 C3 清楚地认识到自己经历的故事的实质,使其能在叙事中清晰地定义自己恐惧、害怕、做噩梦以及经常暴力对待同学朋友等等行为和心理的实质,使 C3 认清自己的心理症状的深层来源。在此过程中,社工可以运用倾诉宣泄式"空椅子"疗法,使案主能够发泄自己的情绪,自己内心想对妈妈说、却没机会或者没来得及说的话,表达出来,从而使内心趋于平和。在运用此介入技巧时,社工首先要营造一种真实的发泄氛围,同时还要诱导 C3 全身心地投入到宣泄的环境中,引导 C3 重新编写自己的新故事。

面谈记录节选:

……

社工:那么如果妈妈就坐在这张椅子上,你想对她说些什么呢?(将一张空椅子摆在 C3 的对面)

C3:(沉默)

社工:你就想象着妈妈坐在这张椅子上听你说话。

C3:(沉默一会儿)妈妈,我好想你。我每天做梦都梦到你来看我了,但是我醒来后发现这只是梦。妈妈,我真的好想你,你在里面要好好改错,这样就能早点出来把我接走了。

社工:(安静的听着C3的诉说)

C3:妈妈,我在这里经常做噩梦,梦见很凶的警察把你抓走了,还梦见爸爸喝醉酒回来了,又拿起棍子打你了,每次做这样梦醒来发现我的枕头都湿了。

C3:前几天我和园子的一个男孩打架了,他故意把我的衣服弄湿了,我们俩就打起来了,然后我就拿着刀子划了他一下,没想到流血了。我本来不想这样的但是我害怕他以后还欺负我……

C3:(说着说着就愈加激动,竟嚎啕大哭起来。笔者安抚C3的情绪,待其慢慢恢复平静。)

C3(平静之后略带愧疚地告诉社工):我现在很后悔,我前一段时间拿刀子划了小浩(化名)一下,一直到现在他还不和我说话,连我们宿舍的其他人也不敢给我说话,你们一走我连个朋友都没有。

C3(想了一会儿,对社工说):其实我也想了,他也不是故意要弄湿我的衣服的,我当时太冲动了,如果他说完对不起我就原谅他,那我们俩就不会打起来了。

社工:嗯,C3真的长大了,妈妈如果知道你这么懂事,她一定很高兴。那C3愿不愿意和宿舍和班里的小伙伴好好相处成为好朋友呢?

C3:嗯,想。我知道了我以后如果不再那样(暴力解决问题),他们也肯定会愿意和我一块的。

社工:那你打算怎么做呢?

C3:我想了,如果让我直接找他道歉,我会不好意思的,我还是给他写封信吧,你能帮我送给他吗?

社工:我当然愿意了。(微笑)

C3:(哈哈大笑)太好了,谢谢谢谢……

……

第三阶段:巩固新故事。(第8、9周)

在此阶段中社工采用优势视角给C3输入正向能量,引导其说出具有个人力量的故事,帮助其淡化其不良体验的意识,运用增能的技巧正确引导其对自身不良体验与不良的自我意识进行另一种较理性解释的尝试,通过这种类似于记忆净化器的作用从而最终引导他们巩固他们新的主流故事,逐步建立一个"主动进取积极向上充满优势的我"。

面谈节选:

……

社工:听说你在学校运动会跑步比赛上拿了第一名!

C3:(高兴地说)对啊对啊,我把奖状拿回来他们都可羡慕我了,阿姨也表扬我了。

社工:C3好了不起啊,要继续发扬啊!

C3:嗯嗯,我会的。

社工:我们C3是很棒的,姐姐还听说你放学回来主动帮阿姨干家务活,这么懂事啊?

C3:(腼腆地笑了笑)我要做个好孩子,我的妈妈也会在那里好好改错,这样等妈妈回来了我才能更好地保护她啊!(说话时她脸上洋溢着自信幸福的笑容)

社工:对了,上次你写信给小浩他给你回信了吗?

C3:没有,但是他愿意和我一块玩了,我们昨天还一起丢沙包了呢,嘿嘿……

……

5.评估与结案(第10周)

(1)评估

案主自评:个案服务结束后,社工针对之前制定的服务目标制作了"个案服务效果反馈表"。C3根据自己的情况填写了反馈表,基本情况如下:

表2 个案服务效果反馈表

编号	改变项目	得分(满分**20**分)
1	我改变了用暴力解决问题的习惯	15分
2	我和同学、朋友相处较好	18分
3	我能够正面看待警察抓捕妈妈这件事	18分
4	我能正面接受之前经历的家庭悲剧	16分
5	我相信我可以通过除暴力之外的方法保护自己	17分
6	我对学习有兴趣并且愿意努力去学习	15分
7	我对未来充满希望	16分

通过反馈表我们可以看出C3经过个案治疗,对母亲入狱以及警察暴力抓捕母亲有了一个比较客观的认识,通过社工对其早年心理创伤记忆进行干预,对自己有更为深入的了解,通过沟通较好地化解了人际关系冲突,构建良好同辈群体支持网络。此外,其学习态度端正,学习积极性增强,对未来充满希望,虽然目前学习成绩并不拔尖,但是其成绩较之前有较大提高。虽然,整个服务的效果没有完全达到预期值,但总体来看,C3通过个案服务做出来很大的正向改变。

社工对介入效果评估:社工通过日常观察和第九周和案主C3进行的深入访谈中发现,C3在社工的帮助下纠正了自己的非理性信念,对过去的创伤记忆有了较客观的认识,同时当社工再次提及其父母时,情绪较为稳定,与同伴相处较之前更为和谐,学习的热情增加。同时社工在介入过程中,遵循了社会工作的伦理原则,较好地运用了社会工作的专业技巧,虽然在研究中会陷入伦理困境和遭遇困难,但总体来说社工通过为期10周的个案介入收到了不错的效果。

(2)结案。通过对整个服务过程以及案主C3的变化进行评估,得知社工和C3已经基本达到服务目标,通过与C3进行沟通,双方同意结案。社工第11周通过再次探访×市太阳村来跟进对C3的服务,来巩固其重获的生命动力。

小　结

本研究通过质性研究方法对"法律孤儿"的心理创伤特点进行总结,并且运用个案工作方法尝试性地介入"法律孤儿"心理创伤康复治疗,回顾整个研究过程,我有如下小结与反思:

1.政府在救助系统中责任缺失。研究中发现,政府还没有建立起比较健全的社会保障体系,为"法律孤儿"依法享有的基本权利提供支持和保障。同时对民间救助机构缺乏必要的财政支持与监督,使民间救助机构在救助中出现很大管理漏洞。

2.对现存社会慈善文化的担忧。在本研究中,通过深入到"法律孤儿"生活的环境中,发现太阳村的管理人员存在错误价值观,在教育和管理孩子方面缺乏正确方法。一方面,由于民间机构缺乏政府的监督管理,使本机构趋向于成为管理人员营利的工具,社会上的爱心人士捐赠的财物不能及时落实到每个孩子身上。在管理人员的主导下,这些孩子成为"慈善宣传"的表演者,打乱了他们生活的正常环境,给他们的成长带来极大困扰。另一方面,太阳村的"爱心妈妈"对园里孩子的教育多采用训斥型,经常用大吼大叫的方式管理和教育孩子,有时会用"骗子"、"小偷"等词将孩子标签化,对这些"法律孤儿"的心理成长带来极大负面影响。

3.研究陷入社会工作伦理困境。在研究介入当中,以"助人自助"为宗旨的社会工作,运用专业方法对"法律孤儿"这一弱势群体的心理创伤康复进行干预对其成长具有重大意义,有利于其形成完善的人格,促进其健康成长。但本研究在叙事心理治疗视角下对"法律孤儿"心理创伤进行个案干预的过程中,由于这些"法律孤儿"的特殊经历,对比如"家"、"爸爸妈妈"、"监狱"等字眼较为敏感,对此类问题的访问有明显的回避态度,同时由于专业水平的限制不可避免地给这些孩子的身心带来了二次伤害。另一方面,笔者对太阳村管理者以慈善为自己谋福利的行为表示气愤,但由于笔者自身权力和所能寻求资源有限,对他们的这一恶劣行为又无可奈何。

4.社会工作实践与理论脱离,中国的社会工作亟待本土化。笔者在介入实践当中发现所学理论方法与实践脱节,将所学知识运用在解决实践中遇到的问题时有点力不从心。

"法律孤儿"的心理创伤康复

弗洛伊德认为,儿童的早期经历对以后的发展有重大影响。倘若创伤性事件发生在儿童时代未能得到有效的应对和治疗,便会对其今后的发展产生不良影响。毋庸置疑,"法律孤儿"经历父母服刑及父母服刑后的生活源自儿童时期。他们大多都经历了父母被警察抓走时警笛四起、警灯长鸣的如同警匪片中鸡飞狗跳的场景;或目睹父母双方激烈争吵、打架甚至被杀害的暴力场面;也大多都经历过父母服刑后寄人篱下、遭人冷眼的落魄。笔者作为研究团队中的一员,在"法律孤儿"救助机构做田野调查期间,对孩子们的遭遇感同身受,并与他们结成了友好的同伴关系。在一遍遍听到孩子讲述那些故事之后,萌发了疗愈他们心理创伤的欲望。

对"法律孤儿"的救助,是一份社会道义,也是和谐社会发展的责任,更是提高全社会福祉的重要实践。在救助机构的庇护下成长的孩子们,能够得到救助机构在衣食、教育等物质方面的帮助。他们虽暂时不需要为物质生活担忧,内心的创伤却依旧存在。本研究通过专业社会工作介入"法律孤儿"心理创伤,从他们潜意识的流露来分析创伤性事件的成因,并致力于引导他们正面理解之前的经历,合理宣泄内心的压抑;同时用愉快记忆代替不良记忆,引导他们形成积极乐观的人格,构筑关于生命意义的正确理解。并在小组活动中引导他们实现回归:包括安全感的回归、身体的回归(善待自己)、连接的回归(支持网络)和自我表达的回归。

一、研究基础

(一)研究对象

"法律孤儿",指因父母触犯法律而处于事实孤儿状态、需要救助的未成年人,即因双方父母均在监狱服刑,或父母一方在监狱服刑,另一方已死亡、无能力或其他原因没有得到有效监护的服刑人员未成年子女(王君健,寇薇,2013)。

在本研究中,小组成员均来自河南某救助机构。因园区内六年级、初中、高中孩子学业压力大、大多时间不在园区内、假期作业繁重,幼儿园的孩子年龄较小、不能理解小组的内涵等,故理想的参与对象是小学一年级到五年级的学生,年龄大多在7-11岁。小组为开放式小组,不对成员的参与做强制要求,同时工作员欢迎不在这一范围的孩子参加小组活动。

(二)理论依据

本研究的理论框架是以叙事治疗为统领。叙事治疗理论是受后现代主义思潮影响而发展起来的,它以社会建构主义为核心,认为我们对事件的理解都受制于特定的语境,只有理解这样的语境才能实行真正的阐释(何雪松,2006)。因此,要想理解案主的反应就要了解案主所遭遇过的真实情境。根据麦克·怀特的看法,叙事治疗一般可包括三个阶段:(1)外化当事人所面对的问题——故事的诉说;(2)发掘独特结果和重构故事——解构与重构;(3)巩固新故事——巩固与发展(陈红莉,2011)。本次研究的实践框架就是基于叙事治疗的理论框架:通过不同阶段小组工作的开展,实现"法律孤儿"心理创伤的外化和对创伤性事件的再思考,同时使他们的思考方式不断巩固以便以新的状态面对新的生活。

(三)研究方法及可行性分析

本研究采用质性研究和实地研究方法,研究的场所即为工作员的工作场所,研究资料的获得都是笔者亲自实践得来的。笔者在作为实习生进入"法律孤儿"救助机构实习之初,就接受了负责人的培训。机构负责人向工作员讲述了基本的工作职责,并让笔者签署了相关的保密协议,保证不泄露孩子的个人隐私,同时也提出了不希望对孩子开展个案工作的要求。因此,在缓解"法律孤儿"心理创伤的介入中,工作员主要采用小组工作的方法,这些活动的开展都在事先和机构负责人进行了深入的讨论。在机构实习的时间,工作员曾在生活辅导员请假时先后在4个家庭做饭,并负责在生活辅导员请假时照料该家庭内孩子的生活,也负责接送小学1—4年级学生每天的上学、放学。在与他们朝夕相处的过程中,孩子和笔者形成了彼此信任的同伴关系。在平时的接触中,有些孩子会主动向笔者诉说内心的忧虑、学习生活中的困惑甚至父母的情况和创伤性事件。这些都为研究的介入奠定了基础。

在小组工作的环境中,团体的氛围有利于减弱"法律孤儿"创伤体验造成的孤立感,且儿童对小组的内容大多都有十足的兴趣。在充满安全的空间、用儿童易于接受的方式往往能达到最好的效果。在小组工作中,工作员面对众多小组成员,往往不能深入地了解小组成员内心深处的想法。工作员会留意小组成员的表现,在小组中发现需要帮助的个案,并在小组结束后重点关注他们的反应,必要时也会给予相应的引导。

二、文献综述

(一)关于心理创伤的研究综述

1. 心理创伤的评估

心理创伤属于抽象的难以测量的议题。此前,关于心理创伤的评估大多是采用国外的技术,评估的技术手段主要有:DES分离体验测试、自然灾害心理创伤暴露量表(Exposure to Traumatic Situations Scale,ETSS)、创伤后应激障碍检查量表平民版(The PTSD Checklist—Civilian Version,PCL—C)等。

2. 心理创伤的治疗模型与理论

心理创伤的类型是多样的,且受到创伤的个体是不同的,因此,没有唯一一种治疗模型是切实有效的。当前,关于心理创伤的治疗模型与理论主要集中在以下几个方面:弗洛伊德和荣格的心理创伤性理论、心理动力治疗、眼部脱敏和再加工治疗(Eye-

Movement-Desensitization and Reprocessing,简称 EMDR)、整合发展治疗模型、绘画治疗理论、音乐舞蹈治疗理论、虚拟现实(Virtual reality,VR)技术、阅读疗法治疗理论等(赵冬梅,2009)。

(二)关于叙事治疗的研究综述

叙事治疗是后现代的一种方法,起源于20世纪80年代澳大利亚的心理学家 Micheal White 的开创性工作。叙事治疗从一开始只是在宏大背景中的微弱声音变为现在颇为流行的社会工作实践的新范式。后来,Freedman 和 Combs(2000)的《叙事治疗:解构并重写生活的故事》,是汉语界认识和传播叙事治疗的最重要的文本。(White,1995:37)叙事治疗的概念框架是围绕叙事、社会建构、知识、权力与语言而形成的,并展现为有别于实证取向的社会工作理论。叙事治疗关注隐喻,无论是叙事的隐喻还是社会建构的隐喻都展现了现实是社会建构的,问题或诊断也只是建构的结果。因此,叙事治疗干预的核心就是将问题与个人分开,聚焦于案主的叙事并重新书写生命故事。

三、"法律孤儿"的心理创伤

"法律孤儿"在父母入狱后往往过着痛苦的生活,这些痛苦不仅来自于寄人篱下的落魄生活,也来自于经历家庭变故所产生的恐惧。而遭受这些家庭变故的经历往往会给他们带来严重的心理创伤。笔者发现"法律孤儿"的心理创伤主要有以下五个方面:

(一)"逃亡"时的心惊胆战

"法律孤儿"大多都有这样一种经历:为了躲避警察的追捕,跟随犯罪的父亲或母亲背井离乡,开始无休止的"逃亡"。这种经历给孩子幼小的心灵带来的创伤是非常深刻的,居无定所的他们缺乏必要的安全感,这种经历也致使孩子对任何事情都有着特殊的警惕性。上二年级的小武因自己学习不好而对自己非常失望,问其为什么学习不好,小武说自己小时候经常搬家,他的印象里搬了四次家,每搬一次家就要换一个学校,都是上了一半不得不退学,到新学校之后又不得不重新开始。他说第二次搬家的时候妈妈被几个人带走了,后来十几天后又回来了,第四次搬家的时候妈妈又被几个人带走了,然后再也没有回来。小武说自己不喜欢搬家,每一次搬家都很害怕,也害怕到新的学校进入新的班级。

(二)直面家庭暴力的恐惧和无助

该救助机构中的"法律孤儿"。有一部分是因为严重的家庭暴力——父母一方将另一方杀死,另一方被捕入狱而导致失去监护人不得不进入救助保护机构。这些孩子或亲眼目睹过自己父母的暴力行为,或承受过父母暴力的痛苦,孩子面对这些家庭暴力时往往感到绝望和无助。小石头在刚来园子的时候会一遍遍地重复:我的爸爸经常打我妈妈,我很害怕也不知道怎么帮助妈妈,后来一次爸爸打妈妈的时候,妈妈拿着水果刀插进了爸爸的喉咙,爸爸没走出去门就躺地上了。

(三)暴力抓捕带来的心理阴影

就像港台警匪片里的场景一样,父母被抓走时,孩子往往就在身旁。警笛四起、警灯长鸣的场面在脑海里欲罢不能、挥之不去。单单是鸡飞狗跳的场面就足以给孩子带来不适,更不用说目睹警察对自己的父母拳打脚踢。这些孩子往往对警察没有丝毫好感,甚至害怕警察、厌恨他们暴打甚至带走了自己的父母。

(四)寄人篱下的心酸落魄

孩子在父母被捕入狱后便成了事实的孤儿,他们的生活大多无从着落。其中一部分会跟随爷爷奶奶生活,一部分被其他亲戚代为抚养,还有一部分则到街头流浪。无论孩子去向何处大都会有寄人篱下的心酸和落魄的感觉。陈氏三姐弟在父母入狱后便被分开,大姐被拐卖,以致后来警察找到她时,大姐连警察都不信任,哪怕在园子生活了5年的时间,大姐还是很少出门,不与人交谈也不信任任何人;二姐和三弟则被送到了附近寺庙的武术学校。

(五)道德连坐产生的污名

法律孤儿往往会因为父母的背景而受到歧视和污名,这种情况甚至在园子也会出现。当有东西丢失时,就会有孩子指着一个无辜的孩子说"你是小偷的儿子,东西就是你偷的"。他们也会因为父母入狱而失去正常的选择机会。小威是个性格直爽的女孩,平时喜欢看军旅题材的电视剧,初中毕业后也很想当一名女兵。可是后来听说因为爸爸服刑,自己服兵役政审根本无法过关而不能当兵时,就对爸爸充满了仇恨。

四、"法律孤儿"心理创伤缓解的叙事治疗

在本研究中,叙事治疗的过程是在小组工作中完成的,在小组工作的环境中,团体的氛围有利于减弱"法律孤儿"创伤体验造成的孤立感,在充满安全的空间、用儿童易于接受的方式往往能达到最好的效果。但同时,工作员面对众多小组成员,往往不能深入地了解小组成员内心深处的想法。工作员会留意小组成员的表现,在小组中发现需要帮助的个案,并在小组结束后重点关注他们的反应,必要时也会给予相应的引导。

为保护服务对象隐私,也为使文章更容易被理解,对参与的主要服务对象进行化名处理:

姓名	年龄	性别
小鹏	10岁	男
小杰	10岁	男
小峰	12岁	男
莉莉	12岁	女
石头	8岁	男
小灰灰	9岁	女
慧慧	12岁	女
月月	11岁	女
大光	11岁	男

(一)面具涂鸦——潜意识的外化

面具的英文单词"mask"来自阿拉伯语的"maskhara",意思为"变换"(Driessnack,M.,2004)。"mask"一词在英文中有"掩饰"之意,戴面具即可理解为掩饰自己。而通过面具涂鸦,在某种程度上可以将这种"掩饰"的成分外化。也可以让参与者分享自己创造出的面具人物如何与自己和其他人互动,借助戏剧游戏或者故事的诉说安全地表达内心的情绪,并分析那些不熟悉的、令人紧张和害怕的事物。

Kruczek(2011)认为,面具的制作能够让儿童青少年发展他们的自我概念并管制自身情绪。通过面具涂鸦可以分析"法律孤儿"的潜意识中的心理创伤,也可以借助面具的表现来分析儿童的内心潜意识——这些总是在不经意间流露(Kruczek,T.,2011)。在活动开始前,工作员向参与本次面具涂鸦的成员介绍活动主题——我是我生命中的英雄。即每个参与者需要在面具上画一个自己心目中英雄的形象,并在完成后向大家分享关于自己和英雄的故事。

小鹏说自己画的是二郎神。工作员问为什么要画二郎神呢?小鹏回答:我看过沉香劈山救母的动画片,二郎神可坏了,陷害了沉香的妈妈,把她压在山下边。工作员又继续问:二郎神这么坏你为何还把他画出来当做自己心目中的英雄?小鹏回答说:如果我是二郎神,肯定不会那样做的,那样沉香的妈妈就不用被压在山下边了。小杰说自己画的是灰太狼,说灰太狼很勤奋很辛苦,也很努力,可是却始终抓不到羊。工作员注意到小杰把灰太狼脸上的疤痕画的很大,就问小伟伤疤是怎么来的。小杰回答说:被红太狼打的呗!灰太狼和红太狼天天打架鸡犬不宁的,小灰灰天天逃跑。

小鹏和小杰两人父母都是因为家暴,一方死亡,另一方被判入狱。不同的是,小鹏的妈妈被爸爸家暴致死,而小杰的妈妈因为不堪忍受丈夫的家暴,在一次争执中失手致使丈夫死亡,自己被判入狱。工作员认为,小鹏将自己的母亲外化成沉香母亲,并且内心有很强的想要帮助母亲脱离困境的愿望;而小杰的潜意识流露的更为明显——灰太狼和红太狼打架留下的伤疤。二者的面具,看似随心所欲的创作,其实都有早年经历的反映,也是潜意识自然而然流露。

(二)集体绘画——创伤心理的宣泄

投射理论是绘画治疗的基础性理论之一,绘画疗法所创作的绘画内容可以投射出案主过往的情绪、目前的心理活动以及未来的情绪,有时绘画疗法可以反映集体投射的心理状态(梁兵,2013)。

为引导"法律孤儿"对创伤性事件的宣泄,小组绘画给定了创作题目"房·树·人",参与者需要向大家分享自己画的是谁在哪做了什么。绘画创作完成后,小峰在画上写了绘画的题目就跑开了,说要赶紧出去玩,否则来不及了。

当天晚上,小峰迟迟不见回家睡觉。工作员跑遍了大半个镇子终于在小峰的同学家找到了正在看电视的他。工作员故意板了一会脸问他几点了怎么还不回家。小峰眼神暗了下来,然后说:我出来的时候跟阿姨说过了不回家吃饭。工作员回答说:跟阿姨说过出来玩这点很好,可是现在这么晚不回家大家都很担心你知道么,阿姨找你一个晚上了。小峰低着头走路没有说话。然后工作员继续说:回家后跟阿姨道个歉下次不许这样了。小峰说好。工作员扭了头突然发现这个12岁的男孩竟在偷偷抹眼泪。工作员拍了拍小峰的肩膀说:晚上吃饭没,饿不饿。小峰说:不饿,我晚上吃过东西了。工作员纳闷就接着问:没回家吃的什么啊。他说:我同学张旭给了我5块钱我去吃的臭豆腐。工作员本想教育他说别人的钱物不要随随便便接受,就说:他为什么会给你钱啊?回答是:因为他知道我饿了。小峰说,她周末经常到张旭家去,也经常在他们家里吃饭,张旭的家人对自己很好。

然后工作员问:张旭是蒙古族的是么?小峰说:是,我上午画的画那个中间最大的人就是张旭,我最好的朋友。工作员突然想到小峰画的名字是"蒙古族很幸福又很快乐的一家"。画面上空是海鸥,中间是大大的张旭,画面下方是一个房子,房前还有人在小溪里钓鱼。

过了一会,小峰问工作员:哥哥你看过那本解梦的书吗?工作员说:是《周公解梦》么?小峰说是的。工作员问:怎么突然想到问这个?小峰说:我经常做梦,梦到我妈死了,躺在坟地里,然后伸手把我拉过去埋了。工作员愣了一下一时不知如何言语,然后说:那你知道你妈是怎么去世的吗。小峰说:知道,有一天晚上她出去喝酒喝多了,后来死在了黑黑的小巷子里。我总是做这个梦,等到我该上初中的时候又该做了。工作员问:每次寒暑假放假回家后来到园子都做是吗?小峰点点头说是。工作员停下来,紧紧地抱着小峰说,你的爸爸妈妈都很爱你,无论在哪里都很爱你,他们虽然不在你身边了,那只是换了一种方式在爱你。

丛玉明等人总结了绘画治疗的三个条件:首先,让来访者通过绘画创作这种非言语的呈现方式来表达自己的内心世界和发泄自己的情绪;其次,通过来访者创作的绘画作品的中介作用来促进其与治疗师的交流;再次,通过绘画治疗让来访者产生自由联想来稳定和调节情感,进而达到减少其心理困惑之目的(丛玉明,李灵,高阳,姜海丽,2015)。在绘画治疗中,工作员鼓励参与者画他们想画的任何事情,允许他们表达对自己而言重要的事物,同时鼓励他们"画出发生的事情"。但这样的风险和挑战更大,是建立在与参与者彼此信任的基础之上,所以就对工作员提出了更高的要求。

(三)故事大王——叙事涵义的解构

关于阅读疗法,近些年已经成为教育学、心理学、社会学和护理学界的学科兴趣点,各个学科的学者都开始关注阅读疗法在缓解读者心理情绪中的作用。台湾地区著名心理学者许添盛在

2009年出版的《抗抑郁处方——当抑郁症遇上韦小宝》,介绍了作为金庸迷的自己,如何通过精读《鹿鼎记》成功化解了无数挫折,每逢患者来咨询,便以韦小宝的类似经历和应对方法开导,屡屡奏效(王波,2010)。

阅读疗法选择的书籍或文章中人物的经历或困惑应与参与者接近,这样会给参与者营造一种亲切的氛围。在本次小组中,工作员并不直面"法律孤儿"的创伤性事件,而是采用迂回的方式——通过对故事中人物和情节的解读来启发参与者的重新思考。

文章《一只蜘蛛的故事》主要讲一只蜘蛛一直认为世间最美好的事物是"得不到"和"已失去",却险些失去自己的幸福,后被佛祖点化,认识到世间最珍贵的不是"得不到"和"已失去",而是现在能把握的幸福。

在小组开始前,工作员先询问参与者:你认为世间最珍贵的是什么?回答有:时间、黄金、空气、水等。工作员对给出的回复一一回应并赞扬。之后,工作员鼓励参与者自告奋勇朗读文章。工作员试图用这样一个故事告诉参与者,有时候得到与失去我们无能为力,我们能做的只有抓住当下的幸福。

听到故事里有结婚,慧慧和月月就开始跟一旁的小伙伴窃窃私语起来。工作员鼓励慧慧和月月向大家一块分享讨论的内容,慧慧一脸不满的说,我大伯打来电话说我妈明天要结婚,妹妹月月也在一旁补充道:我妈要结婚了到现在还瞒着我们两个,要不是大伯打来电话她都不准备跟我们说。

在这之前慧慧和月月就一直说自己的妈妈飞了,跟人跑了,不要她们两个了。据工作员所知,她们的妈妈之前在新郑"好想你"枣园工作,机构派人开车带着姐妹两个到了"好想你"去找妈妈,可是管理员却说,这么大厂子这么多人怎么找。于是无功而返,没有任何发现。过了一段时间,妈妈打来电话说要来看她们,不过是最后一次了。

慧慧说:我爸和我妈没有登记,没有结婚证,也没有办婚礼,我妈很年轻,才20多岁(工作员了解到妈妈27岁,慧慧12岁,月月11岁),所以妈妈再结婚也不会受影响,可是爸爸出来怎么办啊?月月也说:我妈结婚走了,我爸出来(出狱)我妈也没想过要让我爸怎么办,她就光想着一个人跑了。慧慧和月月说,妈妈最后一次来看她们的时候,说她不愿再和杀人犯的家庭一块生活了,还说她们是杀人犯的女儿,让她们两个姐妹去找爸爸养活。工作员回应:你妈妈亲口这样说的吗?还有谁这样对你们说过。慧慧说:我妈就是亲口这样说的,在来(救助机构)之前,很多人都说我杀人犯的女儿,原来的同学也不跟我们玩了,他们的妈妈对他们说要离我们两个远一点。工作员问:你们妈妈平时对你们两个怎么样?慧慧说:她对我们两个还挺好。工作员安慰两姐妹说:孩子都是妈妈身上掉下来的一块肉,你想想这么一大块肉割下来那得多疼啊,谁忍心割掉一块肉而不要自己的孩子呢?你妈妈既然忍着这份疼痛把你们送到这里,肯定有不得已的理由,但是她真的很爱你们,她也想让你过得更好。如果你们两个不理解妈妈一点点的话,她只会更加伤心。而且你妈妈现在还年轻,你们两个在这里吃住都不用发愁,可是你妈妈总要为自己的生计考虑吧,相信你们两个也不愿看到妈妈生活得很艰苦。接着,工作员将话题又引向一开始的故事,什么是最珍贵的事物,不是"得不到"也不是"已失去",而是现在所拥有的。所以,既然我们在这里(救助机构)能够吃好和穿好,就要珍惜这个机会,同时也要好好成长,让爱我们的人和我们爱的人放心。

阅读疗法出现的时间很早,故事讲述出现的时间要比用文字记载的文学更为古老;古时的讲故事者用口头语言阐发个体或者集体的经验,传达共有的情绪,同时这也是一种治疗的手段(Berns,2004)。在治疗中使用故事,是因为人类很容易认同故事中的人物并且认同故事本身。因此,阅读疗法中使用的故事都传达着特别的主题,引发个体和故事中的人物进行联系,从而对自己所经历的故事的意义再次思考,并且通过交流获得他人如何面对和解决问题的经验。

(四)百花争艳——愉快记忆的代替

"法律孤儿"在经历创伤性事件时,大多有伤心、绝望的情绪,这些情绪在他们的内心集聚。因此,在冬去春来的季节,工作员计划通过种花活动带给孩子们一些愉快的记忆,代替一些不良记忆。同时也让他们亲自体验如何呵护一个小生命,也试图通过他们和花草的共同成长给孩子们的内心注入希望。

小组工作准备阶段,工作员担心只选择一种花,孩子们会失去兴趣或对花失望。于是在购买花种时特意多选了几种易成活的花,即便这样,工作员仍担心孩子们会因为攀比心理出现不满意自己得到的花种。最终,工作员决定在种花时采用"抽奖"的方式,让每个孩子抽取自己的花种。

虽然做足了准备,实际情况总会有意外,这也在工作员意料之内。拗不过孩子的吵闹,即便讲了很多道理——刚开始,负责发放花种的工作员就向孩子们说明,让他们理解自己要尊重约定、学会调节心态、承认自己的选择等道理。于是,工作员只好同意个别孩子重新抽取花种的希望。并且告诉他们,无论第二次抽到的是什么都不能再换回第一次抽到的花种,即便更加不喜欢。

值得说明的是,在发放花种的过程中,大光一直央求着工作员,想提前"拿"一种自己喜欢的花。工作员告诉大光,这是活动的规则,每个参与其中的人都是默认了这种规则的,工作员也需遵守自己的工作纪律和活动规则,否则对其他人是不公平的。虽然大光也明白这些道理,但显然表现得很不开心。当所有人都把自己的花种下后,工作员建议每个人给自己的花取个名字,并写下愿望,让愿望和花一起长大。这个时候,大光抱着自己种的花让工作员为花起个名字,工作员坚持要让大光自己为花起一个名字并且写上自己的愿望,希望花儿与愿望都能慢慢长大。可是大光坚持让工作员写,于是工作员写了大光和大帅(工作员小名)。后来,大光又抱来一盆花说这是为工作员专门种的花,让工作员写上自己的名字,并且自己主动要求帮忙照看。后来工作员建议写上全部四位工作人员的名字,大光欣然接受。

种花活动过程中参与者都比较开心,参与者的笑脸是工作员所有努力的回报。通过种花可以让参与者暂时忘却不愉快,而给他们带来一些愉快记忆。同时也让他们承诺用心照顾自己花草的成长,使他们体味生命发芽开花的喜悦,这也会给他们的成长带来满满希望。

(五)大话理想——生命意义的建构

小组活动意在通过成员的讨论、选择和辩论,形成对生命意义的初步看法,同时,也让成员借助在讨论中的选择思考自己的理想。为引导参与者自己实现对生命意义的建构,小组活动主要以讨论和选择的形式展开。

讨论一:沉船遇险逃生记。假设航行中的一艘船遭遇暴风雨,船身漏水将要下沉,救生艇只能坐下6个人,船上的12人中会选择让哪6个逃生?他们分别是:70岁的医生、青年劳模、智障的小男孩、患白血病的小女孩、船长、妓女、公司老板、贪污的国家干部、天主教神父、暴发户、精通航海的劳改犯、自己。

讨论二:生命中的五样。工作员引导参与者在纸上写下自己觉得生命中最重要的五样东西。写好之后鼓励参与者和大家分享,之后,工作员引导参与者从写下的五样东西中划掉一样、接着划掉第二样、第三样、第四样,直到剩下最后一样东西。

讨论三:大话理想。这一环节是在上两个环节基础上开展的,前两节的讨论和选择会在参与者心中产生挣扎和疑虑,这个环节即鼓励参与者敞开心扉畅所欲言。

在讨论一中,参与者的争论很激烈,但最后达成初步共识。首先,参与者认为救生艇必须要有船长的指挥和精通航海的劳改犯的帮助才能顺利逃生;其次,智障小男孩、患白血病的小女孩、70岁的医生即使逃生成功剩余的生命也不长或者不会很幸福,也极有可能在逃生中成为其他人的负担甚至导致逃生失败,所以参与者认为不应该让他们上救生艇;此外,参与者一致同意妓女不能上救生艇;而青年劳模、公司老板能够创造更多价值,天主教神父能够给人心灵慰藉、宗教是人的信仰,大多数参与者认同应该让他们上救生艇;争论点主要集中在贪污的国家干部和自己身上。有的人认为贪污是犯罪本应判刑所以不值得救,也有人认为既然成为国家干部肯定能力过人,也能给国家建设出谋划策,他也许会从这次事故中获得灵魂洗礼;而关于自己上不上救生艇,大多数参与者显得较为挣扎。在讨论二中,参与者大多都把父母留在了最后没有划掉,而讨论三参与者也说自己最大的理想就是和父母生活在一起。

在儿童时期,对生命意义的理解还未完全形成,因此儿童在面对生与死的问题时往往显得较为困惑。而在本节小组中,引导参与者在情境中进行选择,让他们设身处地地考虑给定的情境并作出自己的判断,同时引导他们在心中树立理想和愿望,逐渐形成他们对理想和生命意义的建构。

(六)手折玫瑰——积极人格的培养

园子里的生活相对稳定,孩子们不需要为衣食住行发愁。这也造成了孩子不知道珍惜、不会关心体谅别人。正常家庭成长的孩子,通过目睹父母每天的忙碌奔波学会体谅和珍惜。但园子里的孩子对这些感受的体悟会很少,因此,有部分孩子会出现任性、不体谅园区工作人员的辛苦,也不懂得珍惜食物和玩具的情况。

园子会定期带孩子到监狱探访父母,工作员希望借此机会教孩子们叠玫瑰花,并在见到父母时亲手送给他们。一是让孩子学会体谅父母,明白他们的不易,也表达他们自己对父母的感情;同时也让入狱的父母得知自己孩子生活得很好,能够安心接受改造,争取早日出狱和孩子团聚。为培养孩子们感恩意识、关怀意识,并培养他们积极的人格,小组活动开始前,工作员向参与者询问之前所种花草的成长状况。并告诉参与者今天自己叠的花要送给自己最想送的人,然后工作员问大家折好花要送给谁,有的想送给生活辅导员,有的想留着送给爸爸妈妈,有的想送给生病住院的小伙伴。

工作员引导孩子们思考生命中出现的人物,并让他们分享谁对自己帮助最大,自己最感谢谁,谁在自己身上付出了最多。同时引导孩子思考园子里的生活,学会理解体谅园子工作人员的辛苦和不易以及他们付出的心血。也引导孩子反思自己和工作人员冲突时的状况,学会站在对方立场全面看待一件事。之后,叠花顺利开始。认真学的孩子都折出了五颜六色很漂亮的玫瑰花,有的折好一个后立刻跑出去送给工作人员又返回来折第二个,有的学会了大概的步骤干脆就拿着材料回家继续折。

心理创伤的治疗是一个长期的过程,创伤的治疗不是最终目的,最终目的是使遭受创伤的人能够正常重新投入生活,并逐渐形成积极健全的人格。通过手折玫瑰可以让他们表达自己对他人的感谢并学会体谅和关怀他人,这一点的改变也足以成为巨变的开始。积极人格的培养和形成并使他们正常参与社会生活才是治疗"法律孤儿"心理创伤的最终目的。

五、反思与总结

通过这一系列小组活动的开展,给孩子们在园区的生活增添了很多快乐,也通过小组互动加强了孩子与其他人的沟通交流,加深了感情。参与者也表示在小组中收获很大、有不一样的启发等。但是,在缓解"法律孤儿"心理创伤的实践中,为避免给孩子们带来二次伤害,笔者大多采用"曲线救国"的方式进行服务——即并直面心理创伤,而是通过对其他事例的分析来启发他们思考自身问题。这就使得年纪较小的孩子不能真正明白工作者的意图,导致活动效果并没有预期的理想。也正因为担心给孩子们带去困扰和伤害,才使得工作员在介入时更加小心谨慎,甚至畏手畏脚。

另外,在小组开展过程中,工作员也意识到自己能力不足。不能很好把握小组的整体效果,对孩子的反应不能很好地一一回复,活动的设计也未能满足全部孩子的需要,有时小组的筹备也过于仓促,这都影响到活动的最终效果。在小组工作开展之后,工作员之间都会互相讨论分享活动中的得失与不足,并作为下次开展活动的经验。在心理创伤的治疗中,大多数治疗者和研究者聚焦于侵害个人健康的消极因素,忽略了使人在面对压力时振作起来,奋力面对的积极因素(路鹏程,石永东,2013)。

叙事治疗属于后现代的理论范畴故而不宜被接受,理性情绪疗法也对服务对象的认知水平有一定要求,因此,在对于年龄较小的儿童来说,并不具有非常强的适用性,这也给工作员的工作带来了更大挑战。同时,心理创伤的救助需要长期的陪伴与介入才能产生良好效果,叙事治疗的结果也需要不断被巩固。单纯通过这一系列的小组活动也还远远不够。但是,只要在这些小组活动中能够给孩子带来一些快乐、启发一些思考、减轻他们的心理负担,这就足以成为工作员继续努力的动力。

"法律孤儿"重新体验创伤性事件的个案社会工作干预

一、问题的提出

据国家统计局编写的《中国统计年鉴》有关在押服刑人员的数据显示,截至 2012 年年底,在我国监狱服刑的人员为 1657963 人[1],其中有未成年子女的占 40% 左右,服刑人员未成年子女达 60 多万。由于这样特殊的原因,这些服刑人员未成年子女又被称之为"法律孤儿"。

父母犯罪入狱对于其未成年子女来说是一种严重的创伤性事件经历,作为恶性的生活事件它严重影响着"法律孤儿"心理的健康发展。"法律孤儿"目睹的这一恶性生活事件在某种程度上对他们来说是一种家庭暴力,这种家庭暴力对他们的消极影响是长久的、持续的,甚至是终身的。"法律孤儿"的心理创伤并不是伴随着父母的恶性事件同时发生的,它的发生具有一定的滞后性,创伤事件发生后如果"法律孤儿"本身心理调节能力不强并且没有及时得到有效的心理介入,那么他们将在很大程度上留下心理创伤后遗症。所谓的心理创伤后遗症往往表现在:重新体验创伤性事件(包括梦境中重现全部或部分);回避与事件有关的任何刺激并出现广泛的麻木反应;多种形式的情绪性及生理性唤起(各种形式的睡眠障碍最常见,也表现为作业困难,易激怒及紧张;灾难性事件的滞后或延长反映导致稳态失衡和身心障碍)(中华医学会精神科学会,1995)等方面。其中第一个方面即个案工作介入"法律孤儿"重新体验创伤性事件(噩梦重现)是本文研究的重点,通过与太阳村的"法律孤儿"长时间的接触,运用实地观察、焦点访谈等方法并辅助量表和问卷筛选出那些重新体验创伤性事件的"法律孤儿"并对典型个例进行以叙事治疗理论为支撑的个案社会工作介入治疗。

二、文献综述

(一)国外有关"法律孤儿"重新体验创伤性事件的研究述评

重新体验创伤性事件是"法律孤儿"心理创伤的一个表现方面,然而国内外对重新体验创伤性事件的研究几乎很少涉猎,对"法律孤儿"的研究更多的集中在心理创伤这样一个概念层次比较宽泛的研究上。外国学者的研究主要有以下两个方面:一是有关孤儿院孤儿和领养孤儿社会交往能力的研究(Ahmad & Mohamad. 1996);二是有关离异家庭儿童外部行为问题的研究(Emery. 1999)和离异家庭儿童和完整家庭儿童幸福感的比较研究(Reifman. 2001)(薛蕾,2008)。

(二)国内有关"法律孤儿"重新体验创伤性事件的研究述评

国内有关"法律孤儿"的研究主要集中于对目前"法律孤儿"的生存现状的分析和根据现状提出救助的对策和建议,包含五个取向:现状描述取向、问题探讨取向、救助分析取向、政策建议取向、比较研究取向(王君健,2013)。然而在心理卫生领域,至今尚没有专门以"法律孤儿"为研究对象的相关研究。针对这一群体,可见的研究反而存在于对特殊家庭子女的研究中,此类研究往往将"法律孤儿"作为特殊家庭子女的一种类型而纳入研究范围内,这类研究主要包括:杜亚松、唐慧琴(2002)对包括离异、丧偶、再婚、特困、分居、本人残疾、寄养、父母残疾、服刑和孤儿在内的十类家庭中的子女进行的心理卫生状况的调查与王风玲在特殊家庭(包括离异家庭、丧偶家庭、分居家庭、再婚家庭、孩子留守家庭、流动家庭、寄养家庭、父母残疾家庭、父母或祖父母犯罪家庭)和普通家庭的未成年子女的对比研究。

(三)对现有研究的评价

综合现有的研究可以看出,我国对"法律孤儿"研究的主要内容集中在对目前"法律孤儿"生存现状分析和根据现状提出救助的对策和建议。国内外对"法律孤儿"心理健康状况的研究均显不足。另外,这类研究大多只停留在心理健康状况的现状调查上,而缺乏有效的心理干预对策的探讨。

显而易见的是,以"法律孤儿"作为研究对象的针对性较强的专门研究尚属缺失,那么在分析造成心理状况不良的原因时,我们所看到的就大多是特殊家庭子女身上所存在的共性,而非"法律孤儿"的个性。所以说,对于特殊家庭的子女,尤其是目前备受关注的集中由民间救助组织代养代教的"法律孤儿"的心理健康状况还缺乏深入的认识和实证性的研究。

三、研究思路

(一)概念界定

1. 法律孤儿

"法律孤儿",是指那些需要救助的服刑人员的未成年子女,即父母双方均在监狱服刑,或父母一方在监狱服刑,另一方已死亡、无能力或由于其他原因无法履行监护职责的未成年人(张卫英、陈琰,2008)。

2. 重新体验创伤性事件

重新体验创伤性事件是心理创伤的一个表现方面,心理创伤(trauma)既可指由某种直接的外部力量造成的身体损伤,也可指由某种强烈的情绪伤害所造成的心理损伤(杨蕴萍、王倩,2005)。本文所指的心理创伤是指由某种直接的外部力量(生活事件)或强烈的情绪伤害造成心理损伤,尤其是与这些生活事件有关的天灾人祸所引发的强烈的情感反应(赵冬梅,2009)。因此重新体验创伤性事件就可以理解为"法律孤儿"在目睹父母犯罪、父母被逮等暴力事件后在梦境中重现全部或部分的恐怖情节而引起心理创伤的恶性生活事件。

3.个案工作

个案工作是专业工作者遵循基本的价值理念、运用科学的专业知识和技巧以个别化的方式为感受困难的个人或家庭提供物质和心理方面的支持与服务,以帮助个人或家庭减低压力、解决问题、挖掘生命的潜能,不断提高个人和社会的福利水平(许莉娅,2007)。

(二)理论基础——叙事心理治疗

叙事心理治疗是指咨询者通过倾听他人的故事,运用适当的方法,帮助当事人找出遗漏片段,使问题外化,从而引导案主重构积极故事,以唤起案主发生改变的内在力量的过程。叙事心理治疗的主要途径:1.故事叙说——重新编排和诠释故事。叙事心理治疗主要是让案主先讲出自己的生命故事,以此为主轴,再透过治疗者的引导、重写,丰富故事内容。2.问题外化——将问题与人分开。叙事治疗的另一个特点是"外化",也就是将问题与人分开,把贴上标签的人还原,让问题是问题,人是人。3.由薄到厚——形成积极有力的自我观念。一般来说,人的经验有上层经验与下层经验,上层的经验大多是成功的经验,形成正向积极的自我认同,下层的经验大多是挫折的经验,形成负面消极的自我认同。

(三)研究思路与研究方法

本研究采用文献分析法、观察法、访谈法、案例分析法、问卷调查法、统计分析法等定量与定性相结合的方法,对太阳村6周岁以上的孩子进行了为期近两年的接触,对他们的言谈举止进行了详细的观察及记录,以焦点访谈、深度访谈等个案访谈为主以及在问卷量表的辅助下对"法律孤儿"心理创伤之重新体验创伤性事件的表现及成因做了深入的分析,在利用SPSS数据分析的同时依据叙事治疗理论,依托典型性的案例,对"法律孤儿"心理创伤康复的个案社会工作介入进行了有益的尝试。

四、问卷调查研究

(一)心理状况指数量表(贝利量表)统计与分析

1. 研究对象

本研究选取新乡太阳村 6—15 岁的"法律孤儿"共 44 例(有效样本),从学业压力、对人焦虑、孤独倾向、自责倾向、过敏倾向、身体症状、恐怖倾向、冲动倾向八个维度进行了心理测量。

2. 测量结果与分析

(1)在学习压力方面,44 个孩子中有 9 个孩子得分在 6 分(高分)以上,占总数的 20.45%,表明这 9 个孩子对学业怀有较高的焦虑心理,他们无法安心学习,十分关注自己是否能完成学业和更高的深造机会;(2)在对人焦虑方面,44 个孩子中有 7 个孩子得分在 4 分(高分)以上,占总数的 15.91%,表明这 7 个孩子在与人交往方面存在严重的焦虑问题;(3)在孤独倾向方面,有 3 个孩子得分较高,所占总体的比例较低;(4)在自责倾向方面,有 8 个孩子得分在 6 分(高分)以上,占总数的 18.18%,表明他们易于自责、怀疑自己的能力,不能正确的看待失败;(5)在过敏倾向方面,有 3 个孩子得分较高,所占总体比例较低;(6)在身体症状方面,有 4 个孩子得分较高,所占总体比例较低;(7)在恐怖倾向方面,有 11 个孩子得分在 6 分(高分)以上,占总数的 25%,表明这些孩子对黑暗、梦境等事物有较严重的恐惧感;(8)在冲动倾向方面,有 3 个孩子得分较高,所占总体比例较低。

8 个维度中学习压力、对人焦虑、自责倾向、恐怖倾向这四个方面的高分比例较高,其中恐怖倾向的高分比例占据第一,高达 25%,这是"法律孤儿"心理创伤的一个显著原因及表现,这一问题与我们之后的调查问卷和个案访谈的结果具有较高的一致性。

(二)问卷统计与分析

本次研究对新乡太阳村的 55 名 6-15 岁的孩子发放了问卷调查表,共回收 44 份有效问卷,问卷主要是围绕"法律孤儿"的创伤记忆(主要是目睹父母犯罪的记忆和目睹父母被警察逮捕的记忆)、创伤心理的行为表现而设计的。通过 SPSS 统计分析得出结果如下(本文主要围绕"法律孤儿"心理创伤之重新体验创伤性事件即噩梦重现方面进行研究因此只摘录与此方面有关的相关结果):

表1 因父母入狱是否经常做噩梦

		Frequency	Percent	Valid Percent	Cumulative Percent
Valid	有时会	12	21.4	22.2	22.2
	经常会	5	8.9	9.3	31.5
	不会	37	66.1	68.5	100.0
	Total	54	96.4	100.0	
Missing	System	2	3.6		
Total		56	100.0		

如表1所示,有31.5%的孩子由于目睹暴力事件而做噩梦,其中经常做噩梦的孩子达9.3%。由此可见目睹暴力给孩子们造成的心理创伤表现在做噩梦方面和前面量表分析结果中的恐怖倾向是相符合的。

五、个案访谈记录分析与介入

(一)个案背景资料介绍

小 Z(化名),男,14 岁,小学五年级。父母因过失杀人而入狱,自述离自己生日还有一个星期左右的时间,亲眼看到父母被警察带走,有时候在梦里看见爸爸回来了,醒来却只是一场空,经常在梦中重现父母被逮捕的场景,为此感到失落和痛苦。家里还有奶奶、三个伯伯和姑姑,比较不喜欢奶奶,比较喜欢伯伯。第一次见面,小 Z 对来访者表现出友好的态度,爱笑,愿意交谈。小 Z 爱好广泛,擅长跑步(起因于一次长跑比赛获第一名,后又参加了多次跑步比赛并获得好成绩)、游泳、打篮球,喜欢听音乐、看奇幻、战争类小说。在太阳村阿姨们的眼中小Z一般很听话,但是喜欢打架(脖子上留有一次打架的疤痕),成绩不好,很有力气。

(二)问题分析

根据小Z的基本资料以及以后的观察和深度访谈中,我们可以诊断出,小Z面临的问题有:目睹暴力事件所产生的心理创伤即梦境或部分梦境重现;家庭人际关系紧张(后来的交谈中得知人际关系紧张也是源自于心理创伤);行为问题;学习问题。而小Z的主要问题同时也是本研究与小Z共同关注的问题是目睹暴力事件而引起的心理创伤——重新体验创伤性事件即噩梦重现。因此本文主要从这一主要问题入手和小Z一起达至问题的解决。上述的主要事件中,我们可以了解到,由于父母犯罪,自己又亲眼目睹父母被警察带走,这些恶性的生活事件显然给小Z的心理造成了严重的创伤,同时他对父母的思念只能在梦中实现。另外,小Z之所以不喜欢奶奶,在之后的访谈中我们发现是源于奶奶无意间触及小Z痛处的一件事,事情的大致经过是:小Z在某一年的春节被接回奶奶家,因调皮惹奶奶生气,奶奶(并非有意)吓唬小Z,如若再调皮就让他一人去当年爸妈出事故的房子里过夜,为此小Z很是害怕、伤心并因此讨厌奶奶。虽然小Z在刚开始的几次见面中都能很随意的与我们谈论自己学习、生活的其他方面,但他却一直都很排斥和回避过去的创伤性经历,不能正确的面对。

(三)治疗思路

首先应该在一种相对适宜和安静封闭的访谈环境中给小Z营造一种"不怕,有我在,我听你说"的安全感,使其足够坚强,面对其创伤性经历。其次,帮助小Z回忆痛苦的经历,把对伤心和创伤的痛苦体验表达出来。再次用问题外化和解构技术重组经验记忆,寻找"意外事件"并把它编排到人生故事中。最后,注入希望使小Z的人生故事由"薄"到"厚"不断充实与完善,进而帮助小Z重建创伤记忆或淡化创伤记忆,修正自我认识,走出心理困境,促进正向自我的强化与发展。

(四)治疗过程

1. 第一阶段:叙说故事(1—2次访谈)

了解问题阶段。倾听小Z的"主线故事",使用接纳性语言和开放式发问,如"那怎么样了?""能再具体些吗?""还有吗?"等让小Z得到情感与态度上的支持与关注,以将"主线故事"充分叙说。小Z充满问题的"主线故事":"离自己生日还有一个星期左右的时间,亲眼看到父母被警察带走,自己被吓傻了,大脑一片空白";"我朝离我远去的警车哭着大喊'你们不要抓我爸爸妈妈,他们是被冤枉的,他们没有错'";"有时候梦到爸爸回来了,我向他招手他却不理我,然后被警察带走了,留给我的只是一个背影,慢慢消失在我的眼前,我太过着急从梦中惊醒过来才发现是一个梦,每次做这样的梦都要流泪、伤心好一段时间";"有一次回家(是春节的时候),由于一些小事情,奶奶说让我一个人在父母的事发现场居住,内心很难受。"

2. 第二阶段:问题外化和解构技术(3—4次访谈)

解决问题阶段。问题外化是指将问题和人分离,使小Z认识到噩梦重现只是一件独立的事情,他是受目睹暴力事件从而引起噩梦重现这件事所影响的对象。帮助小Z认识到只有脱离了问题,才能更客观、更理性地去解决问题。解构也即是"打开行李箱",此过程分为以下三步:

第一步,为问题命名:协助小Z一起确立叙事主题过程,从而促使问题外化,强化小Z问题与自己无关的意识。通过和小Z一起分析主线故事和主要问题,帮助小Z在叙事中将其主要问题命名为"噩梦重现",由此借助直接询问:"特定名字"促进问题与人分离,增强小Z对问题的控制能力。

第二步,跳出问题看故事:这一阶段需要与小Z一起剖析上述问题,采用解构式聆听和解构式询问了解问题造成的影响,了解小Z对问题采取的行动方式,了解问题产生的影响因素,治疗过程中要提醒小Z用全面的眼光看待问题以及及时疏导"问题故事"引起的负面情绪与自我评价。

第三步,寻找例外:即发现隐藏在故事中的"闪光故事"。鼓励小Z叙述经验中某些被忽视的内容,这些是与"问题故事"不相符合的"例外事件",使其认识到有一些经验不曾被自己重视而具有积极内容和个人能力,如:"我认为最高兴的一件事是在家里,和亲人在一起,感觉只要和亲人在一起就会感觉到幸福温暖";"第一次,跑步竞赛获得了第一名,爸爸妈妈知道了也一定会为我感到骄傲的";"那件事奶奶也许是无心的,如果她知道我讨厌她,她可能也会很伤心";"在家里帮亲戚们做家务的时候,感觉自己长大了"。

3. 第三阶段:重构主线故事(1—2次访谈)

效果提升阶段。叙事心理学把人的生活故事分为单薄的故事(仅仅围绕某个主题讲出来的故事)和丰厚的故事。一个人的生活经验是非常丰富的,不可能紧紧围绕一个或几个主题,并且同样的经验也可以有不同的故事。此阶段采用积极的故事力量分析、同类型故事连接以及不同类型故事迁移的技术,与小Z一起将"例外事件"进行串接,进行经验重组,为其提供新的选择,以构建新的生活视野和积极力量,挖掘小Z"单薄"背后的"丰厚",从而使小Z的故事实现"故事由薄到厚"。重构后:"如果以后再被这样的噩梦惊醒,我可不可以试着疏导自己的负面情绪";"虽然暂时见不到爸爸妈妈,可是爸爸妈妈会回来的不是吗?而且再过两年妈妈就回来了,等爸爸回来我们一家又能开开心心的团聚在一起了";"奶奶是爱我的,大伯也很疼我,还是有好多亲戚朋友关心爱护我的"。

4. 第四阶段:强化积极故事与正性自我(1—2次访谈)

结束阶段与跟踪强化阶段。对小Z的改变进行鼓励与肯定的同时使其继续保持并强化其兴趣、爱好,学会试着疏导不良情绪,多给予自己一些积极的心理暗示。

(五)结果

小Z自述:"对于爸妈的事情,现在能试着接受与面对了,至少再提起这件事不会像以前那么痛苦和别扭,如果再做噩梦的话我一定要试着疏导自己的情绪多往好处想想";"经过这件事以及对这件事的重新认识以后,我觉得自己在成长"。由于临近毕业以及各种主客观原因,对小Z的后期跟踪并没有如期进行,因此也无从得知小Z有无再次"噩梦重现"以及他的应对行为。也许本次治疗并不能从根本上解决小Z的心理问题,毕竟面对这样一群"特殊儿童"我们能做的确实微乎其微,但在为期十多次的访谈结束时确实能感受到小Z开朗了不少,而且他也向我们表示很喜欢我们的个案访谈,并且希望以后我们可以多进行几次这样的活动。

小结与反思

1. 研究发现

(1)在研究工作开始之前,我们对相关"法律孤儿"重新体验创伤性事件的文献进行了大量的阅读,了解了相关文献中有关"法律孤儿"存在的"情感缺失"、"缺乏安全感"、"自卑"、"自责"、"情绪淡漠、不稳定"、"欺骗"、"偷盗"、"攻击性行为"等等一系列问题后就主观臆断的认为"法律孤儿"无可置疑地存在着这些问题。而当我们进行问卷调查、个案访谈、实地观察等定量与定性相结合的方法研究后,我们发现"法律孤儿"存在的问题并没有我们想象的那样"糟糕",除了少数孩子存在上述一些问题外,大部分"法律孤儿"和普通家庭的儿童青少年并无不同。在某种程度上,所谓的污名标签论在引导我们的研究误入歧途,这是我们的发现之一,同时也是我们的不足之处。

(2)研究显示,家庭暴力(目睹父母犯罪或目睹父母被警察逮捕),这一造成"法律孤儿"重新体验创伤性事件的原因,突破了以往研究在分析造成心理健康状况不良的原因时所看到的大多是特殊家庭子女身上所存在的共性,而非"法律孤儿"的个性的这一局限。

(3)重新体验创伤性事件是心理创伤的一种表现形式,此方面属于心理层面,它表现地较为隐秘而不易察觉因此并未引起相关学者的过多关注,然而我们研究发现,重新体验创伤性事件所引起的心理创伤是大部分"法律孤儿"所经历过的甚至是伴随部分"法律孤儿"一生的阴影。这是"法律孤儿"心理创伤的一种独特表现,具有很强的典型性,应该引起我们的重视。

(4)对于"法律孤儿"的救助一直都存在"重物质救助、轻心理救助"的弊病,本次研究发现,家庭暴力对"法律孤儿"造成的心理创伤具有长期性、持续性且在某种程度上存在潜伏危险性的特点。因此对"法律孤儿"的心理救助应得到政府、社会和相关专业人员的足够重视。

(5)在本次研究中,个案社会工作在"法律孤儿"重新体验创伤性事件康复的介入治疗中取得了一定的成效,这不仅体现了个案社会工作在"法律孤儿"心理创伤康复介入方面较强的可行性,同时也为定量与定性相结合方法下的"法律孤儿"救助实践工作提供借鉴。

2. 不足之处

本次研究运用了问卷调查、个案访谈、实地观察等定量与定性相结合的方法对"法律孤儿"心理创伤的原因及表现进行了研究,并针对由家庭暴力而导致的重新体验创伤性事件的"法律孤儿"进行了介入与治疗,虽然治疗初见成效但仅仅停留在几个个案身上,还有一些有类似问题需要介入的服务对象,由于主客观原因没能得到我们的服务,对此我们深表遗憾,希望能够在将来的研究中弥补此点遗憾并不断进步。

"法律孤儿"的抗逆力养成

一、研究设计

在研究方法的选取和设计过程中,笔者采用质性研究方法中的扎根理论研究策略,通过样本选取,资料收集、分析,展现出"法律孤儿"抗逆力的形成过程,在此过程中也会尽量保证研究的信度和效度,并且时刻坚持尊重与保密、客观性以及录音征询等研究伦理。

(一)质性研究的取向

本研究的研究主题是探究"法律孤儿"抗逆力形成的策略过程,需要进入到他们的生活世界,深刻理解他们的主观意义世界,因此本研究将从研究范式出发,选择质性研究的方法,最终以扎根理论的研究策略展现"法律孤儿"的抗逆力形成的过程。

"质的研究是以研究者本人作为研究工具,在自然情境下采用多种资料收集方法对社会现象进行整体性探究,使用归纳法分析资料和形成理论,通过与研究对象互动对其行为和意义建构获得解释性理解的一种活动。质的研究的主要目的是对被研究者的个人经验和意义建构作'解释性理解'或'领会',研究者通过自己亲身的体验,对被研究者的生活故事和意义建构做出解释"(陈向明,2000)。正如研究范式选择中所陈述的那样,本研究更需要借助质性研究的方法,去深入到"法律孤儿"的生活和意义世界,通过观察和亲身体验,对他们的抗逆力形成过程及其意义建构做出解释。质性研究为笔者收集、分析资料并形成研究成果提供了方法的指引。

笔者选择质性研究方法中扎根理论研究方法的原因有:

1.扎根理论研究方法是从所研究的现象中归纳出来的,是扎根于被研究者本身的经验。该方法在解决研究问题时具有应用性和可行性。

在文献的搜集和分析以及笔者社会经验的积累过程中,所选择的研究主题:"法律孤儿"的抗逆力形成过程研究,是一个动态的发展过程,不是以一个固定的问卷和量表就能够测量和表达清楚的,需要深入到研究对象的生活世界去搜集资料,去发现其在风险因子影响下是如何一步一步激发出自己的抗逆力的,这不是实证研究所能解决的问题。

2.扎根理论研究方法针对研究过程,注重从资料中产生理论思想,与笔者的研究非常契合。

本研究的目的不是去验证一个已经存在的理论,而是希望去发现一个新的理论概念或者理论解释,可以更好更加清晰地阐释"法律孤儿"抗逆力形成的过程。社会互动理论的代表人物布鲁诺曾经提出自然研究法,包括"探索研究"和观察。探索研究指研究员要先熟悉某社会生活范畴,在研究的初段不适宜把研究的焦点过于集中,应尽量开阔视野,观察和记录一切现象,随着研究的深入,再慢慢收窄,沿线提出的问题逐渐变得明晰;观察是指研究者应该从不同角度提出与研究相关的问题,并不停地以这些问题质询观察所得,把观察所得分门别类,最后尝试以理论问题铺陈其研究之问题。在这个背景下,格拉斯和施特劳斯在1967年提出了扎根理论和连续性比较的方法论,强调从资料中产生理论,在对资料的深入分析中逐步形成理论框架,实现理论对人们具体的生活实践的指导(费梅苹,2010)。这是笔者选择扎根理论用于"法律孤儿"抗逆力研究的重要原因。

(二)研究过程

1.准备和探索阶段

在准备和探索的阶段,笔者主要考虑的是访谈提纲的确定以及访谈对象的初步确定。

研究对象和访谈对象的选择和确定经历了一个比较波折的过程。笔者先后探访了河南省郑州市某儿童机构、北京市"太阳村"、江西省都昌"太阳村"以及河南省新乡"太阳村",最终借由笔者河南新乡"本地人"的身份顺利进入河南新乡"太阳村"开展田野调查和访谈活动,此外还访谈了3名家庭寄养的"法律孤儿"。

2.深入访谈及理论抽样阶段

笔者先后三次前往新乡"太阳村"搜集资料,先后经历了试访谈、正式访谈和补充访谈三个阶段,三个阶段合计对20名"法律孤儿"进行了深入访谈。

根据研究需要,研究者主要选取的研究对象为12—18岁之间,其父母双方或一方入狱服刑一年以上且其自身发展良好的"法律孤儿"进行访谈,另外在研究对象的选择上尽可能顾及到机构供养、寄养、隔代抚养等情况。并且在研究过程中不断地调整对资料收集过程的控制,以确保资料的相关性(阮曾媛琪,2002)。

在资料收集的过程中,考虑到访谈对象的特殊性,笔者首先从机构负责人处了解到每位预访谈对象的基本情况,如年龄、家庭结构、父/母入狱的原因、目前的生活状态等。此行为并非是对访谈对象的价值预设,而是尽可能地避免对其进行"二次创伤"。在之后访谈过程中也印证了此行为的合理性。在访谈中,笔者以"父母不在家后,生活有什么变化?"这个开放式的问题提问,给予被访者充分的空间来阐述自己生活情况,以及自身在"逆境事件"后的心理变化等,此开放式问题也方便了笔者从开放的资料中获取编码信息。

第一个阶段,对5名访谈对象进行访谈之后,笔者发现受访者的情况比较相似,他们基本上是因为家庭贫困来到"太阳村";深刻感受到外界对自己的歧视;由于父/母入狱生活发生重大变化;在进入"太阳村"之前基本由爷爷奶奶隔代抚养等。除此之外第一阶段的访谈也呈现出多样性的特征,基本上从各个方面展现出了"法律孤儿"的生命状态。第一阶段的访谈为下一步的访谈积累了经验,并且逐渐形成了访谈的整体思路。在第一阶段是完全开放的,笔者试图从尽量多的方面去观察和收集资料。

第二个阶段,笔者再次到新乡"太阳村"进行参与观察,对 8 名访谈对象进行访谈。在第一个阶段,笔者与受访者处于完全陌生的状态,在开始访谈之前有一个沉默观察和相互接纳的过程。他们对问题回答也总是点到为止,避重就轻。然而到第二阶段,笔者与受访者的关系发生明显变化,受访者对笔者的接纳程度很高,他们开始主动与笔者交流。此时笔者也开始调整访谈策略,不再局限于同一地点进行非常正式的访谈,而且采取"跟随"的方式(受访者认为非常正式的访谈像是在审讯犯人,大部分受访者拒绝录音,他们倾向于在操场的某个角落或者在太阳村中随意走动时进行访谈)与受访者进行更为深入的访谈。访谈问题也在逐渐聚焦,尝试着从更为细节和纵深的层面去了解受访者的相关情况。

第三个阶段,笔者为了发现"家庭寄养"与"集中供养"之间的区别,更加深刻地理解"法律孤儿"抗逆力的形成过程,对 4 名"太阳村"中较高年级和 3 名"家庭寄养"的"法律孤儿"进行了访谈。研究的重点放在受访者在应对"逆境事件"中与周围环境如何互动、如何进行策略性选择及其反思抗逆力养成的意义等。

到第三个阶段,笔者认为收集到的资料已经达到了"理论饱和"的程度,这也就意味着笔者不能从更多的访谈中得到更多的信息。无论是从深度还是从广度,笔者根据这些资料已经能够发展出根植于经验中的"法律孤儿"的抗逆力形成过程的扎根理论,所以笔者决定不再扩大样本。总的来说,笔者按照开放性、主轴性和选择性的原则,通过不断比较,才完成了抽样的任务。

3. 资料分析和理论发展阶段

在本研究中,资料的收集和分析几乎是同步进行的,而且是一个不断地打散、重组和提炼的过程,是经过反复地、持续不断地对之进行分类、编码,并且进行求同和求异的比较。

在将录音转为文字后,笔者便开始编码的过程,在初期笔者将使用的是"开放式编码,通过这一方法笔者仔细浏览并阅读了所收集的资料,试图从资料中发掘出重要的概念和分析视角。

之后笔者开始进行主轴编码,主轴编码是指通过运用因果条件→现象→脉络→中介条件→行动/互动策略→结果这一典范模型,将开放式编码中得出的各个范畴联结在一起的过程。(苏永健,2009)所以主轴编码的主要工作就是要连结一个范畴和其副范畴,把收集到的资料重新进行整合(潘慧玲,2005)。本研究作为一个过程研究,在研究中最为注重的便是主轴编码,可以给研究一个比较清晰的研究分析思路,也可以帮助笔者更好地把握研究的逻辑。

最后的选择性编码在资料分析的层次上更为抽象,它指的是将归纳出的核心范畴和其他范畴系统地进行联系,验证它们之间的关系,并把概念化尚未发展完备的范畴补充完整的过程(Strauss & Corbin, 1990)。[1] 在本研究的中后期可能选择性编码的应用会更为明显,通过资料的初步分析和开放式编码,会抽象出一些概念性的内容,这个阶段就需要选择性编码将这些相对散乱的内容抽象归纳起来。

二、抗逆力养成中保护与风险的较量

抗逆力是从积极优势的角度去挖掘一个人的内在潜能,不再仅仅关注问题的负面影响,而是强调人在面对压力或者逆境事件时潜能激发和自我超越。抗逆力发现,每个人都有抗击逆境的潜质,当人们面对困境的时候,这潜质就会被激发出来,形成应对困

---

[1] [美]约瑟夫·A.马科斯威尔:《质的研究设计:一种互动的取向》,重庆:重庆大学出版社,2007年,第74页。

难的能量。在这个过程中,逆境事件中有积极的保护因子也有消极的风险因子。

(一)"法律孤儿"面临的风险因子

"法律孤儿"应对家庭变故的"逆境事件"时,风险因素是无法避免也是不可逃避的,这些风险因素主要来自个人的身体状况欠佳、家庭经济的窘迫和关怀缺乏、社会的歧视以及支持网络不健全等方面。由于笔者的受访者集中在12周岁到17周岁,他们这个年龄还要面临着青春期的诸多问题。那么这些风险因子在"法律孤儿"的抗逆力养成中是以什么形式呈现出来的?扮演着什么样的角色,发挥着什么样的负作用呢?

1. 不能说的秘密:青春期打起了哑语

"法律孤儿"作为一个特殊的群体,他们因为父母的入狱而被贴上标签,被社会边缘化,面临着非常严重的爱和归属的危机。尤其是处于青春期的他们,无论是身体上还是心理上,更加渴望得到他人的关心和爱护。然而在访谈中笔者发现,他们在青春期身体发育过程中并没有得到应有的关心和照顾,心中的小情绪也往往无处诉说。青春期本应是一个如花似梦的年纪,然而他们被父母入狱而带来"羞耻感"和"自卑感"折磨着,甚至出现了失眠、厌食、脱发等状况。他们是被忽略的、被漠视的,生理的发育和心理的焦虑成为了不能说的秘密,被他们戏称为"没有青春只有痘"。

(1)青春期生理与营养问题

青春期的生理与营养问题已经成为制约着"法律孤儿"的身体健康成长的主要障碍,尤其是女孩子。青春期是身体急速成长和发育的时期,需要充足的营养,而且开始出现第二性征,男孩子和女孩子都会面临一些"尴尬"。然而在对"法律孤儿"的访谈中发现,一顿营养又美味的餐饭都成为一种奢望,生理期和病痛中更是得不到相应的照顾。

访谈对象 5:ZNL　女　14 岁

我来这里之前跟着奶奶生活,由于奶奶的年龄比较大了,所以我还要照顾她。每天放学回来就是自己做饭,有时候做的饭都不怎么熟,天天也就是青菜馒头的。长个儿的时候,我就死活不长,刚开始在我们班还算比较中等的个头吧,后来就成最矮的了。来这边虽然吃饭不用担心吃不饱的问题了,不过也都是没有什么营养,就是能填饱肚子。我还有点贫血,有一次来例假差点晕倒。而且我们这边的卫生巾也是别人捐过来的,有一次我领过来的时候都过期四年了。

笔者走进"太阳村"看到这些孩子的时候丝毫没有震惊感觉,他们的容貌、体型以及衣着,包括眼神中的渴望都与笔者的预想"不谋而合"。"面色发黄,脸上还有没有擦干净的鼻涕,头发也是毛毛的"、"个头偏小、体型偏瘦,给人一种营养不良的感觉"、"衣服、鞋子是干净的,不过与城市里的孩子相比少了几分'洋气'",就是在旁边远远地"瞪"着笔者。然而当笔者进行深入的访谈时才发现他们呈现在笔者面前的形象是身心经历的痛苦、磨难的真实体现。其中一个14岁的小女生,双手又红又黑又肿,像被石头砸过还没有愈合一样。

访谈对象4:LJY 女 14岁

我的手现在已经好多了,冬天的时候更严重。我上学回来衣服一般都是自己洗,冬天又比较冷,没有热水,手有时候还会流血。我原来也不是这样,我觉得可能是我爸第三次被抓后,我妈也改嫁了,我天天一个人在家急,晚上不睡觉也吃不下东西,还老掉头发。来这儿后王奶奶带我去检查,说是贫血,就是血脉不通什么的。我那个(有点害羞,应该是例假)也不正常,一年了好像就两三次,而且每次肚疼,都死去活来的,我觉得我的手成这样也可能是天天着急、血脉不通给憋成这样的,还有我脸上的痘痘。

青春期对于这些女孩子来说是一种成长,也是一种痛,所以她们所面临的是家庭变故和青春期生理的双层痛苦。此外,她们的处境使她们无法像其他女孩子一样去追求美丽和打扮,而是像受伤的"丑小鸭"独自舔舐着自己的伤口。

访谈对象 3:NLL　女　14 岁

我的胃不好一直都这样了,听我妈说是因为我以前一下子吃了半瓶的钙片,把胃烧掉了半个。我都不敢怎么吃东西,每次都吃一点点,所以才这么瘦。刚开始的时候阿姨还带我去看医生,后来一直这样也就不去了。每次胃疼的时候我就在床上躺一会儿,然后自己就好了。

正如访谈中所呈现出来的,"法律孤儿"中很多都存在营养不良、贫血等情况,生理期用着过期的卫生棉,生病的时候也不能得到很好的医治,"红肿的双手"、"脸上的痘痘"等这些来自身体方面的因素成为抗逆力养成中的障碍。

(2)心理上的叛逆与迷茫

根据埃里克森的理论,青少年正处于人生发展的第五个阶段,青少年的心理危机也是一种由儿童向成人发展的社会化过程中的危机,其核心问题是自我统合的问题。如果统合失败,则发展受阻,导致角色混乱、退缩或行为异常;如果统合成功,危机化解,自我同一性形成,标志着童年期的结束,成年的开始。(王燮辞,2011)"法律孤儿"进入青春期后,身体和家庭的剧变使他们产生了比较多的不信任感、羞耻感以及自卑感,陷入自我同一性混乱的尴尬局面。他们更容易产生憎恨他人的逆反心理,这可能增加社会的不平等以及不安定的因素。

访谈对象 18:ZMX　女　17 岁

我当时就是想不开,他们凭什么把我爸抓起来啊,出车祸这样的事情谁能故意呢,都不想出车祸。再说我妈都不在了,他们还要把我爸抓起来,太没有良心,太没有同情心了,就是心里挺不"念儿"(方言,比不舒服更严重的意思)的。以前我还算我们学校学习比较好的,长得也好看,老师同学都比较喜欢我。发生这事以后,大家对我好像也没有以前那么好了,也不围着我转了,我自己也觉的没脸见人,上学就上学,回家后也不出门。

他们都还是孩子,很难理解社会上的一些规则,考虑问题也是从自己的角度去思考。一句"凭什么"让笔者看出了他们的迷茫和不甘心。然而法律就在那里,规则就在那里,违反了就要受到惩罚,无论心里有多"不忿儿"。随后,当他们发现父母入狱已经成为一个既定的事实以后,他们变得比以前敏感和自卑,或选择退缩,或选择行为异常来应对生活。

访谈对象 16:ZJ　男　14 岁

我原来也算是我们那一片儿的头头,有一帮哥们儿。我当头头的时候没有什么想法,就是想让别人看得起我,放学后一群人去玩儿,那种感觉要多爽有多爽。

访谈对象 7:EB　男　13 岁

俺爸在俺很小时就不在了,俺娘也被抓了。刚开始不觉得咋的,后来邻居老对俺指指点点的,特反感。俺就总搞破坏,往邻居家的茅坑扔炮,用石头砸他们家玻璃,还有那个啥,还有就是往他们家门锁里塞土。反正能干的俺都干了,啥也不怕。俺爷跟俺奶也管不了俺,他们老告状也没用,后来实在没办法了,俺爷俺奶才把俺送这里了。

处于青春期的孩子们自尊心比较强,当他们受到尊重的时候,就会产生一种满足感,相反,当他们被歧视或者被看轻的时候,就会有一种挫折感。而且他们对别人的评价非常敏感,争强好胜,不甘落后心理十分突出,此时羞耻感也会伴随而生。从访谈中不难看出,家庭的变故以及周围环境的变化使他们无所适从,认为他人在对自己"指指点点",并且因为自己的怀疑而报复他人。而且进入青春期后,叛逆心理表现比较严重,当意识到自己被嘲笑、忽视与歧视的时候,容易让他们难以容忍并引起强烈的愤怒和反抗,综合体现在"谁都管不住,什么也不怕",有一种"破罐子破摔"的倾向。

2. 妈妈再爱我一次:家庭亲密关系与物质支持的抽离

家庭是孩子教育、成长、发展的重要阵地,正常的家庭生活是孩子获得爱与归属感的重要环境。然而,父母双方或一方的入狱,家庭的破裂使"法律孤儿"面临爱和归属感缺失的危机。而且随着父母双方或一方入狱,家庭的经济情况也每况愈下,家庭的亲密关系和物质支持受到了双重抽离,这对"法律孤儿"的打击是极大的。但是当笔者问及他们最牵挂的人是谁时,最多提到的就是爸爸、妈妈;而他们最大的期望就是父/母能早点回来。

(1)亲密关系的剥夺

人与人之间的关系中最为重要和亲密的就是血缘关系,在这种血缘关系中,几乎所有的父母都会无私地关心和爱护自己的孩子,给予他们支持和慰藉。对于孩子来说,最需要的是父母和家人的关怀与情感交流。然而对于"法律孤儿"来说,因为父母双方或一方入狱造成这种家庭的亲密关系被剥夺和破坏,过早地隔断了孩子与父母的亲密接触和情感连结,孩子在情感依赖方面是受伤害的,这可能使他们感受到自己是心灵和情感极其贫乏的"孤儿"。

访谈对像 15:HYJ　女　17 岁

我们家可复杂了,我小时候家里天天都是鸡飞狗跳的。我爸,我五叔,我六叔都进去了,我妈也跟人跑了,没人管我。我爸进去的时候,我还可小了,那时候我妈还没跟人跑,对我也还挺好的,就是家里没有男的,别人都欺负你,我妈实在受不了就跟别人跑了。我就觉得吧,我就不应该生出来,生出来也没人愿意要我,其实我就跟孤儿没啥区别。

依恋理论认为人类普遍性地有对亲密情感联系的需求,依恋是情感联结的特殊的社会关系,最为典型的就是幼儿和他的照顾者。如果依恋的需求未被满足,或者遭受剥夺,尤其是早期创伤,会导致个体人格障碍倾向。

访谈对象 18:ZMX　女　17 岁

我爸妈原来是搞运输的,他们经常在外面跑,一般也就是一个星期回家一次吧。每次回家都会给我带很多好吃的或者好玩的东西,尤其是我妈,一回家就会跟我一起睡觉,也经常聊一些小秘密什么的。我总是把在学校发生的事情,还有他们不在家时村里发生的事情跟她说,说着说着就睡着了。后来我爸妈他们就出事了,是车祸,我妈不在了,我爸被判刑住监了。我开始就天天哭天天哭,睡觉就枕着我妈的照片,半夜总是做噩梦惊醒。到现在一想起爸妈,我心里就挺难受的。(眼睛中有泪光)我妈不在了,我就希望我爸能早点回来,这样我就可以回家了。

在访谈中笔者发现,大多数受访者是在 10 岁左右来到"太阳村"的,他们被迫与父母分离,亲密关系被剥夺,依恋需求无法满足。有的孩子甚至亲眼目睹了警车轰鸣,父母被抓的场景,给他们造成了比较严重的心理创伤,他们开始怀疑自己的价值(我不是爸爸妈妈的宝贝)或者对他人产生不信任感(爸爸妈妈不爱我!),缺乏安全感和信任感。他们很难接受一个完整的家庭变成了支离破碎、千疮百孔的片段这样一个事实。而且父母双方或一方入狱后,新的亲密关系很难建立起来,他们就这样被隔离在家庭的圈子之外了。

(2)物质支持的削减

物质的支持对于个人的发展和成长而言是非常重要的,特别是来自家庭的物质支持。在父母双方或一方入狱之前,他们的生活所需物资基本上都是来自于家庭,衣、食、住、行所需的花费父母都是尽可能地满足。然而当家庭发生变故后,他们普遍陷入了贫困,物质支持遭到了削减,很难维持之前的生活水平。

访谈对象 9:YX　女　14 岁

我可喜欢吃豆腐席了,就是用各种豆腐做成的菜,有红烧豆腐、清蒸豆腐、千叶豆腐,等等等等,可多可多了。我们永和那边经常这么吃,以前我在家的时候我妈经常给我做,还给我做红烧肉、可乐鸡翅,等等等等,来这儿以后就没吃过了。只能吃一些菠菜,天天吃的都是我们门外面种的菠菜,其实我也挺喜欢吃菠菜的,可是也不能天天吃啊,早上菠菜,中午菠菜,晚上还是菠菜。

原来家庭没有发生变故之前,他们可以根据自己的喜好选择饭菜,而且一般父母也会尽量满足,甚至会注重样式和营养搭配。家庭变故后他们只能别人给什么就吃什么,别人让穿什么就穿什么,由于他们的诉求长期得不到满足,所以他们对于生活的标准和要求也在不断地调整,之前的"幸福"与此时的"幸福"有着比较大的差异。

访谈对象 12:RLJ 女 15 岁

我以前特别爱美,我妈每个月都给我买新衣服。现在的衣服虽然很多,可是吧都是人家穿过的,捐过来的,然后阿姨就给我们洗一下让我们穿。刚开始总是感觉很"膈应",不想穿,后来慢慢就习惯了。我在这个小女生屋算是比较大的,拿来新衣服都是我挑过了给她们再挑。哎,别人捐的衣服不是胖了就是瘦了,要不就是特别旧。有一次阿姨把我们不能穿的衣服都扔了,后来发现又被人捐回来了。

从访谈中笔者发现,"法律孤儿"对目前的生活状况的满意度不高,尤其是与之前的生活相对比。父母双方或一方入狱之后,伴随着刑罚还有一些经济方面的赔偿,这使得原来并不富裕的家庭陷入了更加严重的经济窘迫。虽然社会上有一些捐助,但是对于孩子的多元化物质需求来说仍然是杯水车薪。

此外,原生家庭破裂之后,"法律孤儿"基本上都是由社会组织抚养或者家庭寄养,当然也有部分流向社会,成为流浪儿童。在组织抚养和家庭寄养模式中,抚养人的精力、素质和责任心也是值得关注的。

访谈 13:WMN 女 13 岁

我是跟着我大伯一起生活的,我大伯是做小买卖的,就是开个车去集上卖东西。小学都没毕业,也没什么文化,更没有时间辅导我的功课,有时候老师让家长签字都没法给我签。更不要说了解什么政策啊,什么补贴啊。我来这儿,还是我舅妈听人说有一个地方专门收养像我这样的小孩儿的,找了各种关系才能来的。这儿跟家也差不多,就是吃穿不愁,一个阿姨要照顾十几个人,也没时间管我们。

据受访者反映,无论是寄养还是社会组织抚养,孩子们都面临着照顾人无暇照顾和文化水平较低,不太了解相关救助政策的困境。照顾人作为家庭亲密关系和物质支持的替代品,仍然无法契合孩子们的需求。

3. 沉默是金:学校刻板印象下的挫败与解离

学校是继家庭之后的另一个重要的社会化场所,在青少年的成长和发展中扮演着不可或缺的重要角色。对于青少年来说,面临的主要发展障碍就是如何获得自我认同感——界定自己是谁,将要去哪里,在社会中处于何处的稳固的、连贯的直觉。埃里克森认为,上述问题困扰了很多青少年,使他们产生了认同危机。学校对"法律孤儿"的刻板印象使得他们产生了很深的挫败感,出现解离现象,对于他们建立自我认同感产生了很大的负面印象。

访谈8:QWL 男 13岁

我觉得我爸妈犯事儿后,我比以前乖了。不乖能咋样?我可不想让老师天天找我谈话,烦都烦死了,他说什么我就应什么,也不说话。我同桌就是一个奸细,我上课一有什么风吹草动,就是转个笔,下课都会告老师,简直就是个马屁精。

在访谈中发现,学校方面对"法律孤儿"的特殊家庭情况是知情的,并且把这些孩子列为了"重点关注"对象。这里的"重点关注"并不是关心和保护,而是给他们贴标签,担心他们像他们的家长一样,给学校和社会造成麻烦。所以,班级里的每一位老师和每一名学生都知道这些孩子的身世,都在时刻"监督"着他们,在此笔者想起了福柯关于"全敞式监狱"的论述,这些孩子虽然没有像他们的父母一样在实然的监狱中,但是他们被学校的"潜规则"、老师的"刻板印象"以及同学们"小报告"监视着、规训着。

访谈 10:LYX　女　12 岁

知道啊,我们学校的老师和同学都知道我的情况,老师每天下午放学都要跟我谈话,说什么一定不能像你爸爸一样,一定不能学坏什么的。每次听到这些,我心里都可难受了,我觉得我爸就是犯了点错误,但是他一定会改的。我不想听到别人这么说他,好像他就是一个坏蛋一样。开始,我还跟老师吵,结果越吵老师越觉得我是坏孩子,后来我就不吭了,爱咋咋地吧。后来我都不想见到他们了,不想上学了。

面对在学校的种种情况,他们可以选择"装傻卖萌很听话"。这里的"装"就是一种解离的呈现形式,也是一种应对外界的策略,是为自己的行为或者思想找一个合适的借口。在对"法律孤儿"的观察和访谈中,在他们无能为力的时候,或者不想承认的时候,就采取解离的方式。他们的身体中可以住着多个灵魂,在学校规训以及学业的高压下他们可以很乖,但是在内心深处又住着一个叫"反抗"的家伙。

4. 我不是坏孩子:对社会的歧视和"标签"很无力

"贴标签"是社会对弱势群体的一种首要反应,与其相对应的社会态度就是"歧视"。标签理论认为,犯罪是社会互动的产物,而个人被有意义的他人——如教师、亲戚、警察等贴上标签,描述为偏差行为或犯罪者,他就逐渐自我修正,而成为偏差行为者或犯罪者。在访谈中,最常被提到的就是"我又没犯错误"、"我不是坏孩子",他们很在意他人对自己的看法,很不愿意自己被贴上"犯人的小孩儿"这样一个标签,但是现实就是这么残酷,越是不想发生的事情,就越是以各种形式存在着,所以他们感觉非常的无力。

访谈对象 2:CY　女　12 岁

但是我要跟你说一件非常生气的事情,就是同学的家长都不让他们跟我玩,我们几个都感觉很生气,还想找他们家长理论呢,后来想想算了。当我第一次听到他们家长说不让他们跟我玩的时候,就想跟他们家长吵起来了,结果情况就更糟了,他们说了很多关于我们的谣言。其实作为女生嘛,每次我都只会哭的,哭着找老师,找王奶奶。

在笔者看来,歧视带来的最明显的后果就是隔离,最严重的后果就是冲突,最不想看到的就是他们不再为自己辩解,自我放弃。访谈发现,他们确实面临着来自社会的歧视,被同学、被邻居隔离,他们会跟歧视他们的人发生冲突、"吵起来",然而他们也会"就在家里呆着,不怎么出门",不冲突也不辩解,只是不去上学,不去与他人互动。

访谈对象 14:LXZ　男　16 岁

我们村很小,也就几十户人,我爸被带走那天,警车声音很大,村里人都在我们家门口,那个时候我正跟我爸、我妈还有我弟一起看电视,突然那个警察就到我家把我爸逮了。说实在的,我爸以前名声就不怎么好,老骗人,我跟我妈都说过他好多次了,他就是不听。我爸被带走后吧,村里每个人都知道了,我觉得我都不好意思出门了,也不想去上学,就在家里呆着,我妈怎么说我都不出门。

"法律孤儿"被贴的标签就是"罪犯"的孩子,社会对他们的价值预设就是将来也可能犯罪,社会的这种态度让他们感到非常的无力。有时候他们想宣泄出来那些不良的情绪又找不到合适的途径。其中有几个孩子之所以同意笔者的访谈,一方面是聊天谈心,另一方面也是希望能够因着笔者的叙述,让更多的人知道他们的困惑和隐忍,减少对他们的歧视。

(二)"法律孤儿"具有的保护因子

> 没有花香
>
> 没有树高
>
> 我是一棵无人知道的小草
>
> 从不寂寞从不烦恼
>
> 你看我的伙伴遍及天涯海角
>
> 春风呀春风你把我吹绿
>
> 阳光呀阳光你把我照耀
>
> 河流呀山川你育哺了我
>
> 大地呀母亲把我紧紧拥抱
>
> ——歌曲《小草》

因为家庭的变故,他们被迫"一夜长大",笔者看来,"法律孤儿"就像稚嫩的小草一样,虽然面临着来自方方面面的压力和纷扰,他们是被忽视、被冷落的,但是他们自己也可以有一颗"从不寂寞从不烦恼"的强大内心,有同辈群体的陪伴,还有像春风、阳光、河流和大地一样的政府、社会组织、爱心人士、学校老师以及宗教组织等外部支持。这些都是保护他们在面对"逆境事件"时免遭伤害的保护因子,也是促使"法律孤儿"抗逆力养成的重要因素。

1. 我的未来不是梦:心理年龄超越实际年龄

心理年龄是指人的整体心理特征所表露的年龄特征,与实际年龄并不完全一致。每个心理年龄期都有不同的心理特征,这是一个人自我保护能力和心理成熟度的重要衡量标准。访谈资料显示,"法律孤儿"在家庭变故后,心理普遍比较成熟。当其他的孩子还在父母的怀抱中享受爱和关怀时,他们就不得不独自应对各种问题,规划自己的生活,甚至还要照顾比自己年龄更小的弟弟妹妹。

访谈对象 1:LGJ 女 12 岁

我妹跟我一起来的,她今年才 5 岁,在宝宝室呢。一提起她我就头疼,她基本上是这里最小的孩子,特别不懂事,总是被阿姨罚站。你说吃完饭就应该自己洗碗,然后把碗放回柜子里赶紧回去吧?她就偏不,每次都是把碗在地上扔,然后玩半天,阿姨看见就批评她。我得处处护着她,她现在就我一个亲人了,我要是不管她就没人管她了。

从访谈中可以看出,孩子们不仅学会了照顾自己,还要照顾别人,超出了他们十一二岁的年龄应该有的成熟。大城市的孩子可能在十一二岁的年纪从来没有洗过衣服,做过饭,但是她们都在做着,而且做得很好。他们懂事、谦让、包容。

访谈对象 9: YX　女　14 岁

我回来的第一件事就是写作业,以前在家的时候还总是看电视看到晚上睡觉前才写作业,每次作业都写不完,第二天早上到学校再补。在这儿,阿姨都特别忙,我不想再给她们添乱,就自己写完作业,看一会儿电视或者去那个图书馆看看书。有时候也会帮阿姨做一些家务,自己洗洗衣服什么的,这些以前在家都不用我干的事,后来慢慢都学会了。

生活自理能力的提升,以及开始从寻求别人帮助向为他人提供帮助转变,标志着"法律孤儿"的心理逐渐走向成熟,能够尝试着面对生活中的非难。这是其抗逆力保护因子的一个重要内容和表现形式。

2. 你快乐所以我快乐:来自同辈群体的爱与牵挂

同辈群体是一个人社会化进程中的重要载体,进入青春期后,孩子的自我效能感、归属感和尊重的需求需要在和同辈群体的交往中获得满足,同辈群体对自己的认同与否是衡量获得同辈群体归属感的重要标准,使自己的行为与同辈群体的行为具有一致性是获得群体认同的最有效方法。(邹琼,2005)美国社会学家 C. H. 库利指出首属群体即初级群体主要是由面对面的互动所形成的,具有亲密的人际关系的社会群体,其对个人的社会性和个人理想的形成是基本的。同在儿童机构的同辈群体对"法律孤儿"是其重要的初级群体之一,他们之间的交流和互动对彼此产生的影响也是不可忽略的。

(1)规模较小,有较强的边界感

只有在比较小的规模的群体里,成员之间才能进行比较深入的交流,也才能建立起比较亲密的、具有比较浓厚感情的人际关系。"太阳村"正是为"法律孤儿"提供了这样一种条件,他们将84个孩子根据年龄和在学校的年级分为五个小屋,即大男生屋、大女生屋、小男生屋、小女生屋和宝宝室。

访谈4:LJY   女   14岁

我一般也不怎么去别的屋,就跟我们大女生屋的几个人一起玩,其实也没什么好玩的。看看电视,或者一起去看看书,也会在睡觉前聊聊天。他们几个都去上寄宿的高中或者技校了,不怎么回来。平时就我们两个人在,不过我觉得这样也挺好的,我们是一个班的,班里面每天都有很多有趣或者不好的事情,就回来聊聊。我是那种比较敏感的,也不太会说话,她(访谈对象5)比较活泼,什么事都是敢说敢干的,她就经常开导我。

访谈对象11:LXY   女   13岁

不怎么跟其他人接触,就是跟我们屋的玩得比较多,经常一起做游戏。大哥哥、大姐姐他们在我们一起劳动时,干不了活,就让他们过去。

笔者发现他们每个小屋内部就是一个初级群体,与其他小屋有着比较明显的边界,而且对各自的小屋都有比较强的认同感和归属感。但是小屋与小屋之间也会有一些互助形式的连结,这种互助式的连结基本上只是在共同活动或者需要帮助的时候才会产生联系。两种形式并存很清晰地表现了他们彼此之间的人际关系的"薄厚"。

(2)情感的交流和互动,平等而尊重

在观察访谈的过程中,他们同辈群体之间的关心和支持不仅感动了他们自己,也感动了笔者。相互帮助,相互支持,相互牵挂着一起去努力追求自己的梦想,无论这个过程多么艰难,他们都对彼此不离不弃。而且在这个相处和互动的过程中,他们是平等的、尊重的,这与外界对他们的歧视形成了鲜明的对比,也让他们更加意识到彼此的重要性,加强了他们之间的凝聚力。

访谈对象 5: ZNL 女 15 岁

以前有一个好朋友,但是家里出事以后,他们家人就不让她跟我玩了,然后我就没有朋友了。后来来到这里,我们所有的人都是一样的,相互之间没有谁看不起谁,所以很快就成了很好的朋友,特别是我们几个上初中的,学校给我们准备了自行车,每天都一起骑自行车上学,感情都挺好的。每次遇到什么不开心的事或者有什么小情绪、小心思都跟他们说。

访谈对象 11: LXY 女 13 岁

朋友啊,当然是跟太阳村的朋友了。就是刚才我们一起照相的那几个人,我们天天一起看书,一起看碟,还一起玩各种游戏,就是有点疯疯癫癫的。我在学习生活上遇到困难,他们也会很主动地帮助我,我感觉这才是真正的朋友。

访谈对象 15: ST 男 15 岁

有一件事我挺感动的,有一次我去打球结果跳的时候不小心受伤了,不能走路,每次都是他们几个背着我,或者两个人搀着我去上课。我不能去吃饭,他们每次都给我打最热乎的饭带回来给我吃,还把他们碗里的肉啊,好吃的都挑到我碗里。以前从来没有人这样对我,我当时就想我们是一辈子的好兄弟,谁也别想拆散我们。就是我们回家了,也要一起约着见面。

笔者认为,这可能是他们留在太阳村,并且"享受"太阳村生活的一个重要的原因。同辈群体的形成和良性发展承担了"法律孤儿"社会化的一个重要功能,而且满足了他们对感情的需要,也在一定程度上维持了社会的稳定。

3. 谢谢侬:对政府、社会组织与爱心人士的感念

社会组织主要指一些非政府部门(或组织)以及社会人员对其在物质、精神等方面的支持。一些爱心人士和社会组织做出了有目共睹的努力。譬如笔者进行观察访谈的"太阳村"还有其他的儿童福利机构为"法律孤儿"提供诸如心理康复、技能培训、社会融合服务等发展性支持。由于"太阳村"里的孩子每天都要上学,他们只有在节假日的时候才会在"太阳村"里,所以笔者每次都是利用周末的时间到那里进行观察、访谈和进行志愿服务。通过笔者的观察发现。为"太阳村"中的孩子提供支持或服务的主要来自三方面的常规力量:社会组织和爱心人士提供物资支持、专业团队提供心理服务、大学生志愿者进行引导和改变。

(1)政府、社会组织和爱心人士的物资支持

笔者在"太阳村"了解到,这里的一砖一瓦,一草一木都是在政府、社会组织或者爱心人士的支持和奉献下才得以实现的。目前"太阳村"里硬件设施比较齐全,有专门的卧室、活动室、图书馆、食堂、礼堂还有心理咨询室,这些设施和服务基本满足了"法律孤儿"的日常需求,还有一些社会企业会定期地向"太阳村"捐赠米、面、蔬菜、衣物等等。

访谈对象 1:LGJ　女　12 岁

我们吃饭前背的是王奶奶他们写的(每次吃饭前他们都会背诵一段关于感谢社会,感谢他人的内容,然后才能开始吃饭),是让我们珍惜粮食,珍惜我们现在的生活,有感恩之心,感谢父母养育我们,感谢老师教育我们,感谢社会上的好心人对我们的帮助。确实是这样的,如果没有社会上好心人的帮助,我们也没有这么好的生活。

访谈对象 8:QWL　男　13 岁

我喜欢打乒乓球(他是被王奶奶从乒乓球台上抓下来进行访谈的,心里会有一点不愉快)和看书,其他没什么喜欢的活动。我

们这边一、三、五、日是让男生打乒乓球,估计一会儿我就只能去图书馆看书了,他们这么多人也轮不到我打了。不过我们图书馆的书也挺多了,你跟我一起去看看吧……这些都是别人捐的,我们男生都喜欢看《灌篮高手》、军事、机械的书,女生就看这些散文、小说啥的。什么书都有,我在家的时候从来没看过这么多书,我们学校都没有图书馆。

以往的社会支持会局限于给资金、食物、衣服等方面,现在的支持越来越考虑接受者的需要,"太阳村"中的这些孩子正处于思维活跃、求知欲比较强的阶段,捐赠过来的图书显然让他们眼前一亮,也为他们开阔眼界、积累知识提供了有利条件。

(2)专业团队的心理服务

父母双方或一方入狱,另一方再婚或者去世,对"法律孤儿"造成了比较严重的心理创伤,甚至会引起一系列的"丧失反应",他们需要专业的人员对他们进行心理干预,以防产生心理疾患。

访谈对象6:WQQ 女 14岁

太阳村就是我的救命恩人,没有太阳村,说不定我现在已经不在这个世界上了。家里出事以后,我有几次都想自杀,感觉活着没意思。家人可能觉得我不能再在家里了,就把我送到这里。阿姨们和王奶奶都很关心我,其他人也很关心我,还有某学校的心理咨询老师来给我们上心理课,就是让我们在沙盘上摆各种各样的东西,后来我就好起来了。

访谈对象10:LYX 女 12岁

今天那个心理老师又过来了,可是我是不能进去了。他们在我们进来的时候让我们填了一个表,这个表上什么问题都有,吃饭啊、睡觉啊什么的,说是看看我们有没有问题,如果有问题他们就每周过来让我们去那个屋子里做沙盘游戏或者画画什么的。每周都做两三个人,我们想进去也不行。

据"太阳村"的负责人王院长反映,除了某大学的心理咨询老师每周都固定过来以外,还有一些北京、上海、香港甚至境外的心理咨询老师、社会工作者也会到太阳村进行探访并提供服务。她记得孩子们刚来"太阳村"的时候比较内敛,也不太接纳外界的关心,现在基本上都"不怕生"了,可以很轻松地跟外面过来探访的人聊天、互动。

(3)大学生志愿者的引导和改变

近年来大学生已经成为志愿服务的重要参与者,大学生志愿者代表着一个有知识、有激情、有追求、有梦想的群体,当他们来到"太阳村"的时候,已经不仅仅是支教老师或者可以谈天说地的大哥哥、大姐姐,更是成为"法律孤儿"的人生向导,陪伴他们、倾听他们,以生命影响生命。

访谈对象 1:LGJ　女　12 岁

那些大学生志愿者的哥哥、姐姐都挺好的,每次过来都陪我们玩,还教我们弹钢琴、做游戏。每次我们都玩得很开心,尤其是我刚来的时候,很怕跟陌生人交流的,但是哥哥姐姐基本上每周都会过来,后来我们就熟悉了,也会跟他们聊聊天。他们会给我讲很多大学里面有意思的事情,我也很想上大学,想到大学里面看看是什么样子的。上次那个某大学的哥哥就带我们几个去学校看了,哇,学校好大啊,有各种各样的楼房,图书馆也特别高特别大,比我们这边的图书馆大好多好多,可惜我们没有图书证没能进去,我们还去那个音乐厅看了场演出,感觉好棒,走的时候我都不想回来了。以后我一定要考上大学,这样我就不会被人看不起,也可以像哥哥姐姐那样去帮助有需要的人。不过,也有的哥哥姐姐来一两次都不来了,我还给他们做了卡片都没有办法给他们的。

据笔者了解,来到"太阳村"的不少志愿者最初都是抱着"献爱心"的心态,但是,当他们跟孩子接触之后,逐渐发展出一种责任意识,每周固定时间过来做志愿服务,与孩子建立了比较稳定的关系,还会把孩子们的需要发到人人网、微博等新媒体上引起更多人的关注和帮助。在他们的帮助和引导下,孩子们的状态发生很大的变化,他们开始对大学有了期盼,对自己的人生也有了更好的规划。

社会组织和爱心人士的介入使得"法律孤儿"获得了更多的资源,也有了更多的人生体验,工具性支持或是情感性支持在一定程度上得到了满足,这种支持也是抗逆力养成中的一个重要的面向。

4.长大后我就成了你:与老师建立生命的连接

孩子的成长,首先是从父母的瞳孔中确认自己的存在,他们是稚弱的,还没有独立认识世界的能力,随后"重要他人"的影子也会进入他们的心理年轮。"重要他人"说过的话,做过的事,他们的行为方式,会以一种近乎魔法的影响根植于他们的心灵。老师在某种程度上就扮演着"重要他人"角色,他们的一举一动,一言一行,一颦一笑都可能给学生的心理打上深深的印记。"法律孤儿"在受到家庭的打击之后,老师重要作用愈加凸显。

访谈对象 4:LJY　女　14 岁

我跟我的物理老师说过我想当物理学家,她说只要我好好学习,把最基础的东西学好了,将来就可以实现我的理想。我感觉她算是我生命中一个很重要的人吧,她从来没有把我当成一个跟别的孩子不一样的孩子,甚至对我比对其他人都好。我刚来的时候挺自卑的,而且那时候也比较小,到了一个比较新的环境总什么不好意思跟别人说话,就一个人埋着头学习,什么都不管。后来就上初中了,就碰见了我们现在的物理老师,她就特别关心我,也对我的期望比较高,可能也是因为我的物理成绩比较好吧。我觉得自己也没有想象中的那么差,虽然家里有比较特殊的情况,但是只要我努力了还是可以改变的。

访谈对象 15:HYJ　女　17 岁

对我影响最大的就是我初中的语文老师了,我的语文很好,每次都能考得很好,写的作文也不错,每次老师都会让我到黑板面前读。其实我们老师是知道我们家的情况的(家里亲人多人入狱),

可是一直对我都比较照顾，没有看不起我啥的。我现在学幼师，也是受到他的影响，我不能像他一样去教小学或者初中，不过我也可以当老师。等我当了老师，也要对我的学生好，不打骂学生。

如果一个人在学校被老师接纳和尊重，其内心的自我认同或者自我接纳程度会比较高。在访谈中再次验证了这一点，老师的一句表扬或支持的话语就成为"法律孤儿"前进的动力，他们也有梦想，也需要肯定。笔者在访谈这些孩子的时候想起了一部电影——《放牛班的春天》，马修老师以自己的人格、爱与尊重让充满暴力、恐怖、严厉制度的少年管制学校里的一群"混世魔王"拥有了各自精彩的人生，他用跳动的音符驯服了一群像小野牛般的桀骜不逊的心灵，让他们感受到了阳光的温暖，春天的气息……

5. 生命的喜乐河：宗教组织的福音与恩典

从灵性视角或者找寻意义的角度来看，宗教代表的是一种信仰，一种精神上的"终极关怀"。无论是基督教认为的人生"原罪"，还是佛教所念叨的"苦海无边"对"法律孤儿"来说都是贴切的。因为他们在经历苦海，他们需要替他们自己或者父母赎罪。宗教的出现使他们感到通过祷告或者善行，他们被宽恕了，被原谅了，能够换来心灵的安宁。

访谈对象 1：LGJ　女　12 岁

我给你弹首歌吧，欢乐女神，圣洁美丽，灿烂光芒照大地，我们心中充满热情，来到你的圣殿里，你的力量能使人们消除一切痕迹，在你光辉照耀下面，人们团结成兄弟，你的力量能使人们消除一切痕迹，在你光辉照耀下面，人们团结成兄弟，呀呀伊哎，呀呀伊哎。这是基督教的一首歌，他们基本上每周会来做礼拜，我很喜欢这首歌，每次唱这首歌都能让我感觉很宁静，你知道那种宁静的感觉吗？就是什么都不用想，什么烦恼都没有了，就只有我自己。还有，就是让我感觉很有能量。所以每次心里不开心的时候都会弹这首歌，然后自己在这个屋子里唱。

访谈对象 13:WMN　女 14 岁

还有佛教的也会来,他们说是为了替我们父母赎罪,来感化我们。每次来都在宝宝室那边做礼拜,我们也会参加。感觉他们对我们也很好的,很慈祥。我奶奶原来也信教的,我们以前没来这里之前也会跟她一起去做礼拜。也算是信吧,我觉得现在很多事情都是上帝的旨意。所以就会比较少的抱怨,努力做到自己最好就行了。

笔者在"太阳村"站下车的一刹那,就被不远处的基督教堂和伊斯兰的清真寺吸引了,两幢建筑在春寒料峭、万物沉寂的农村显得特别的庄严、宏伟,感觉一切都静了下来,心情也开阔了许多。从访谈中也可以发现,他们并不一定是把宗教当成一种信仰,而是追求内心宁静或者获得原谅的一种方法、媒介,在祷告和拜谒的过程中去思考、追寻。

三、抗逆力养成的策略过程及呈现形式

(一)抗逆力的策略过程

抗逆力的养成并不是一蹴而就的,而是经历了一个解构风险因子,建构保护因子,重构个体生命的动态过程。在这个过程中不仅有个体与环境的互动,而且还有抗逆力的运作过程。当逆境事件发生之后,环境因素和个体抗逆力特质都会做出一定的反应,两者是相互影响的。环境因素和个体因素中都包含着风险性因素和保护性因素,风险性因素使个体面临的压力或者挑战变大,而保护性因素一般能缓冲他们造成的消极影响。那么两者如何才能达到一种平衡和控制呢?这要因人而异,也会随着年龄、地理环境、文化特征等因素的变化而变化。

1.自我概念的重塑——压抑与逃避

米德(G. H. Mead)在库利的"镜中我"(Looking-glass Self,即个人是通过他人的眼光来认识自我)的基础上,进一步指出,自我的本质是社会过程,是社会的产物,而为社会所共享的符号是自

我产生的必要条件。米德区分了"主我"(I)和"宾我"(Me)。"主我"是"自我"的非反思的、自主的因素,是自我的未经社会化的方面;"宾我"则是内部化了的别人的观点、"一般化他人"(The Generalized Other)和团体规范的总和,是经过社会化的方面。自我概念主要是通过游戏、玩耍、角色扮演,以及与他人的互动中形成的(熊易寒,2010)。父母入狱迫使"法律孤儿"不得不重新去考量自我概念和身份,以及这种概念和身份的后果,尤其是对"宾我"的处理。

访谈对象16: ZJ　男　16岁

我爸是因为强奸判的刑,其实也不是强奸,就是我爸妈离婚了,我妈改嫁后,我爸就跟一个女的一起住了,结果那个女的是个骗子,骗光我爸所有的积蓄后就要走,我爸不让她走,她就报警说我爸强奸。我是挺不能接受的,凭什么警察都不调查清楚就把我爸抓走了,那个女的在我们家住了好几个月,这能叫强奸吗?这一弄,我就成了强奸犯的小孩儿,出去都抬不起头。

当"法律孤儿"遭遇"逆境事件"时,首先面对的问题就是如何接纳这样的一个事实,或者说应该以什么样的身份去接纳这样一个事实。在这个过程中他们有意识无意识地已经开始进行认知的选择,去选择那些对自己伤害较小的事实去感知。之前自我概念被瓦解,需要进行重新厘定,是一个认知再构造的过程。在这个阶段,"法律孤儿"多数呈现出压力过大和逃避的状态。

访谈对象17: ST　男　15岁

刚开始的时候肯定是不能接受,太突然了,以前一个幸福的家就没有了,我就成了罪犯的儿子,每次听到别人提起我爸是劳改犯,心里都有一团怒火。我也不去探视我爸,就当我没有他那个爸,这样我就不是劳改犯的儿子了。以前我还是挺活泼的,大家都挺喜欢我的,后来我就不怎么说话了,上学什么也独来独往,还是不能接受吧。

受访者在得知父母双方或一方入狱时,第一反应就是不能接受,第二反应就是沉默,压抑自己的内心,并以这样一种方式默认自己是"罪犯"的孩子。这个过程是漫长而痛苦的,他们大多不愿向他人倾诉,只是独自一人在不断纠结折磨中形成自我概念的再次厘定。

访谈对象 19:QJJ　男　12 岁

我一直都不怪我妈,但是我奶总是跟我说我爸变成这样都是我妈害的,我觉得吧我妈挺可怜的,以前我爸老打她老打她,所以她才跟人家了,我爸非得让她再回来,我妈就不愿意,结果我爸就把人家给打了。我觉得真的不能怨我妈,她在我们家一点地位都没有,我奶也经常骂她,还让她做这做那的。我爸被警察带走的时候,我奶就一边哭一边骂我妈,我心里挺不舒服的。刚开始每次我奶一提我爸怎么样,我妈怎么样,我就堵上耳朵不听。后来就习惯了,随便怎么说吧。

逃避是他们处理逆境事件的另外一种策略,视而不见听而不闻,自己活在自己的世界里,逐渐调整心态,最后没有选择才接受自己的生活状态和"新的身份",因为这个"新的身份"在他们自己和外界看来都是带有污点的。

2.外部资源的获取——顺从与反弹

在个体与环境的互动过程中,环境作为个体的存在的生态系统,任何正面的或者负面的变化都会对个体的存在状态产生影响。因此如何获得外部环境中积极因素的支持成为"法律孤儿"所要面临的一个选择。如果他们选择的是叛逆或者攻击,可能就很难获得外部资源的支持。

访谈对象 7:EB　男　13 岁

我应该是这里住的时间最长的了,我来这儿的时候才八九岁,那时候太阳村的小孩儿还比较少,阿姨管得可严了。我们都不敢动动,就会被罚,而且有人送来好的东西都不给我们。我那时候又调皮又不爱说话,还总是搞恶作剧,就什么都没有。后来我就发现,如果我不捣乱了,或者听阿姨的话就给我发东西,然后我就不捣乱了。再说,我在这里面也算年龄大的,也要起到带头作用的。

访谈对象 12:RLJ　女　15 岁

虽然我是那个小女生屋里的大姐大,很多东西都紧着我拿,其实我对他们也挺好的,不管是在学校还是在太阳村,有什么需要我帮忙的,我一定是肝脑涂地在所不辞的。我在阿姨那边也挺乖的,一般也不给阿姨提什么要求。所以阿姨觉得我比较听话,有帮助别人,有好的东西就让我先挑。

从以上的访谈内容中,笔者发现他们为了获取更多的资源,在社会交往中有迎合、顺从他人的表现。这也是在经历了第一个阶段,形成了对自我概念的重塑后,将自己定位成"弱势群体",发觉自身需要有更多的支持和资源来维持自己的成长和发展。并且尝试了多种策略,最终认识到攻击和反抗未必能引起他人对自己的关注和资源的倾斜,所以开始尝试着用迎合、顺从的方式去摄取资源。

访谈对象 4:LJY　女　14 岁

我以前也学习好,但是没有现在这么好(全年级第一),就是我爸进去以后,我又是一个女孩儿,亲戚们都看不起我们家,我就发誓一定要学习好让他们看看,一定要争这口气。我就是这么想的,后来就学习越来越好了。我不大会说话,就是这样吧,就是你越看不起我,我就越要让你看得起。

访谈对象 5:ZNL　女　15 岁

我和 LJY 是一个班的,她学习好,我在班里是班长,学习也还不错。我以前学习可差了,就觉得别人看不起吧,我就想着好好学习,将来能考上大学,带着我爸离开河南,去一个谁也不认识的地方。王奶奶看我们俩学习好,又比较上进,别人捐来的红枣啊,什么的补品就都放在我们屋里了。

在经历了第一个阶段的压抑和逃避后,他们已经接纳了自己

"被人看不起"的这样一种身份和自我概念,在此基础上想通过努力学习实现"逆袭",在笔者看来这是风险因子或者说压力之下的一种反弹,这种反弹不仅使受访者超越了自己身临"逆境事件"之前的状态,更能获得较多的外在资源。这是一种将风险因子转化为保护因子的策略,也是抗逆力养成过程中的重要环节和结果。

3. 生命意义的找寻——独立与回归

抗逆力是个体生命状态在面对"逆境事件"的一种反应形式和发展状态,其最终的目的是找到个体生命所处的位置和意义。存在的意义感是一个人正常生活和成长的根本所在,也是面对困境依然坚持生存下去的重要力量。"法律孤儿"在面对突如其来的变故时,容易质疑个体生命存在的意义。为什么我要面临这么多的磨难?为什么上苍对我如此不公?我活着还有什么意义?所以如何回应以上的发问,找寻、探究其生命存在的意义就成为抗逆力养成的终极目标。

在经历了自我概念的重塑以及外在资源的获取后,抗逆力养成已经具备了内在和外在的前提条件,最后一个步骤就是实现抗逆力养成的突破性进展,使得"法律孤儿"找到安身立命,成长发展的"法宝"。

访谈对象9: YX 女 14岁

我们家就我一个孩子,爸妈在的时候什么都不让我干。在学校遇到什么事情从来都是我爸妈替我摆平的,天天无忧无虑的。现在我已经适应了这么多人在一起生活,也习惯了王奶奶还有阿姨照顾不了我们。洗衣服、写作业我都是自己弄,有什么不开心的就自己躲到后面的拐角哭一会儿,或者看着天空发发呆。也不怎么跟别人说。

访谈对象20: LB 男 15岁

男子汉大丈夫的,怎么好意思让阿姨帮我洗衣服洗鞋,都是自己来。吃饭的时候就去自己的柜子里拿碗筷盛饭,吃完后洗刷好再放回去。这就是日常的生活方面,每个人都是自己的事自己做。

个体生命走向独立,能够独自应对生活中的问题和困境,并且主动改善环境,使个体能够和环境形成更为良好的互动,是"法律孤儿"抗逆力养成的一种策略选择,也是一种态度。这一个策略步骤在抗逆力养成中具有里程碑式的意义,因为"独立"意味着他们已经能够以自己的力量主动应对生命中的困难。

访谈对象 4:LJY　女　14 岁

我都已经想好了,我将来要当一个物理学家,这样我就可以天天学物理,我要发明一种可以帮助别人的机器人,尤其是帮助残疾人,可以帮助他们走路,帮助他们吃东西还有帮助他们看东西,这个机器人有很多很多的功能。我还要给他们安装一个坏人识别功能,如果一个人想做坏事,机器人就能辨别出来,就会发出报警的信号,这样人就很难做坏事了,警察也不会抓他们了。也不会有那么多像我们这样的孩子了。

抗逆力养成的最后归宿就是回归生活,"人在情景中",人是在环境中存在和发展的,"法律孤儿"也是在环境中的,他们在太阳村中、在社区中、在学校里等等,他们最好的抗逆力状态就是能够回归到生活的环境。这里的回归不是一无所改重新回到原来的生活原点,而是经历从压抑到顺从再到独立这样一个凤凰涅槃,浴火重生式重新融入。在这个策略过程中,他们重塑了真正的自我,获得了外界的支持,最终找到了生命存在的意义,可以是"成为一名物理家,制造仪器帮助他人",可以是"歌唱家,唱出让人宁静和感恩的《欢乐颂》",但更多的是"成为一个独立而坚强的个体,勇敢主动地应对生活的非难"。

(二)抗逆力养成的多元呈现形式

抗逆力养成之后的呈现形式不是单一,而是多元的,这可以从不同层面去考察和界定。笔者尝试着从自我效能感的提升,归属感的增强以及乐观感的发展,这三个层面去展示"法律孤儿"抗逆力的呈现形式。

1. 自我效能感:我是、我有与我能

所谓自我效能感就是指人们对自己能否成功地进行某一成就行为的主观判断,是个体对自己是否有能力为完成某一行为所进行的推测与判断。包含了控制感、解决问题的能力、情绪管理、目标感和主动性等维度。主要回答的是"I am"、"I have"、"I can"的问题。

访谈对象 5:ZNL 女 15 岁

刚开始我在学校里并不出色,后来有一次学校买了新书要发,我在第一排坐,刚来的新老师谁都不认识,就让愿意发书的人举手,结果就我一个人举手了。我小时候就要强,在太阳村又经常照顾宝宝室的小孩儿,所以办事就比较钢刀利水的,发书的时候我也很麻利,比较干练吧。我没想到老师在观察我,后来老师就说我挺有组织能力的,就让我当班长。我的身份挺特殊的,我也不太去给老师告状,有什么事也都帮着同学。现在同学都挺喜欢我的。

访谈对象 19:QJJ 男 12 岁

刚来的时候我经常跟老师闹,总想回家,阿姨不让回我就躺在地上打滚,还跳过几次墙,但是都没有逃出去。后来慢慢地,发现在这儿也挺好的,也就不闹了。现在还帮阿姨管理其他人呢。

据访谈资料显示,"法律孤儿"并不是一无是处的,当他们从逆境和困难中走出来,并且在这个过程中得到了一定的锻炼和成长后,无论是控制感、解决问题和管理情绪的能力,还是主动性都有所提升。

2. 归属感:归属于爱的需要

归属感是基于马斯洛的"归属与爱的需要"这一词条的的衍生品,心理学研究表明,每个人都害怕孤独和寂寞,希望自己归属于某一个或多个群体,如有家庭,有工作单位,希望加入某个协会、某个团体,这样可以从中得到温暖,获得帮助和爱,从而消除或减少孤独和寂寞感,获得安全感。对于"法律孤儿"来说,归属感是最为重要的需要。家庭因为父母双方或一方入狱而破碎或解体,造成他们身无所居,心无所依。他们非常渴望拥有良好的人际关系,获得同辈群体的支持以及社会、社区对他们的接纳。

访谈对象 10:LYX　女　12 岁

在这里我的年龄是比较小的,但是我的心胸可不是最小的,平时跟其他小女生在一起,如果遇到什么问题发生争吵都是我主动道歉的。我觉得大家在一起都挺不容易的,我不想再失去这几个朋友,所以吵吵闹闹也就过去了。

访谈对象 18:ZMX　女　17 岁

我原来挺排斥其他人的,感觉他们对我都没安什么好心,就是想看我的笑话。我们村的村长还有妇女主任都挺好的,那时候上晚自习,他们怕我一个人不安全,就安排其他同学跟我一起,有时候还轮流去学校接我,班里的同学知道我们家的情况也都对我挺好。我也开始主动跟人打招呼,说话什么的。

如上所述,受访者在经历了各种困难之后,开始意识到积极人际关系对自己的重要性,也开始进行积极的关系维护,对学校、社区产生了归属感。不再是敌对或者排斥的态度去面对他人,面对生活。其实,归属感也是责任感的一种延伸,当责任感发展到一定程度就会产生归属感。

3.乐观感:感恩现在,相信未来

乐观感是对自己的生活现状比较满意,对自己的未来充满期待,并且相信经过自己的努力能够达到自己的预期和目的。在对"法律孤儿"进行访谈的过程中,笔者发现他们的快乐感受能力较强,与其他同龄人相比,他们更容易得到幸福和快乐。

访谈对象 11:LXY　女　13 岁

我挺满意现在的生活的,有吃有穿,周围的人对我也挺好的,到周末或者节日还有很多志愿者哥哥姐姐来看望我们。跟我们一起做游戏,写作业,还给我们带好多好多吃的东西。我最不开心的就是他们突然不来了。

访谈对象 16:ZJ　男　14 岁

什么是幸福啊？幸福用一个笑话说就是猫吃鱼,我吃肉,奥特曼打小怪兽,跟你开玩笑了。其实家里发生了那么多事,我觉得能吃上一天三顿饭,能安心地学习、看电视,能有朋友跟我一起玩,这就很幸福了,我觉得我现在就很幸福,将来通过我的努力一定会更幸福。

乐观感并不一定是你拥有多少财富,学到多少知识,掌握多少技能,而是一种发自心底的对生命馈赠的感恩,是一种自我感受能力。"法律孤儿"经历了那么大的磨难,并不是他们对幸福或者快乐的标准降低了,而是懂得感恩,懂得去从容面对生活了。虽然他们可能是以开玩笑的方式告诉笔者什么是幸福,但是笔者从他们的神情和眼神中看到了他们是乐观的、积极的、幸福的。

四、以自我概念重构为中心的迂回式正向发展

抗逆力并非构成个人特征或品质,而且,儿童只是对有压力的逆境可能表现出抗逆力,而对其他情况却不可能。同样,他们可能对有些种类的精神机能障碍后遗症表现出抵抗力,而对其他的却没有。这一概念非常重要,因为如果处理妥当,它可以使人们对危险性和保护性机制有更好的理解,从而有助于筹划有效的方式来应对生活中的逆境。然而,抗逆力涉及到许多内容和过程,这些过程包括在遭遇痛苦经历或逆境之前、之中和之后发生作用的不同机制。(杰克·瑞启曼,马克·弗瑞瑟,2007)相关研究发现,儿童似乎更易于对自然灾难导致的困难处境有抗逆力,如果(1)他们有家庭支持系统能够回应他们的需要;(2)他们的日常生活很快恢复;(3)他们有机会在构建的环境中讨论并处理他们的恐惧和灾难体验。(杰克·瑞启曼,马克·弗瑞瑟,2007)就"法律孤儿"来看,

他们在经历"逆境事件"——父母双方或一方入狱,家庭陷入困境时,他们的抗逆力就会被激发出来。然而由于缺乏家庭这样一个有力的支持,再加上外界的歧视等不利环境,他们的从"逆境事件"中恢复过来是比较困难的,这是一个以自我概念重构为中心的自我辨别、自我形塑的迂回式正向发展过程。

(一)内省式的自我辨别

对自我认同的研究,国外学者已做过深入的研究,自我认同涵义也有着丰富的演变过程。西方的代表人物主要有埃里克森的多视角定义、马西亚的操作性定义以及吉登斯的现代性与自我认同的结构化解释等。埃里克森认为自我认同是"一个人位于个人的核心之中,同时又位于他的社会文化核心之中的一个过程"(艾瑞克·埃里克森,1988)。玛西亚认为,"自我认同是青少年在进行探索和选择过程中产生个性感、个体角色和经验跨时间的一致感以及对自我理想的投入过程。"(姚上海,罗高峰,2011)在吉登斯的结构化理论中认为,"自我认同是指个体在生活实践过程中,通过与他人及社会进行能动互动,个体通过内在参照系形成自我反思,使行为与思想逐渐形成并自觉发展成一致的状况。"(安东尼·吉登斯,1998)在笔者看来,自我认同的过程是一个"内面向"的过程,是个体反察、自省的过程,而自我认同直接导向则是自我辨别。

对于"法律孤儿"而言,他们在面临"逆境事件"时会出现"恐惧"、"焦虑"、"耻辱"和"伤心"等等,父母的离去使他们陷入混乱和迷失的状态,不知道自己所处哪里、不知道自己将要做什么、不知道自己将要到哪里。面对来自家庭、学校、社会等方面的制约或支持,他们首先要认识自己,认同自己。在研究中发现,"法律孤儿"的抗逆力水平是存在差异的,那些抗逆力水平比较高的孩子应对"逆境事件"时,自我认同的程度也相对较高,他们能够很好地认识到自我的生命状态,包括身体状况、心理状况、所处环境等等,并辨别出其中的风险因子和保护因子,然后像变色龙一样随着环境的变化而主动地进行选择和调适,较快地适应新的环境。

譬如,一位受访者提到自己得知不能"挽回"父亲入狱这一事实之后,就告诉自己:"我就是我自己,我不能自我放弃,我不能被别人看不起。我就是好孩子、好学生,父母怎么样不代表我是怎么样,我还有爱我的爷爷奶奶、喜欢我的老师和同学。我就是要好好学习,要主动帮助同学。"后来发现她无论到哪里都很受欢迎,爷爷奶奶也觉得她特别懂事,到"太阳村"后也经常被老师和阿姨表扬,甚至成为"太阳村"其他孩子的榜样和学习的楷模,当然也获得了更多的关怀和资助。在她的抗逆力养成过程中,"自我认同"、"自我辨别"发挥的作用是不可否认的,她首先能认同自己,认为自己不因父母的问题而变得不优秀,还有很多其他形式的支持,表现出了较强的自我效能感、乐观感和归属感。

由此可见,内省式的自我辨别是影响"法律孤儿"抗逆力水平的一个重要的发展过程,这种由内而外迸发出来的精神能量是巨大的,恰如小草的破土、小鸡的破壳,是一个新的生命历程的开始。

(二)外获式的自我形塑

布迪厄指出,为群体命名是一种至关重要的权力。掌握这种权力通常是居于多数或者主导地位的群体,社会底层、少数群组由于话语权的匮乏不得不处于"被定义的位置"。譬如妇女、移民、少数族裔、包括"法律孤儿"在内的弱势群体,需要通过"他者"界定自我的身份、概念,建构自我与外界的联系,在这个过程中个体是被外界形塑的。在笔者看来,自我形塑是一个"外面向"的过程,是个体为了获得更多的资源而产生一种"被适应"的形态,这种外获式的自我形塑在"法律孤儿"抗逆力养成过程中也发挥着重要的作用。

"法律孤儿"在应对"逆境事件"时,会面对来自自身以外的威胁或者支持,诸如家庭、学校、社区乃至整个社会等。他们为了获得一定的资源,或者讨得他人的好感,而自觉不自觉地调整着自己的行为和逻辑。他们会模仿一些优秀的人的行为甚至是一个概念或符号，按照主流价值观下的条条框框形塑自我，这是一种自我规训，是一种向光性扭曲（大树为了得到更多的阳光，整个树干都跟随阳光的方向发生一定的扭曲）。

在"太阳村"进行田野调查的过程中，笔者发现每个人的床都是非常整齐，外面的鞋柜也是干干净净，吃饭之前先排队大声背诵"感恩诗"，因为这所有的一切都会被他人一遍遍地"观赏"。他们的课余活动就是集体看《北京爱情故事》《火影忍者》《喜洋洋和灰太狼》等电视，集体学音乐，集体去仓库整理东西等，步伐一致，整齐划一。尤其是小女生屋的女孩子们，当外面的社会组织、爱心人士和大学生志愿者进行探望的时候都会很热情地围上去，当然他们会因为热情而获得一些小礼品。"太阳村"俨然成为一个相对宽松的少年军校。当笔者问及，是否是"太阳村"规定的必须集体行动、把东西收拾整齐时，得到的答案是"没有一定的规定，但是我们看到别人这么做，所以也就这么做了，而且还能得到表扬"。这种外获式的自我形塑可以帮助"法律孤儿"获得更多的外部支持。

（三）迂回式正向发展：内省与外获的互构共变

社会互构论是关于个人和社会两大行动主体间的互构关系的社会学论述，"社会互构共变，是指当代中国个人与社会的关系（或行动关联）具有突出的交互性建塑和型构特征。在这种关系中，个人和社会形成相应的、协同的、共时的演变，从而使得个人与社会的行动关联得以构成一种新型的关系性状。""所谓互构，指社会行动主体之间的相互建构与型构关系；所谓共变，是指社会行动主体互构关系过程中相应性变化，同向谐变、逆向冲突都被视为共变的基本形式。社会互构过程是行动主体间交互建塑、型构的过程，是社会行动意义的效应过程，是主观行动意义赋予外在行动意义转变的实践化过程，是实践意义的生成、往复调适、反思性监控的行动延展过程等。"（郑杭生，杨敏，2010）在笔者看来，抗逆力养成的过程是一个内省与外获的互构共变过程。

当"法律孤儿"陷入"逆境事件"后,最先进行的是对自我概念的重构,在重构的基础上产生自我认同,辨别自身面临的困境和拥有的资源。然而这个过程并非每个个体都可以顺利地完成,他们有些个体跳过这个步骤,直接寻求外在环境的庇护和支持,也可能"内省"、"外获"两个过程交替进行,甚至是反复进行,即便如此,他们仍然能够激发出自身的复原能力、积极地适应和成长,所以笔者认为"法律孤儿"抗逆力养成的过程是一种迂回式的正向发展。在这个过程中,个体与社会的关系是相互建构、共时演变的。

"法律孤儿"的表现会影响到社会对他们的看法,可以让更多人去关注这样一个群体,给予更多的政策和资源支持。而社会对他们的歧视或支持也会引起他们的变化,建构着他们的外在行为逻辑。

"法律孤儿"抗逆力养成会受到保护和风险两个角度以及内部和外部两个面向的因素影响。他们的抗逆力养成的起点是父母双方或者一方入狱这个"逆境事件",在经过压抑与逃避、顺从与反弹、独立与回归这三个策略过程,逐渐完成了自我概念的重构、外部资源的获取以及生命意义的找寻的转变,实现了自我效能感、乐观感和归属感的全面提升。"法律孤儿"抗逆力养成的动态过程,是一个多方参与、自我调适、自我形塑的迂回式正向发展过程,是一个解构风险因子、建构保护因子和重构生命状态的过程。

"法律孤儿"的偏差行为矫正

一、研究背景

河南省×机构创办于2004年8月,是一个集中代养代教在押服刑人员子女的民间慈善公益机构。"法律孤儿"一方面承受着社会的污名与歧视所带来的心理压力,另一方面又长期处于一个养护以及教育相对缺失的环境之中,他们中的一部分人出现偏差行为,主要表现为:偷盗、说谎、早恋、自卑、自我认知不清、乱扔甚至故意破坏东西、恶劣粗俗的言语表达以及同辈群体之间的沟通等障碍。加之机构管理人员出于机构形象与声誉的考虑,往往较重视他们知识性的学习,而忽视了对他们行为与心理的教育与辅导。长此以往,这些孩子的偏差行为问题愈发严重,使得这一问题的解决迫在眉睫。

二、研究综述

通过梳理文献发现目前国内有关"法律孤儿"的研究主要集中在他们的生存现状(常扬,2000;杜静、范召全,2007)、社会救助(刘新玲、张金霞、杨优君,2009;郭欣,2006)、相关政策(李克、孙温平,2005)等的分析,而对"法律孤儿"的行为问题和成因的分析较少,同时相比港澳地区,我国内地有关偏差行为的辅导与矫正措施的研究同样很少,研究者也多从心理学角度进行介入,较少单独采用小组工作的介入方法。因此本研究运用社会工作小组方法介入偏差行为的辅导与矫正,在小组活动中首先改变他们的认知,进而帮助他们改善品行道德性,人际交往和日常行为规范三方面存在的偏差行为问题,促使其健康快乐成长。

三、研究设计

(一)概念界定

1. "法律孤儿"

"法律孤儿"是指因父母触犯法律而处于事实孤儿状态、需要救助的未成年人,即因双方父母均在监狱服刑,或父母一方在监狱服刑,另一方已死亡、无能力或其他原因没有得到有效监护的服刑人员未成年子女(王君健、寇薇,2013)。

2. 偏差行为

在社会学中,社会学家认为,任何一个群体或组织都有其相应的规则、标准,并要求其成员遵照执行,他们把这些规则、标准称为规范,而偏离或违反这些规范的行为就是偏差行为,或称越轨行为。例如闯红灯、抢劫都是偏差行为(许莉娅,2009)。在本研究中,"法律孤儿"的偏差行为主要是指在河南省×机构代教代养管理模式下,"法律孤儿"在父母双方或者一方被捕入狱期间,由于其养护及家庭教养功能的缺失,并有其不合理的认知成分所引起的偏离或违反社会规范、机构有关规定的行为,但是并没有达到违法犯罪的程度,主要表现为人际交往问题、学业不良问题、品行道德性问题、日常行为规范问题和情绪困扰问题等方面。笔者所着重研究的是×机构服务对象的品行性问题、人际交往问题和日常行为规范问题。

3. 偏差行为矫正

矫正,也称矫治,原是医学上的专门用语,意指通过手术或药物治疗,使身体部位的形态或机能方面发生畸变的患者得到康复,以重新过上和正常人一样生活的过程(全国社会工作职业水平考试教材编写组,2016)。在本研究中偏差行为矫正主要是指在认知行为理论指导下,运用社会工作小组的方法对服务对象存在的上述偏差行为问题进行思想上、心理上和行为上的矫正,从而使其改变不合理的认知观念，修正自身的行为模式，促使其健康快乐成长，更好地适应社会生活。

(二)理论基础

认知行为理论认为人的不良行为与不良的认知和错误的观念有关，行为矫正首先是要纠正服务对象错误的认知和观念，以帮助服务对象发展出新的认知方式或用新的行为去应对问题，从而帮助服务对象更加清晰地认识自己所持有的观念及其所采取的行动(何雪松，2007)因此，本研究从认知行为理论的视角出发，借鉴认知与行为矫正技术，尝试运用小组工作的社会工作介入方法从根本上全面探讨"法律孤儿"偏差行为问题的矫正方案，以改变该群体的自我矮化等不合理的认知观念，重新认识自身的行为，形成正确的认知和行为观念，不断改善服务对象在品行道德、日常行为规范和人际交往三方面存在的偏差行为问题，促进其健康快乐成长。

(三)研究方法

本研究主要采用了质性研究中的无结构访谈法与参与观察法。

1.无结构式访谈法

笔者在实习期间对机构管理人员、爱心妈妈，以及心理咨询师进行了多次的无结构式深入访谈。通过访谈，笔者了解到服务对象的基本情况，以及服务对象存在的偏差行为问题，为更进一步了解服务对象偏差行为问题表现与原因分析提供了依据，也为本次研究提供了可供参考的资料。

组员基本情况表见表1。

表1 组员基本情况表

组员编号	性别	年龄	年级	父母情况	兴趣爱好
C01	女	11	四年级	母亲服刑,现已出狱	玩游戏
C02	女	7	二年级		玩游戏
C03	女	11	三年级		玩游戏
C04	女	13	六年级		画画
C05	女	10	三年级		学习
C06	女	11	四年级		学习
C07	男	10	四年级		溜冰
C08	男	11	四年级		打架
C09	男	11	五年级	父亲服刑,母亲遗弃	讲笑话
C10	男	10	五年级		玩电脑
C11	男	9	三年级		画画
C12	男	11	三年级	父亲服刑,母亲遗弃	丢沙包

2.参与观察法

笔者在研究期间,深入观察了机构中的管理人员、"爱心妈妈"的工作情形以及服务对象的生活情形,并通过与他们同吃同住的日常生活交流、互动,以及开展小组活动和个案干预过程进行互动,深入研究,这些都为资料的收集与分析奠定了基础。

(四)研究对象

本次研究的对象均属于"法律孤儿"群体,研究中还涉及机构管理人员、"爱心妈妈"、大学生志愿者、心理咨询师等。研究对象的小组组员均来自河南省×机构。因机构中初、高中生较少,且学业繁重,周末时不能保证在机构,而幼儿园的孩子由于年龄较小,不能充分理解小组的含义,因此,小组组员大多是六年级的小学生,年龄范围是6—15岁。

四、×机构"法律孤儿"偏差行为问题分析

(一)×机构"法律孤儿"偏差行为表现类型

笔者通过实习期间对×机构一——六年级孩子的日常生活的实地观察以及对×机构管理人员、"爱心妈妈"、心理咨询师的多次访谈,总结归纳出×机构一——六年级孩子的偏差行为问题,主要表现为品行性问题、学业不良问题、日常行为规范问题、人际交往问题和情绪调控问题。

1. 品行性问题

品行性问题是关乎孩子成长的重要问题,它在塑造孩子品格上发挥着重要作用。笔者在实习期间经由观察以及对×机构工作人员的多次访谈了解到×机构孩子品行性问题主要表现为打架、偷盗、说谎等行为,同屋的弱者遭受强者欺负的现象也极为普遍。如表1C10组员,在小组活动中经常挑衅其他组员,甚至对其他组员恶语相向,大打出手。

2. 学业不良问题

学习对于一——六年级的孩子来说也是成长过程中重要的一项任务。虽然×机构非常重视他们的学习问题,但是笔者了解到有相当一部分人只是为了免于责罚而去完成学习任务,他们本身对学习并不感兴趣,反而将学习视为一种负担。主要表现为缺乏学习动力、注意力不集中,学习效率低下等问题。如表1C07组员,经常跟工作员抱怨说自己最讨厌学习了,曾多次因学习问题被×机构管理人员限制在办公室学习。

3. 日常行为规范问题

日常行为规范是对孩子成长过程中最基本的行为规范要求,主要包括我们日常生活中所涉及的礼貌、卫生、尊老爱幼等方面。根据笔者的访谈与观察了解到,×机构一——六年级在礼貌方面表现较好,见到来访者与机构工作人员都会主动问好,但是在卫生方

面,大部分人不注意个人卫生,缺乏基本的卫生生理常识;在尊老爱幼方面,一些孩子经常出现与爱心妈妈争吵顶撞,大吼大叫的情况。如表1C03组员,笔者观察到其多次与爱心妈妈顶撞,对爱心妈妈大吼大叫,结果被管理员罚站屋外。

4. 人际交往问题

人际交往对促进孩子的社会化,增强他们的社会适应性具有重要的作用。培养一—六年级孩子的人际交往能力也因此至关重要。笔者通过观察与访谈发现×机构中部分孩子存在自我封闭,不愿与他人交往,对人际交往不感兴趣、缺乏人际交往技巧的问题。如表1C06号组员,参与小组活动很积极,但是缺乏与人交往的技巧、能力,与人相处总是反复无常,以至于在机构中也没什么朋友。

5. 情绪困扰问题

情绪困扰问题是在孩子成长过程中容易被忽视的行为表现问题,它主要包括沮丧、焦虑、嫉妒、浮躁、自恋、抑郁和恐惧等(孙铭慧,2013)。笔者发现在×机构中部分孩子的情绪困扰的外显行为主要表现为情绪不稳定、自我退缩,自卑,容易紧张和焦虑,不愿意与他人交往等。如表1C04组员平日里很少与人交流,在小组活动中表现较为沉默,不敢表达和分享。

(二)×机构"法律孤儿"偏差行为问题成因分析

1. ×机构教养模式的不完善

在×机构集中代教代养模式下,服务对象的日常生活,不像正常家庭那样生活自在,而是要按照严格的标准去执行,什么时间干什么事情都有严格的规定,从而忽视了服务对象的个性发展与良好行为的养成。在这样一种照顾模式之下,当服务对象出现偏差行为问题时,×机构无法给予全面的教育纠正,不能及时有效地制止其偏差行为,致使服务对象很难形成良好的行为标准。

2. 家庭教养功能的缺失

家庭是个体社会化的重要场所,对个体良好行为的养成起着重要的指导作用。但是对于这类群体来说,与他们接触最多的是机构工作人员,社会爱心人士等,相对来说家庭是一个陌生的概念,当他们遇到困难时,内心充满困惑,又无法像正常家庭的孩子那样得到父母的指导与教育,缺乏情感支持与寄托,难免会出现不恰当的情绪反应与偏差行为表现。

3.同辈群体的相互影响

在×机构封闭的生活环境下,服务对象的生活娱乐方式也很单一,除了机构工作人员,与服务对象生活密切相关的就是其同辈群体,自然而然其相互影响力也不可忽视。以强者欺负弱者为例,笔者通过访谈与观察了解到,当有一个弱者受到强者欺负时,在这位强者的鼓动下其他孩子也会跟着挤兑、欺负这个弱者,而且这种现象非常普遍。

4.自我认知不清

×机构服务对象由于特殊的生活经历,普遍缺乏安全感,自我认同感低下,与人接触时较为敏感多疑,对于社会爱心的关心与帮助也充满着怀疑与试探。因此一旦犯错误,在高度自尊心的指引下,他们往往不肯轻易承认自己的错误,反而会采取攻击性、暴力性的行为方式去解决问题,保护自己不受伤害。

五、"法律孤儿"偏差行为矫正的小组工作介入

(一)研究小组的基本概况

笔者结合×机构的实际情况并考虑到自己的工作时间,于每周六下午为其开展为期六次的小组活动。首先,笔者从认知层面着手,帮助服务对象认识日常生活中良好的行为习惯,鼓励他们树立正确的行为观,其次,笔者从行为层面着手,通过情景模拟,让服务对象感受偏差行为对自身和他人的影响,从而引导服务对象自觉去模仿或学习良好的行为习惯,最后,笔者通过组员间的相互合作与互动,积极传播正能量,增进组员间的感情,

培养他们的团结友好意识,从而为他们的健康快乐成长奠定基础。

小组名称:"认识自我,改变自我"

小组性质:教育小组、矫正小组

小组对象:河南省×机构小学一——六年级学生

小组规模:10－12人

活动地点:河南省×机构活动大厅

活动时间:每周六下午16:00－17:00

活动目的:帮助服务对象正确认识其存在的不合理认知、行为偏差现象,促使其进行反思与改变,适应生活。

组员招募方式:由工作人员在园区张贴海报,发送宣传单以及园区管理者的推荐。

小组活动纲要表:见表2。

表2 小组活动纲要表

目标阶段	目标	时间(以节次划分)	实施方法
相识相知阶段	让组员彼此之间相互认识、相互了解,增强团队凝聚力,为之后小组活动的开展奠定基础	第一节活动	游戏、话题讨论和分享
改变认知阶段	认识不合理认知观念及其影响。认识良好行为及其重要性,促进其反思与改变。鼓励组员全面、客观,理性的思考	第二、三节活动	游戏、话题讨论、绘画、情景模拟、分享和布置家庭作业。
行为矫正阶段	行为矫正实施阶段	第四、五节活动	讨论、故事分享、情景模拟、强化、角色扮演、观察学习和榜样示范以及其他活动形式。
巩固成果阶段	巩固活动成果,结束小组互动	第六节活动	分享、个别会谈和手工制作。

(二)研究小组的成果呈现

本研究运用小组工作方法开展"法律孤儿"偏差行为矫正过程中共开展了6节小组活动,在此过程中组员的的思想、行为和情感都有不同程度的变化。笔者将其概括为四个阶段即相识相知阶段、改变认知阶段、行为矫正阶段与巩固成果阶段。具体如下:

1. 相识相知阶段:排斥不接受,初期偏差行为的呈现

此阶段是小组活动初期,采取的活动形式主要是轻松有趣的游戏、话题讨论和分享故事,以帮助工作员与组员之间相互认识和了解,提升了他们参与小组活动的兴趣,逐渐形成团队归属感和凝聚力。但由于组员缺乏对工作者的了解和信任以及对社工和小组工作的不了解,虽然有较高的参与热情,但大都无视小组规则,组员矛盾显露,初期偏差行为开始呈现。

第一个活动期间C09和C06多次挑战小组规则,时而大吼大叫,甚至辱骂其他组员,初步表现为日常行为规范方面的偏差行为问题。尤其是活动进行到"我最棒"时,场面一度混乱,工作员多次重复小组规则以强化他们的规则意识。在第二个活动中,工作员将组员分成两队并自行推选小队长,集思广益设计本队队名、队呼和标志。之后再分别展示,并组织组员学习"鼓励,鼓励,鼓励鼓励鼓励"的赞扬节奏,以此缓和组员矛盾,提升他们的注意力,增强组员的团队协作意识和归属感。第三个活动"有缘千里来相会",形式新颖独特,组员逐渐融入到小组中。活动中C03和C09发生争执,C09握着绳子的一端不肯松手,在工作员强调每个人都有机会参与后,他才松手退步。之后工作员利用组员自己编织的"网"引导启发他们组员的关系就如同编织的网一样,不可分离相互交融,以此培养了组员之间的情感联系,形成他们对小组的归属感。

2. 改变认知阶段:培养积极情绪,重塑自我认知

在理论层面,认知行为理论指出,人的不良行为和心理状态可以从认知的偏差和失调中找出原因,在矫正过程中如果能对

认知活动进行准确的调控和干预,那么不良行为也会得到有效的改变和矫正(孔莉,2013)。在实践层面,通过观察与访谈,笔者发现组员的确存在不合理的认知观念。因此在本阶段笔者主要是从认知层面帮助组员认识其不合理认知观念及其影响,培养组员的积极情绪体验,认识良好行为及其重要性,促进其反思与改变,并鼓励组员全面、客观、理性的思考。在此阶段笔者所采用的主要是游戏、话题讨论、绘画、情景模拟、分享和布置家庭作业等活动形式。

第一个活动开始,工作员则将小组纪律手册发给组员,并将组员的纪律表现情况记录在其中,并且告知组员表现好的都会予以奖励,以增进组员的积极情绪体验。活动中工作员发现分组后C07多次用橡皮筋弹别的组员,注意力很不集中,工作员见状要求C07与自己一组,赋予他积极的领导者的角色,并肯定其角色贡献,在坚持30秒后C07表现出了坚持后的喜悦与满足,并且开始以掌声鼓励其他组员。C08与搭档的身高差使两人完成任务比较困难,但是在工作员的悉心指导下,C08并没有灰心而是虚心接受别人的指导顺利完成任务。

第二个活动"正话反说"是以分组赛的形式进行的,比赛期间工作员仔细观察组员的表现,多数表现出一种退缩的状态。C04虽比较积极,反应能力和灵活适应能力较好,但其C04认知观念存在偏差,其言语表达多是一些带有攻击性色彩的词,容易激动、易怒。笔者观察发现,其他小女孩也有类似的情况出现,工作员则通过将积极正向的词汇融入到"正话反说"活动中引导组员的言语表达。

最后一个环节"感同身受",组员逐渐进入了状态,大部分组员都比较积极,较为配合。绘画开始,C02委屈地说她还没画完C06就把她的笔"抢"走了。随后,工作员一边安慰C02,一边找到C06,并告诉她下次这样做的时候应先尊重别人并确定别人用完了之后再用,而不是以强制性的方式去"抢",以此鼓励其改变不合理的认知。

在分享和话题讨论环节,C03认为爱心妈妈在天冷时提醒自己加衣服实则是为节省看病吃药的花销;C04认为"打架"是为了不吃亏;C01认为自己很没用,不喜欢与其他人玩。工作员通过自身经历的分享让他们认知自己存在的不合理认知观念以及它所具有的影响。在话题讨论时工作员帮助组员识别认知错误,鼓励他们尝试理性思考,养成良好的行为方式。而此时组员都认真地听,氛围较好。随后C04在分享中表示愿意"感同身受"去理解别人,改变自身不合理的看法,也认识到自己的不合理认知给他人带来的伤害。

3. 行为矫正阶段:提升角色规范,强化良性行为

在理论层面,认知行为理论所采用的行为矫正技术旨在通过各种实验确定的有关学习的原则与方式,去克服不适应的行为习惯,它侧重于从外部环境影响转而注意个体和环境的相互作用。因此在本阶段,笔者主要结合组员在前两个阶段的表现,改善组员在日常行为规范、品行道德和人际交往三方面所存在的偏差行为问题。主要采用讨论、故事分享、情景模拟、角色扮演、榜样示范以及其他活动形式进行矫正。其中角色扮演主要是通过情景设定,让组员扮演不同角色,模拟偏差行为事件和相关情节,感受偏差行为产生的原因,体会角色的心理感受。然后再由其他组员指出情景中不合理的部分,再由其他组员进行新一轮的角色扮演,努力去改变自己的偏差行为,体会良好的行为模式及其所带来的良好感受,并在其表现出良好行为时采用强化技术,给予奖励,以此来改善组员的偏差行为。而榜样示范主要是在小组中通过组员榜样故事分享,树立榜样,鼓励组员去模仿学习榜样的良好行为规范等。

第一个活动"报数抱团"第一轮结束后,被淘汰的组员就出

现了情绪问题。C07在第一轮被淘汰之后委屈地说自己是被其他队员故意狠踢了几下才被淘汰的,气冲冲地独自一人躲到墙角。他认为自己已不再被"捕驴大队"接纳,不愿再参加活动。随后工作员找到"捕驴大队"队长C09,请C09邀请自己的队员C07归队,收到邀请之后的C07抱怨几句后又很开心地回到了队伍。之后几轮队长C09并不像其他组员一样争着当胜利者,而是在人数够了之后就默默离开了,顾全大局,把机会留给了其他组员,工作员适时给予其口头奖励,并鼓励组员向其榜样C09学习。第二个活动"优秀的你我他"的分享环节,C07积极主动地给大家分享了其中一个组员的"友爱"的故事,并且通过角色扮演去鼓励组员和谐相处。C03在工作员的鼓励下主动分享了一个诚实的故事,在故事中为大家树立一个良好的榜样。工作员也借机邀请C10和C03扮演"狼来了"的故事,让组员体会说谎之后的感受以及它所给别人带来的伤害与损失。C05在分享环节无视活动规则几次调换卡片,表现出特权行为,工作员适时教导他们每个人都要遵守规则,和自己的角色规范,采取合理的行为方式去争取自己想要得到的东西。

4.巩固成果阶段:回顾小组历程,巩固行为成果

本阶段已进入小组后期,主要任务是巩固活动成果和结束小组活动,并对组员整体的表现进行评估,进行反思与总结。工作员帮助组员巩固其在小组中的学习经验,使其能运用于日常生活中,改变认知与偏差行为,更好地成长与发展。在此阶段笔者主要采用分享、个别会谈和手工制作等形式,巩固活动效果,引导组员自我和相互鼓励。

第一个活动"松鼠搬家",活动氛围较好,组员能够积极参与,较为轻松愉悦。第二个环节捶肩揉背,组员相互协调能力较好,能够根据口令做出相应的动作,但是大多数组员不善言语和情感方面的表达。第三个环节许愿树制作和分享自己的变化,大部分组

员写的都是希望自己的爸爸或妈妈早点出来和家人团聚,希望自己的家人暑假来接自己回家等,如C01和C12;C08写道自己很喜欢活动,很好玩,收获很多,期待下一次活动;C10写道希望大哥哥、大姐姐和太阳村的爱心人士开开心心;C09写道希望自己快点长大好好学习,让爸爸开心。写完之后工作员和组员一起把愿望挂在许愿树上,最后工作员带领组员回顾小组历程,并对组员在小组中的成长和变化给予表扬,并鼓励他们养成良好的行为习惯以健康快乐地成长,最后大家合影留念。

(三)研究小组的评估

1. 社会工作者自评

为了保证小组活动的顺利进行,更好地把握活动进程,完善活动内容,工作员在每次活动结束之后都需填写社会工作自评表(见附件)。通过两个多月的小组活动的开展,整体的活动效果也已经凸显。通过组员的表现与参与情况以及他们的改变,还有外界人士的反馈,社会工作者对自身的服务工作较为满意。但是社会工作者对自身的工作也有反思的地方,如以下两点:第一,在小组活动的设计方面,有些活动的设计未能充分考虑组员的接受程度,致使活动难度过高,从而阻碍了活动的进程。第二,在小组活动的环节安排上,各个活动的安排不太紧凑,这将不利于组员参与活动的热情与积极性提高,因此在活动的衔接还方面有待完善。

2. 组员自评

在本次活动中,组员自评的方式主要是在每次活动结束之后,工作员都会鼓励组员分享自己的活动感受与收获,并对其进行详细的记录,以此作为组员自评的依据。组员们普遍反映小组活动的氛围整体较好,能够较为容易地融入到小组中去,给他们原来的生活增添了乐趣,周边的人也认为自己变得比以前懂事了,在学习方面也更用功了,并且期望下一期的小组活动。

3.观察人员的评估

观察人员主要是通过观察与记录组员在活动中的表现与反应进行评估。首先观察人员通过对组员的表现与反应进行分析发现,活动整体的氛围较好,组员参与的积极性也很高,但是有时也存在着组员情绪高涨和情绪不高的情况,需要工作员耐心应对。其次,观察员发现,一些沉默的组员经过几次活动的开展,情况也有所好转,逐渐地能够表达自己,只是还需要对其多加鼓励。最后,观察员发现,组员对于小组的目标认识不够清晰,在热身活动环节比较投入,积极性较高,但是到了主题活动环节,个别组员就比较懈怠,往往不能很好地投入进去,这也是工作员需要反思的一方面。

4.督导的评估

督导老师在观察了几次现场的小组活动之后,认为活动总体效果较好,小组活动氛围良好,能够使组员更好地融入进去,但是也提出了几点细节性的问题,主要有以下几个方面:

第一,一次小组活动带入的目标太多,目标有多重层次,未能分清,使得活动未能达到预期效果。

第二,在活动中小组组员出现问题时,社工要考虑解决方法的合理性是什么?对于问题的解决有何独特之处?

第三,在工作员情绪失控方面,督导老师也表示理解,并且鼓励工作员要有信心,有耐心,在与他们相处时应有情景意识,合理地引导他们。

反思与总结

首先,笔者选择介入的是"法律孤儿"的偏差行为问题,从对服务对象问题的评估到活动开展,最大的一个困扰就是如何将认知行为理论与服务对象的偏差行为问题有机地结合起来,认知行为理论侧重于对服务对象的认知干预,但它对行为的矫正与治疗过于片面化,这就涉及到社会工作理论与实践相结合的问题。笔者对这一问题的理解,主要是体现在活动的策划上,从改变服务对象认知与行为的目标入手,设计相对符合服务对象的活动,以期能够将理论与实践结合起来,但是在具体的实施过程中,笔者发现,在提供专业服务时,社会工作理论是背后的支撑,需要内化于心,同时需要综合考虑各种因素,宏观方面如×机构的概况、运作方式、教养方式等,微观方面如服务对象自身的需求、心理状态、社交状况、健康状况等。

其次,笔者作为社工为其提供服务时,总能遇到如机构管理人员、心理咨询师、大学生志愿者为服务对象所做的工作。那么,在进行专业介入的时候,社工该如何界定自己的角色?如何去区分社会工作者与其他工作人员的不同?社会工作者所提供的服务相对心理咨询师、大学生志愿者的优势在哪里?这些都是笔者在进行专业服务进行反思的方面。因此,笔者认为,在提供专业服务时,社工除了要具有扎实的理论素养,娴熟的社会工作方法与技巧,更为重要的一点是要有对社会工作专业的认同感,应具备自我肯定的概念,不断完善自身,给自己和服务对象一个交代。

最后,虽然经过为期六次的小组活动之后,组员有了一些改变,但是由于笔者专业知识与实务能力有限,不能彻底地纠正其偏差行为,只能在一定程度上帮助其改善这种状况。在活动结束之后,由于组员一直生活的大环境是笔者所无能为力的,组员可能会再次出现偏差行为,所以,笔者也希望通过跟踪服务如帮助他们回忆活动内容去巩固活动的效果,以使他们掌握健康良好的生活方式,更好地应对未来的生活。

"法律孤儿"的兄弟姐妹关系探析

目前,"法律孤儿"已经形成了一个具有相当规模的社会群体。据中国官方2006年统计:在押的156万名服刑人员中有未成年子女的服刑人员有46万,占在押总犯的30%左右,"法律孤儿"逾60万。[①] 这些数字被官方统计人员认为可能会存在因父母不想暴露自己的子女而存在比真实数目偏小的情况。调查显示有94.8%的"法律孤儿"没有受到过任何形式的社会援助,有1.2%的"法律孤儿"已经走上了犯罪道路,有超过2%的"法律孤儿"没有生活来源在外流浪(卢琦,2006)。

当前,中国国内为"法律孤儿"提供救助保护相对集中的机构主要有北京太阳村、西安儿童村、河南新乡太阳村、陕西陇县回归儿童村、青海大通太阳村、江西九江太阳村、大连阳光溢鸿儿童村、晨露国际郑州爱童园、福建恩善园等机构(刘岸泓、郭建丽,2011)。这些救助组织在"法律孤儿"的衣、食、住、行等基本生活方面扮演了积极的角色,但是救助机构不能完全取代家庭功能,这些在机构中成长的孩子由于家庭功能的缺失,导致出现一系列的心理障碍与行为偏差。笔者在对机构中"法律孤儿"观察和访谈中发现,这些孩子与兄弟姐妹的关系普遍较为特殊,本文着重关注家庭功能缺失对"法律孤儿"与兄弟姐妹关系的影响。

[①] 司法部预防犯罪研究所课题组,监狱服刑人员未成年子女基本情况调查报告,2006(8)。

一、研究基础

(一)研究意义

1. 现实意义

(1)针对"法律孤儿"的研究,有利于唤起更多人对这一群体的关注,带动社会救助事业的发展,引起政府相关部门的重视,促使政府及早弥补这一领域的空缺。

(2)针对"法律孤儿"家庭功能缺失对其造成的影响,可以使救助机构反思不同供养模式的优缺点,促使其不断改进,完善机构服务。

(3)有利于服刑人员的改造。未成年子女是监狱服刑人员的主要精神支柱。做好"法律孤儿"的救助,可以减少服刑人员的后顾之忧,在很大程度上对服刑人员进行安抚和感化,利于服刑人员好好改造,增加其对未来生活的希望,增强社会归属感。

(4)社会工作介入"法律孤儿"心理救助保护领域,对于检验社工专业价值、提高社工的实务性、推动社工专业发展、促进社工本土化实践也有重要作用。不仅丰富了社会工作理论,而且为社会工作介入弱势群体的救助保护提供丰富的经验参考。

2. 理论意义

(1)弥补了相关研究的缺乏。目前国内对"法律孤儿"的研究主要集中在问题视角,然而对家庭功能的缺失给"法律孤儿"兄弟姐妹关系带来的影响的研究尚不多见。

(2)促进家庭功能理论的发展。家庭功能理论多用于心理学研究,将其引入社会工作领域,可以促使其发展完善,有利于促进其本土化。

(二)研究方法

本文主要采用定性研究,参与式观察和半开放的半结构式访谈来收集资料。通过与救助机构的"法律孤儿"的亲密接触,深入到他们所处的真实生活场景中,以参与观察的方式来收集一手资料。选取研究对象后,开展个案研究,采用半结构访谈的方式收集资料,深入了解"法律孤儿"兄弟姐妹关系及影响因素。笔者对五组兄弟姐妹进行了观察和访谈,其中四组兄弟姐妹是同父同母的兄弟姐妹,只有第四组是同母异父姐弟。现将个案资料整理如下:

表1 个案信息基本资料

编号	姓名(化名)	性别	年龄	入园时间	备注
1	小B	男	10岁	2010年	父亲服刑,母亲遗弃
1	小Y	男	8岁	2010年	父亲服刑,母亲遗弃
2	小X	女	14岁	2012年	父亲服刑,母亲死亡
2	小D	男	9岁	2012年	父亲服刑,母亲死亡
3	小G	男	13岁	2010年	父亲服刑,母亲死亡
3	小S	女	12岁	2010年	父亲服刑,母亲死亡
3	小C	男	10岁	2010年	父亲服刑,母亲死亡
4	小N	女	14岁	2012年	父母均服刑
4	小L	男	8岁	2012年	父母均服刑
5	小H	女	11岁	2015年	父亲服刑,母亲遗弃
5	小A	男	9岁	2015年	父亲服刑,母亲遗弃

(三)理论依据

本文主要采用以家庭发展过程为取向的家庭过程模式理论。以Skinner为代表的学者认为,家庭的首要目标是完成各种日常任务,包括完成危机任务。每项任务都需要家庭一起去应对,满足个体的物质需要,适应并促进家庭及其成员的发展,应付和处理各种家庭突发事件等。该理论提出来评价家庭功能的七个维度:任务完成、角色作用、沟通、情感表达、卷入、控制和价值观。本文主要采用定性研究方法,认为家庭的主要功能是完成危机任务和各种日常任务。

家庭是社会构成的基本单位,尤其在中国文化里,家庭被赋予更多的功能和意义。家庭的主要功能有:经济功能,生育功能,教育功能,抚养与赡养功能,感情交流功能。

二、国内外家庭功能理论研究现状

(一)国外关于家庭功能理论的研究现状

国外对家庭功能理论的研究取向主要分为两类:一类是以家庭发展结果为取向,一类是以家庭发展过程为取向。以家庭发展结果为取向包括环状模式理论和系统模式理论。前者将家庭变量归结为三个维度:家庭凝聚性、家庭适应性和家庭沟通。后者将家庭分类依据归纳为三个维度:家庭关系结构、反应灵活性特征和家庭成员交往质量。国外关于家庭功能理论的研究已形成体系化,但由于影响家庭功能的因素的复杂性和多样化,目前的理论体系尚不能完全囊括。另外对家庭功能的评价主要来自于对家庭成员的问卷调查,然而问卷并不能全面准确的反映家庭功能的发挥情况。

(二)国内关于家庭功能理论研究

在关于学习不良儿童孤独感的研究中,研究者发现学习不良儿童家庭功能比一般儿童家庭功能在四个维度及家庭功能总分上显著低下(辛自强等,2000)。在研究中学者们多使用相关量表来作为测量工具,进行定量研究,且研究人群多集中在青少年。我国对家庭功能的研究,主要涉及横向研究,缺乏纵向及纵横相结合的研究;大多涉及正常家庭,而对于特殊家庭则研究较少。因此针对"法律孤儿"这一有着特殊家庭背景的群体开展研究,探索家庭功能缺失对兄弟姐妹关系的影响,从横向和纵向两个维度来分析其家庭功能缺失的影响因素有着一定的意义。

三、"法律孤儿"兄弟姐妹关系现状

随着救助机构的不断增加,由于缺乏部门监管,机构自身的种种问题不断呈现出来。笔者通过对×太阳村中的"法律孤儿"的参与观察和半结构访谈发现,"法律孤儿"大多来自农村地区,父母一方或双方入狱后,无人或亲人无力抚养被送往太阳村。农村家庭大多是非独生子女,因而太阳村中很多孩子都有兄弟姐妹,且其中部分"法律孤儿"与兄弟姐妹同住在一个太阳村内。×太阳村采取集中供养的方式,"法律孤儿"生活在集体之中,类似于大学生集体宿舍生活,因而在此参照庄国波等人对大学生宿舍人际关系的分类,笔者将太阳村中的兄弟姐妹关系分为依恋型、疏离型和冲突型。

(一)依恋型关系

"法律孤儿"在遭遇家庭不幸后,父母离开自己,之后被亲属送往救助机构,在陌生的环境中,孩子会有强烈的不安全感,会强化对兄弟姐妹的依恋性,渴望从有血缘关系的亲人身上寻求安全感。这在刚入园区的孩子身上表现得尤为明显。案例5中,父亲因强奸罪入狱后,母亲抛弃姐弟二人,由爷爷照顾两个孩子,但两年后爷爷不幸去世,姐弟二人被姑姑送往×太阳村。姐弟二人在年幼时经历种种家庭变故,亲人相继离去,加深了姐弟两人的依恋,在陌生的环境中更是需要互相寻求安全感。姐姐小H在园区中很是照顾弟弟,小H和小A在操场玩耍时,看到玉兰花开,便要求一旁的社工为姐弟两个合影,小H看到合影照片笑得非常开心。小H在园中生活时,经常关注照顾弟弟,每当姐姐得到一些物质资源,总是想着分享给弟弟,每次社工到园中开展活动时,小H参与的同时,也不忘喊弟弟一块"玩耍",可见两人很珍视彼此的感情。除新进园区的孩子,"法律孤儿"中,年龄较小的弟弟妹妹,对年长的哥哥姐姐依恋相对较为强烈。在一次小组活动结束后,一个6岁左右的女孩儿小帆(化名)征求笔者意见说"我们组有个人不参加(小组活动)了,我能不能把徽章给我姐姐,让我姐姐跟我一起参加",得到笔者的同意后,小帆便在园区内到处喊着找姐姐,找了两圈也没有找到姐姐,但直到笔者当天离开时她还在寻找,可见妹妹对姐姐的依恋很深,希望能和姐姐一起参加活动。

(二)疏离型关系

通过对×太阳村孩子的长期观察,笔者发现很多"法律孤儿"兄弟姐妹之间处于一种相互疏离的状态。兄弟姐妹同住在一个园区但是很少有交集,彼此之间缺乏沟通和情感交流。案例2的小D,在笔者和其他社会工作者在与其接触的近一年时间内,小D从未提及过姐姐,即便在2014年小D居住的宝宝屋和姐姐居住的屋子相邻,笔者及一同参与服务的社工也从未见其和姐姐有过任何接触。在服务过程中,小D会和同屋的孩子们一起玩耍打闹,互相分享得到的一些礼物,而却从未见其和姐姐互相分享过。在集体生活中,孩子被依照性别年龄分在不同的房间生活,不同房间之间会形成一种"潜移默化"的界线,久而久之,孩子们和同屋室友之间的关系会日渐巩固,但兄弟姐妹之间的血缘关系会因为日常生活的分隔而疏离。案例3中,小G和小C关系也处于疏离状态,有一次两人在一同看电视时,笔者建议哥哥小G辅导弟弟小C写作业,但兄弟二人皆默不作声,并且平日两兄弟也交流甚少。离开原生家庭环境,家庭功能不断弱化,兄弟之间的交集减少,且失去了家庭相处的大环境,情感联结减弱。在笔者与其长期的接触过程中,也从未见小C和小G提及姐姐(妹妹)小S,兄妹三人几乎从未同时出现过。在×太阳村居住的孩子,都有自己的生活圈子,一般和自己屋子里的孩子关系较好,但对于自己的兄弟姐妹相对比较冷漠,处于一种疏离状态。

(三)冲突型关系

"法律孤儿"兄弟姐妹冲突型关系主要表现为,有些兄弟姐妹之间除了彼此疏离外,有些可能会对对方有较大的意见,甚至厌恶对方。"法律孤儿"会出现矛盾和冲突,处于冲突型关系的并不占多数,但冲突型关系却对"法律孤儿"产生较大影响。案例1

中,小B对弟弟小Y有很大成见,弟弟小Y曾对哥哥非常热心,见哥哥去园区外拔萝卜,远远地就不停地喊"哥哥",并从围墙栅栏中给哥哥送卷笔刀,但是哥哥却很冷漠地对待,小Y也因此感到失落和生气,并抱怨道"你不要拉倒,我要!"此时笔者询问为何不理会弟弟,小B回答说"姐姐,他都是装的,他不是真的想给我,他就是想让其他姐姐喜欢他,所以装的。"在哥哥小B看来,弟弟小Y偶尔对自己的友好,并不是出自兄弟之情,或者说并不是出自小Y的真心,而只是一种"表演",通过对哥哥的好来展示自己的"善良"来俘获志愿者或社工的青睐和喜爱。小Y和哥哥小B发生冲突时,曾和园区里的其他孩子一起攻击过哥哥小B。根据小B的讲述,小B和小Y曾经发生矛盾,小Y找到自己在园中关系较好的一些"哥哥姐姐"一起来打小B,这次冲突让小B倍感伤心,也是因这次冲突,兄弟二人的关系发生了转折。目前,因园区管理需要,哥哥小B被阿姨从小男孩儿屋调到宝宝室,和弟弟小Y住在一个屋子,但同住一屋的小B也和弟弟没有过多的沟通和交流,依然没有改变对弟弟的看法。

四、"法律孤儿"家庭功能缺失的影响因素

家庭功能的影响因素有很多,可以按照横向和纵向的角度来对其进行分类。横向的家庭功能影响因素分为家庭结构、社会经济地位和家庭关系。纵向的家庭功能影响因素分为发展阶段和生活事件。

(一)横向因素

1.家庭结构

"法律孤儿"由于父母入狱或死亡后,家庭结构不完整,有的变成单亲家庭,有的变成隔代抚养家庭,有的随父母一方重组家庭,有的只能寄居在亲戚家中,无论是哪一种,其原有的家庭结构被破坏后,都将影响孩子的心理健康发展。非独生子女家庭中相对年

长的"法律孤儿"过早地承担起家庭的重担,对转变后的角色的不适应,导致其无法正确处理与年幼弟妹的关系。案例 4 中的小 N,母亲带其重组家庭后,又生有一个同母异父的弟弟。小 N 在年幼时,曾遭受到继父的家暴,继父出狱前小 N 曾陷入深深的恐慌中,经常做噩梦,担心随继父回家后会继续遭受到家庭暴力,在如此情景下,小 N 对自己尚且照顾不暇,很难承担起对弟弟的照顾,而弟弟尚且年幼,也无能力去照顾姐姐的感受。"法律孤儿"被送往×太阳村后,集体的生活方式和封闭式管理导致家庭结构的彻底瓦解,集体生活中的家庭功能很难发挥作用。

2. 家庭社会经济地位

"法律孤儿"由于家庭经济条件较差,无法为其提供基本的物质生活保障,也无法对其身心健康发展给予应有的关注,父母入狱或死亡后,"法律孤儿"受到社会的歧视,社会地位和社会评价相对较低,有些孩子的亲戚也因为对其产生偏见或经济原因而不愿承担抚养责任,于是孩子被送往救助机构集中供养。案例 2 中,姐弟二人曾跟随 84 岁的祖母生活,其基本的物质生活难以保障,祖母丧失抚养能力后,姐弟二人被送往×太阳村。×太阳村虽为孩子提供了基本的物质生活条件,但由于现实困难,太阳村每个月只能收到政府拨付的少量固定资金,其他经济来源主要依靠社会的爱心人士和企业捐赠,资金来源的不稳定性,导致太阳村难以给每个孩子都提供足够的物质生活环境,孩子们生活在集体中,统一化的生活和日常管理,每个孩子仅供个人支配的资源十分有限,这使得他们在相对紧张的物质生活条件下,难以给自己的兄弟姐妹更多的照顾。

3. 家庭关系

家庭关系主要指家庭成员之间的情感联结,也包括一些家庭成员互动。在研究过程中发现这些"法律孤儿"有的经历过家庭暴力,其中有很多孩子从小目睹父母情感破裂,家庭失和,直至父母走上违法犯罪的道路,这些经历既对孩子留下了痛苦的记忆,产生了各种不良的影响,造成了严重的心理创伤,难以愈合,也是未来使其形成不良性格特征的重要因素。有些"法律孤儿"由于长期生活在争吵打骂的家庭环境之中,情绪烦躁,性格比较粗暴,有时习惯使用暴力解决问题。不良的家庭关系使得"法律孤儿"与亲人之间的关系变得冷漠,也不重视与兄弟姐妹之间的关系维持。

(二)纵向因素

1. 发展阶段

家庭是一个发展变化的系统,可以分为不同的阶段。Olson把家庭分为七个不同阶段:没有小孩新婚阶段,有学前儿童阶段,有小学儿童阶段,有青少年的阶段,中年阶段,空巢阶段,退休阶段(方晓义、徐洁、孙莉、张锦涛,2004)。研究表明,在第二到第四阶段,其家庭亲密度和适应性得分较低,而"法律孤儿"恰好分布在学龄前儿童、小学儿童、青少年三个阶段,其兄弟姐妹之间的亲密度较低,影响了"法律孤儿"兄弟姐妹之间的关系。

2. 突发事件

在研究过程中发现这些"法律孤儿"有的经历过家庭暴力,有的孩子甚至亲眼目睹了父亲被杀害或母亲被杀害的场景,这种残忍的暴力使他们内心充满畏惧,随即产生对家庭的厌恶,形成仇恨的性格。这些消极的性格特征,不利于孩子与其兄弟姐妹保持良好的关系。由于父母的违法犯罪和服刑给孩子也带来了社会上对其"道德连坐",将父母曾经的罪恶加之于他们,认为"上梁不正,下梁歪",有什么样的父母就会有什么样的孩子等伤害性认知或是"语言暴力",这些来自社会的歧视和污名化对"法律孤儿"的心理健康造成了很大的伤害,容易使其本身形成自我矮化。因为民间机构对于"法律孤儿"的集中抚养,使"法律孤儿"生活得到保障的同时,也令其标签化,与正常生活孩子不同的生活环境,不同的抚养方式使他们遭受歧视,对外面的世界产生恐惧,人际交往方面产生障碍。这一系列接连的生活突发事件,使得"法律孤儿"无法适应,内心遭受创伤后无暇顾及兄弟姐妹之间的关系维护。

五、家庭功能缺失对"法律孤儿"兄弟姐妹关系的影响

(一)危机事件对"法律孤儿"兄弟姐妹关系的影响

1. 危机事件的发生

危机理论认为,特定的生活事件,如角色转换或家庭成员的死亡都会妨碍家庭成员基本需要的满足,使家庭成员之间的关系出现问题或使家庭出现新的适应,从而增强家庭功能(李建明、郭霞,2008)。

"法律孤儿"大多在年幼时遭受家庭不幸,父母入狱或死亡后,家庭结构遭到破坏,家庭成员相互分离。孩子年幼被迫与父母分离,孩子在情感上遭受到"抛弃",产生心理危机,有强烈的焦虑及不安。除了情感上的重创,孩子的生活也无法保障,父母被捕或离世,其子女往往要受到"道德连坐",被亲人及邻里"指指点点",无人愿意承担起抚养孩子的重担。有些家族承担起抚养孩子的家庭功能,但由于抚养孩子成本较高,导致很多家族无法长时间承担起抚养功能,于是这些"法律孤儿"被送往救助机构,此时孩子遭受二次抛弃,其身心更加受挫。如案例3中,三姐弟母亲死亡,父亲被判入狱后,大伯承担起抚养孩子的责任,而大伯只是一个普通的农民,供养自己一家老小生活已是倍感压力,家中突然多供养三个孩子,经济上难免捉襟见肘。在农村,抚养孩子不单单意味着家中多双碗筷,除了孩子日常生活的开支,还要承担上学等相关费用,更让人望而却步的是男孩子长大后结婚的一系列支出。在农村普通家庭,几乎每个家庭中男孩子长大成人后结婚所需彩礼及婚房的准备都要耗尽父母半生的积蓄,家中突然多出两个男孩儿需要抚养,一般家庭都很难承担起这样的重担,也正因如此其伯母离家出走,大伯不得不把孩子送往×太阳村。案例2中,姐弟原本由84岁的祖母抚养,祖母年迈,身体较差且没有经济来源,生活依靠儿女供养,祖母实在无

力抚养孩子,而姑父和大伯均拒绝抚养孩子,孩子只能被亲戚送往×太阳村。"法律孤儿"在父母入狱的家庭变故中遭受到第一次心理创伤,在面临失去父母这一生活危机事件,年幼的孩子很难走出危机,幼小的心灵遭受创伤,原本的物质生活得不到保障,后又因无人抚养被送往太阳村遭受二次抛弃,本应无忧无虑的童年,连续面对两次危机事件,"法律孤儿"很难处理好自己的心灵创伤,自顾不暇的同时更难为自己的兄弟姐妹提供相应的支持。

2.危机事件的处理

危机事件出现后,使得家庭破碎,家庭成员关系和角色也相应发生转变,然而对转变后的家庭角色,"法律孤儿"并不能很好地适应,于是影响到兄弟姐妹之间关系。如案例1中,在失去父母后,兄弟由爷爷奶奶抚养,迫于经济压力,爷爷奶奶将兄弟二人送至×太阳村,但兄弟两人会在寒暑假被奶奶接回家中小住。年长的小B能够意识到当下环境中,爷爷奶奶面临的巨大压力,在家中会积极承担起部分家庭职责,希望能够通过自己的行动缓解爷爷奶奶的生活压力,不仅如此,小B帮助奶奶干活的同时也会照顾家人的情绪。然而相对年幼的小Y似乎没有意识到自己家庭的变故所带来的影响,依然喜欢与同龄孩子一般玩闹。小B曾非常愤恨地讲述到一次跟奶奶在农田里拔草,身体不好的爷爷在家中休息,奶奶心疼自幼患病的姑姑,于是只带了小B,而中途患病的姑姑带弟弟小Y来帮忙,小B讲述道,小Y非但不干活,还把土往小B身上扔,小B哽咽着说"我一辈子都忘不了这件事情,他就是个白眼狼"。在小B看来,小Y与自己年龄所差无几,自己能够明白的道理,他也应该明白,自己承担起的责任,他也应该一点一点承担起来,然而小Y非但不帮忙,反而"捣乱",这在小B看来是无法容忍的。父亲入狱,母亲离家后,核心家庭变为祖孙两代人,家庭危机事件的发生,让小B迅速成长,面对危机事件时,小B很积极主动地承担起了家庭职责,希望能够通过自己的努力来改变或优化当前的生活处境,而小Y却没有产生角色的转变,面对同样的危机事件,小 Y 的表现仍然像同龄孩子一般,于是兄弟二人之间产生了矛盾。

(二)日常任务对"法律孤儿"兄弟姐妹关系的影响

在×太阳村中,对孩子主要采取集中供养的方式,孩子按照不同的年龄和性别分别被分在 5 个房间居住,集体的管理模式打破了"家"的氛围。孩子大多与自己的兄弟姐妹分住在不同的房间,而园区内不同房间之间又具有明显的界限,这更加加深了"法律孤儿"兄弟姐妹之间的隔阂。

1. 经济功能缺失

"法律孤儿"主要来自于核心家庭,父母入狱或死亡后,导致家庭没有足够的经济来源,不能为"法律孤儿"提供生活物质基础,孩子被亲友收养,然而长期的寄居使得收养家庭不堪重负,或者由于父母犯罪,孩子受到"污名化",使得一些亲友不愿再继续抚养这些孩子。当有社会组织出现来收留这些孩子的时候,一些原本尚可维持的收养家庭,也为了节约家庭开支,而将孩子送往救助机构。归根结底,大多"法律孤儿"是受到经济因素的影响,而被送往救助机构寄养。但在机构生活的孩子并没有因此而完全不受经济因素制约。在我国法律政策上,对"法律孤儿"这一群体的救助尚未明确规定,一些社会组织的出现,虽然使得一些无家可归的"法律孤儿"得到救助,但由于没有稳定的资金来源,这些社会组织在运营过程中也出现种种困难,这些都会影响到孩子们的生活,尤其是物质生活。在机构中孩子对自己的生活学习尚无法照顾周全,对兄弟姐妹的照顾自然也无从谈起。

2. 教育功能缺失

家庭是未成年人接受教育的第一所学校,父母是未成年人最好的老师,在家中父母多会教育孩子兄弟姐妹之间要互相友爱谦让,但"法律孤儿"离开家庭被送往救助机构后,家庭教育功能基本完全丧失。如案例 1 中,小 B 与小 Y 曾发生冲突,小 Y 便找来园区中与自己关系较好的伙伴,一起辱骂哥哥,甚至伙同他人打小B,这件事情给小B留下了很大的心理伤痕。虽然兄弟姐妹之间相互争吵或打架在日常生活中是难免的,但兄弟找寻没有血缘关系的朋友攻击自己的哥哥,这在普通家庭中是比较罕见的现象,这也与小Y自3岁起便进入机构,从小缺乏家庭教育有着深刻的联系。小Y自年幼便进入机构生活,家庭生活教育的缺位,让他没有意识到自己和哥哥血亲关系的联结,集体化的生活使他更加适应普通人际社交关系,而在处理兄弟姐妹亲人关系中出现一些障碍。普通家庭中,孩子受到父母的言传身教,年长的孩子会自觉承担起部分对年幼弟妹照顾的责任,此项家庭功能由于父母一方或双方的入狱而丧失,救助机构又无法在这一方面做出弥补。虽有"爱心妈妈"负责对"法律孤儿"生活学习进行照料,但由于资金等原因限制,一个"爱心妈妈"要负责十几个孩子的饮食起居(以×太阳村为例),很难关注到每一个个体的需求。"爱心妈妈"多为下岗的妇女或农村妇女,她们把和孩子的相处当做是一种工作对待,和普通家庭母亲自然无法比拟,加之这些爱心妈妈知识水平普遍较低,对"法律孤儿"很难起到言传身教的作用。

3. 抚养赡养功能缺失

在中国,家庭负担着对长者的赡养和对幼者的抚养功能,然而父母的入狱或死亡,导致"法律孤儿"无人抚养,家中老人无人赡养,家庭的抚养赡养功能缺失。案例1中,父亲因抢劫、拐卖儿童被判入狱后,母亲离家出走,兄弟两人由奶奶抚养,爷爷常年卧病在床,未出嫁的姑姑也患有疾病,即便兄弟两人被送往太阳村后,压在奶奶身上的重担依然没有减轻,奶奶不仅要为自己的生计奔波,还需要为老伴儿的医药费筹谋,未出嫁且患病的女儿也需要其帮助,这对一个农村老太太而言,无异于泰山压顶的压力。小B十分想承担起对爷爷奶奶的赡养责任,他希望自己能够快快长大,通过自己的努力来改善爷爷奶奶当下艰苦的生活条件。他曾说自己的理想是当运动员,挣好多的钱给爷爷奶奶治病。而小 Y 却没有这样的意识,他没有意识到爷爷奶奶当下生活的艰辛,他依然像同龄孩子一样表达自己的需求,表现出淘气和任性,兄弟二人因此产生多次冲突。如果小 Y 和小 B 在普通的家庭中成长,小 Y 的淘气完全符合其年龄特征的表现,小 B 或许也不会有过多的"责任"需要承担,然而正是由于危机事件的发生,家庭抚养赡养功能缺失,父母无法在家庭中很好地承担起对老人的赡养,对孩子的抚养责任,导致年长的孩子过早地考虑承担家庭的责任,对年幼孩子的"不懂事"怀有不满情绪,导致兄弟姐妹之间的关系出现裂痕。

4. 情感交流功能缺失

情感交流是家庭精神生活的重要组成部分,是家庭生活幸福的基础。感情交流的密切程度是家庭生活幸福与否的标志。"法律孤儿"平时生活在救助机构中,只有在寒暑假才被其他亲戚接回家与亲人团聚,每年能够到监狱探望父母的次数也很有限,甚至有些孩子连春节这样举家团圆的日子也需要在机构中度过。聚少离多的现状使"法律孤儿"与亲人的情感交流较少,且在救助机构中,"法律孤儿"由于性别年龄差异,兄弟姐妹往往被分住在不同房间,一起居住的室友或由于物理位置的接近而建立起相对良好的人际关系,或由于生活摩擦而产生矛盾,这都属于社会人际关系网络的组成部分。"法律孤儿"与兄弟姐妹之间平时接触较少,加之不同房间之间似乎存在着明显的"界线",不同房间的孩子几乎很少涉足其他房间,笔者曾经观察到,孩子们站在门口和屋内的其他孩子对话,门槛似乎是有着特殊意义的"界线",这样的居住环境很不利于兄弟姐妹情感交流。案例 2 中,姐弟二人分别住在大女孩儿屋和小男孩儿屋,笔者在与小 D 的长期接触过程中,从未听小 D 提起关于自己姐姐的事情,也从未见小 D 与姐姐有过任何接触。小 D 玩耍的伙伴也大多是同房间或学校相熟的伙伴,姐姐也未和弟弟有过相对亲密的接触,她们之间的姐弟关系也是笔者通过园区管理员处获取的信息。案例3中,姐弟三人分别住在三个屋子里,弟弟小C曾央求哥哥小G带自己去玩儿,小C非常希望哥哥能够陪伴自己玩耍,希望能够有哥哥的庇护,因为在园中的集体生活中,如果能够得到年龄较大的哥哥姐姐的庇护,会免于同龄人的欺负和压迫,而小G很明确地拒绝,笔者询问原因时,小G说"我自己玩儿还玩不够呢,哪里有空带他玩儿"。

结语

笔者在与×太阳村的孩子接触时,发现这些孩子表面上对园外的来访者很礼貌,却很难对来访者敞开心扉。由于"法律孤儿"曾有过一次或多次被抛弃的经历,面对外来者的关心也是充满戒备与试探。由于对关注和爱的缺乏,孩子们希望独占陪伴自己的来访者的所有爱,于是非常排斥陪伴自己的人同时去关注其他孩子。笔者在长达一年的时间里,尽量坚持每周去×太阳村一次,但也未能和选取案例中的4组兄弟姐妹全部建立起良好的关系,而是和每组中一人建立起信任关系,进行观察研究。所以研究的观察角度并不十分全面,不能了解到每个人的主观感受。由于目前针对兄弟姐妹关系的研究尚不多见,因而参考对大学生宿舍人际关系分类,对"法律孤儿"兄弟姐妹关系进行分类,分类的合理性及全面性有待进一步完善。

家庭功能的缺失,不仅对"法律孤儿"兄弟姐妹关系产生影响,对孩子的自身发展和亲子关系也产生了较大的影响。年幼时孩子目睹父母犯罪,但缺乏对善恶是非的判断标准,将会影响孩子价值观的发展。×太阳村的孩子曾在作文中这样写道:"世界上有善有恶,有的人选择了善,而有的人被迫选择了恶";有个小女孩儿曾向一名男性的大学生志愿者问道:"如果有个女的拿着刀对着你,你会怎么办?"原来女孩儿的母亲曾拿着刀对着父亲,而父亲终将母亲杀害而入狱。"法律孤儿"对父母既依恋又厌恨,他们渴望得到父母的爱和关注，但又厌恨父母犯罪而导致自己成为"法律孤儿"，于是对父母有着矛盾与挣扎的心态。父母出狱后，出于对亲情的渴望和急于补偿孩子缺失的爱，父母很渴望和孩子建立起亲密关系，但孩子由于常年与父母分离，有的已与父母产生隔阂，因而亲子关系的处理，孩子和父母如何回归家庭也成为这一群体的重大困扰。

目前针对"法律孤儿"的救助多是民间机构承担，太阳村、儿童村等机构的成立为"法律孤儿"提供了一个相对安全的生活环境，在一定程度上减少了因父母服刑孩子无人照料而流浪街头以乞讨为生，甚至饿死冻死的惨剧。但是救助机构始终无法取代家庭的功能，并且由于受自身的专业性的发展、资金、基础设施、监管以及自身管理水平的限制，机构存在的问题逐渐显露出来。X太阳村中，集中的供养和封闭的环境，虽然为孩子营造了一个安全的生活环境，但是统一的管理下，孩子们的个性不宜发展，管理者也很少关注到孩子的个别化问题。所以太阳村只能是"法律孤儿"的临时救助机构，只有让孩子在正常的家庭中成长，才能身心健康全面发展。然而目前即便是这些民间机构救助的孩子也只是"法律孤儿"的极少部分，仍有大量的"法律孤儿"在外流浪或无人看管，政府应及早重视这一群体，制定出有利于孩子成长的政策，让父母能够在监狱中安心悔过，孩子能够健康成长。

"法律孤儿"的亲社会行为研究

一、法律孤儿:社会治理中的特殊群体

法律孤儿,指因父母触犯法律而处于事实孤儿状态、需要救助的未成年人,即因父母双方均在监狱服刑,或父母一方在监狱服刑,另一方已死亡、无能力或其他原因没有得到有效监护的服刑人员未成年子女(王君健、寇薇,2013)。我国"法律孤儿"规模庞大且处境堪忧,截至2005年底,我国监狱服刑的156万名在押犯中,占30%左右拥有"法律孤儿",总数超过60万。① 到2015年底,我国法律孤儿人数近74万,加之审前羁押人员、监外服刑人员和滞押人员的"法律孤儿",总数可能已超过百万(刘红霞,2016)。他们因父母服刑,家庭联结断裂,呈现敏感性、脆弱性,加之同辈群体、学校乃至社会的标签化,衍生出多重心理问题,并外化为不良应对方式,比如自我效能感低、进取心不足、社会交往意愿低、社会关系缺乏、合作分享意识弱、暴力行为明显等,既不利于个体身心发展,也不利于社会稳定,亟需增强对亲社会行为发展的关注。

亲社会行为指个体在社会互动中自愿表现出积极友好、促进关系和谐、使他者及社会获益的行为,既反映自我与他者、个体与社会的关系,也对个体适应和社会化发展具有积极作用,可划分为遵规与公益型、特质型、关系型和利他型,"帮助"、"亲情行为"、"增加友谊"和"忠诚"分别是四个维度的代表行为(寇彧、张庆鹏,2006)。目前国内尚未开展直接聚焦"法律孤儿"亲社会行为主题的研究,已有研究集中于中小学校的普通儿童和青少年,部分涉及"法律孤儿"亲

---

① 数据来自司法部预防犯罪研究所课题组2006年《监狱服刑人员未成年子女基本情况调查报告》。

社会行为的外延,指出其心理及行为特征,如心理层面存在忧郁、自卑、敏感、逆反、孤僻等问题(谢启文,2012),容易退缩到封闭空间(刘怀光、刘岸泓,2011);行为层面具有性别差异,女生倾向内化压抑冲动,男生倾向于撒谎、打架等攻击行为(朱华燕、朱华军,2008)。此外,侧重从家庭及社会等较宏观系统进行成因分析(关旎,2013),强调大环境对个体的影响;针对亲社会行为的培养,研究指出提升抗逆力、提供榜样(寇彧、王磊,2003)、强化亲社会行为(王美芳,2000)及内隐学习(李佳丽,2010)等措施。这为研究开展提供理论积淀和经验基础,但存在不足之处,一是侧重亲社会行为的描述与概括,缺失内在心理与外在行为间互动性分析;二是介入层面相对宏观,缺乏可操作性的维度;三是介入措施缺乏系统性,未提出培养亲社会行为的整体提升机制,以促进个体与他者及社会联结。

研究针对创办于 2004 年的民间公益慈善组织×市太阳村儿童救助中心开展典型调查,采用参与观察[①]及半结构式访谈[②]方法,共选取 9 名法律孤儿和 4 名工作人员进行定性研究。

表 1　受访法律孤儿信息表

编码	性别	年龄	年级
MNB	男	12	小学五年级
FXW	女	16	高中一年级
MEB	男	8	小学二年级
MZHG	男	11	小学五年级
FXL	女	14	初中三年级
MJWB	男	15	初中三年级
FXJ	女	11	小学三年级
FXH	女	12	初中一年级
MYD	男	13	初中二年级

---

① 参与观察指观察者进入场境中,融入被观察群体,从内部进行感受的一种研究方法。

② 半结构式访谈指采用粗线条式的访谈提纲进行的非正式的访谈,可依据访谈对象条件及实际情况弹性做出调整。

表 2　受访工作人员信息表

编码	性别	年龄	基本情况
MLYL	男	23	社会工作者
FGH	女	24	社会工作者
FYY	女	46	心理咨询师
FWYZ	女	63	机构工作人员

注：编码形式为"性别"+"姓名"缩写。

通过对原始资料概念分类与提炼，持续重组与整理，达成理论饱和状态，并整合概括性维度，聚焦亲社会行为的关键主题，剖析生成机制，进而依据社会联结理论及生态系统视角，探索社会工作干预路径。研究旨在促进"法律孤儿"悦纳自我，增强与他者联结度，预防越轨风险，提升社会适应力，进而加强对特殊群体的管理，推进社会治理服务创新。

二、"法律孤儿"亲社会行为主题的呈现

"法律孤儿"亲社会行为可具体分类为"较少越轨行为"、"学业期待高"等遵规公益型；"愿意交朋友"、"参与竞争与合作"等关系型；"帮助他人"等利他型；"同情心明显"等特质型。根据实证资料发现其亲社会行为整体发展呈现如下主题。

1. 个体特质不宜人，心理防御机制明显

亲社会行为是个体特质能力的一种体现，个体特质指拥有较高的自尊、怀有助人观念，自我认同度较高。研究指出"对自己感到满足的个体可能会关注他者需要，因为他们感觉有能力去帮助"。调查结果发现，"法律孤儿"个性较不宜人，心情易抑郁；自卑倾向明显，自尊水平低，存在贬义性自我认知，内在接纳度低，效能感较弱。

"就这几个气球，我干嘛要分给他，他还老是跟阿姨告状，姐姐你就别管了。"（MEB）

"我当然想和他们玩,但是自己什么都不会,哪里都不如别人。现在念初三,学习压力很重,觉得应付不来,太笨了,考上好高中没有希望了。"(FXL)

"一些孩子不喜欢人多的地方,操场上人多起来时,会示意社工陪她到院子其他地方,也不很愿意和志愿者聊天,总喜欢呆在自己的小空间。"(MLYL)

"法律孤儿"自我防御机制明显,自我退缩,不愿意主动与他者建立依恋关系;有焦虑倾向,情绪状态波动较大,具有一定的心理创伤。当然,存在少数"法律孤儿"个体抗逆力高,愿意主动和他者倾诉交流,自我接纳程度较高,但是仍不能够忽视心理创伤带来的可能风险。

2. 亲情行为两极化,安全感缺乏

亲社会行为的一个重要表征即亲情认同度高,而"法律孤儿"家庭环境特殊,其亲情行为呈现两极化状态,一方面亲情淡漠,尚不能接纳父母,认同度较低,认为父母未尽责任和义务,甚至怀有仇恨心理。

"不想跟别人谈我爸爸任何事情,反正好几年没在我身边,最好一直都别回来了,如果他没蹲监狱,我也不会在这(太阳村)受罪了。"(MNB)

另一方面是无法满足的亲情渴望,部分"法律孤儿"对特定家庭成员表现出强烈的亲情渴望。

"特别想姑姑、爷奶,暑假想和哥哥姐姐玩。但很久没打电话,他们很忙,来这边不方便,是不是把我忘了,真希望有空来看看我。"(MJWB)

"我姑姑家有个小妹妹,爸爸出狱会给我买芭比娃娃,回去我要把它送给妹妹。"(FXJ)

"春节期间孩子们都非常渴望家人关爱,但有些亲属不让回家过年,他们得知后会流泪、蹁门,认为家里抛弃了自己,缺乏安全与

归属感。"(FYY)

可以发现,"法律孤儿"对于家庭的依恋度弱化,产生冲突性的依恋,爱与归属的需求未得到满足,情感归依较弱,未得到健康的亲社会行为发展的适应模式。

"对别人的帮助没什么感觉,他们来'参观'我们的屋子,不喜欢别人看望。"(FXW)

"帮助我的人,照顾我的阿姨当然感谢,如果看见有难题,我想会帮助她们。"(FXL)

同样,亲情行为外延到其他感恩行为,包括对志愿者、帮扶者群体的认同现状,对帮助过自身的志愿者表示感谢,具有感恩志愿者、帮扶者的意愿,也有部分表示厌烦别人的帮助。

3.社会交往封闭,合作责任意识薄弱

"社交性"是亲社会行为的一个重要特征,未成年时期是培养人际交往、提升合作意识的重要阶段,但多数"法律孤儿"的人际交往模式相对封闭,不愿意主动结交朋友,难以发展良好互助行为。尽管太阳村生活集中,但彼此间更多呈现疏离状态,转换到学校场域,朋辈群体间隐性或显性排斥,联结不佳,依恋联结减弱,难以形成发起、增进友谊的亲社会行为。

"我想和她们做朋友,但不知怎么开口,有些同学不搭理我,偷偷说我坏话,不想和她们玩……学校活动不想参加,帮不上什么忙,尽是添乱,还不如不去。"(FXH)

"想兼职挣钱养活自己,可周末、寒暑假都不能外出,放假闷屋里,不能随便出大门。"(MYD)

"高中生活很闷,作业很多,老师也严厉,我不敢问问题……每天在这里吃吃睡睡,去上学,偶尔有人来参观,但我更希望周末和同学们聚会。"(FXW)

多数"法律孤儿"缺乏人际交往的勇气和技巧,积极关系的维护能力较弱,较少参与学校活动,缺乏机会参与社会活动,进一步

限制交往网络的发展。即便园内组织活动,不少"法律孤儿"也会扮演观望者角色,不利于在互动过程中培养合作、责任等亲社会行为,成为后期顺利适应社会的障碍因素。

4. 暴力行为明显,分享互助观念欠缺

暴力行为是亲社会行为发展不良的重要外化体现,与一般未成年相比,"法律孤儿"孤独感明显偏高,同伴接受度明显偏低,部分表现出高水平的侵略行为。与相关研究类似,男生相较于女生也更容易被激怒,在遇到冲突情境时,往往倾向于采取伤害性的解决方式,如谩骂、推搡、打架等攻击性行为。

"有好多像 MZHG 这样的孩子,攻击较强,爱打架,和小伙伴玩不到一起。因为一点口角不和就打起来,弄得身上伤痕累累,事后态度还很强硬,表示永远不会成为朋友了。"(MLYL)

"有些孩子不愿分享,分发礼品经常出现争抢的混乱场景,有孩子央求我提前'拿'礼品,我说对别人不公平,大家要遵守规则。他需求没有满足,特别不开心,闷闷不乐,也不参与活动了。"(FGH)

在面对有限资源时,他们表现得相对自私,往往表现出强烈占有意识,分享互助观念欠缺,这些行为或可理解为自我"保护",构建安全防御体系,但明显阻碍了同辈之间的交往和友谊。因此不理想的同伴关系,缺乏同伴之间的亲密感,使得被拒绝的"法律孤儿"倾向具有攻击性、破坏性和学习困难的特征,亟需培养较强的社会能力和积极行为品质。

5. 学业期待不高,进取心较弱

学业期待是亲社会行为中认同社会规范,追求上进、完善自身的一种表现。调查发现,多数"法律孤儿"学业成绩不理想,学业期待值较低,缺乏长远未来规划,处于缺乏正确的人生方向、进取心较弱的阶段,只有少数表示有想要通过学习来改变自己命运的意愿,长期以往势必导致他们缺乏对学校的归属感及对老师同学的依恋。

"学校里课程好多我学不会,而且学习有什么用,即便考上高中,没人资助我,也上不起学。我也不是特别想考大学,那条路不合适,还不如打工,当小工就行。"(MJWB)

"一些孩子因为搬家,学期没上完就转学,反复读一、二年级,但知识不成系统,成绩能好吗?MJWB搬过四次家,第一次母亲被带走,过一段时间,母亲回来又搬家了,后来反复又搬三次。志愿者也反映好多孩子补课心不在焉,有些还觉得停课不是大事。"(FWYZ)

他们在转学过程中面临学业危机,甚至逃课、逃学,难以获得老师同学的积极关注,加之缺乏对自我积极认同,较少关注自身兴趣特长,不愿参与学校活动,难以建立学校归属感与依恋,不愿积极主动进行学习以为自己未来生活而奋斗。

三、"法律孤儿"亲社会行为的联结运作模型

综上发现,"法律孤儿"亲社会行为现状不容乐观,这是双向建构的过程,既体现个体特质性,是主动选择的结果,也是与环境联结的互动过程。剖析机制因素是促进亲社会行为培养的基础,因此以社会联结理论、生态系统理论为视角,从微观、中观及宏观层面展开分析,揭示个体与多维系统间的联结互动对亲社会行为发展的影响。

1. 个体层面:内在创伤、贬义与退缩

亲社会行为发展的个体特质因素,包括移情能力、心境、性格、语言表达能力、性别等,此外,权力感涉及个体的自我概念、尊严、重要感等,长期处于无权状态,"法律孤儿"往往会较少认同自身,自我发展能力不足。因此"法律孤儿"亲社会行为是内在心理创伤的外在反映,他们遭受父母服刑的重大生活改变的刺激、获得创伤体验,应对方式呈现共性特征,表现为羞耻感、罪恶感、自

我贬义、安全感缺失等,使得他们从人群中脱离出来,退缩到自我封闭空间,进而对亲社会行为发展产生不良影响。并且多数"法律孤儿"面临一定的社会压力,家庭经济条件较差,在父母入狱时间,"法律孤儿"人格都会受到影响。此外,多重系统间困境影响个体层面亲社会行为的发展,具体而言,亲情淡漠及情感压抑,会导致亲情认同度低;自我效能感弱化,认为没有能力帮助他者,自信心不足等较低的自我认同度,将会造成个体的参与不足、社会适应差的外在表现;内在自我封闭,安全感降低,则会引发个体暴力行为的增加,交往能力弱化;内在自我矮化,积极性缺乏,则会导致学业期待不高,学习成绩不佳。

2. 家庭层面:断裂与疏离、依恋缺失

父母参与对亲社会行为发展具有独特作用,这也是"法律孤儿"与普通群体的最大区别。家庭作为重要首属组织,具有情感联系、照顾、教育、经济等功能,父母服刑给"法律孤儿"带来心理及生活的重大变化。首先,家庭监护缺位,依恋感弱化,安全感丧失。"法律孤儿"在父母入狱后丧失重要监护人和经济来源,而且由于繁琐的探视手续,空间距离等原因,见面机会减少,联结不断弱化甚至断裂,家庭纽带逐渐退出支持网。尤其经历家庭暴力、目睹父母犯罪的"法律孤儿",更易对父母形象产生认知偏差,较少依恋家庭,较少考虑家庭荣誉,易受不良观念与行为诱导。进一步而言,家庭支持功能缺失使个体安全感的丧失,引发交往退缩与封闭心理,产生不愿参与等亲社会行为不良现象。其次,习得暴力行为的机会增大。父母离开使得"法律孤儿"认为自身存在无价值,"被抛弃"经历不断降低安全感,进而寻求替代性的自我"保护",倾向借暴力增强防御力,获得虚幻的安全感,进而影响合作、互助等亲社会行为的发展。最后,降低学业期待度。父母较少机会参与学业,家庭监管缺失,情感联结弱化也使其学习行为依赖性降低,追求上进的行为受到影响,亲社会行为发展举步维艰。

3. 同辈层面：排斥隔阂与自我防御

非正式同伴群体是"法律孤儿"发展中的重要社会情境，是其身心发展和社会化实现的基本关系。首先，"法律孤儿"会自觉掩盖不光彩的家庭事实，而一旦暴露，存在来自同伴或老师"有色眼光"风险。尤其小学初中阶段，个体认知未完善，隐私保护较弱，甚至一些"团伙"以取笑、排斥他者为荣，而"隐私"暴露使其处于异化风险之中。由于标签效应，部分"法律孤儿"曾遭受同伴排挤，愈加封闭，同辈依恋减弱，易产生羞耻感，形成自我低效能的判断，往往难以融入同辈群体，较少发起友谊及增进友谊活动。其次，他们往往由于缺乏经济支持面临多次转学，这对朋辈群体间深厚关系的维持提出挑战，对于之前建立的朋友关系，可能因通讯设备的缺失，空间距离限制，成为关系断裂的"最佳形式"。再次，薄弱的同辈榜样。在未成年时期，同辈之间的支持互动至关重要，太阳村内部同质性较高，多数存在相似经历，而心理创伤使其自我封闭性较强，彼此是孤立个体，不愿意主动与他者联结，缺乏积极互动交流，同辈榜样示范的力量较薄弱，潜移默化习得的更多是不良行为，由于他们本身处于劣势地位，往往会争夺有限资源，如花种、零食争抢等，不利于发展分享、互助等亲社会行为。

4. 学校层面：迷茫与疏远、参与场域未达成

一方面，法律孤儿因家庭变动，往往经历多次转学，由此带来学习及环境适应不良问题，他们对此大多采取消极态度，学习能力逐渐弱化，更多将外出打工、赚钱作为行动目标。某种程度而言，这存在现实合理性，家庭经济来源的丧失不仅难以支付其学习费用，也严重影响其日常生活，追求学业对他们而言似乎是一条难以看到希望的道路，这种相对剥夺感会降低了个体的教育获得。另一方面，学校只关注到他们的学业层面，未能从生活、心理等方面给予该群体更多的关爱。在校经历与期待情景存在落差,在学校得不到较高的评价,对学校较少有留恋之情,参与活动不足,经常扮演观望者角色,与学校更多是疏远联结的状态,而自身居住环境和教育历程的频繁变动造成的身份认同危机,以及脆弱的社会支持网络。此外,发展亲社会行为往往需要个体通过自我控制来抵御眼前的自利诱惑与社会期望之间的冲突,因此在学校场域学业压力的增大,个体应对能力不足也是其亲社会行为发展的阻碍因素,对他们而言,如何唤起对未来的憧憬,增强其进取心,提升自我能力,改变自身面临的困境依然任重道远。

5. 结构层面:标签化与单向封闭的日常生活

"法律孤儿"亲社会行为受到社会和特定文化的影响,不仅是社会污名,同时也深受结构性因素影响,如社会政策支持缺失,机构规训等。首先,存在将"法律孤儿"边缘化、标签化倾向,"龙生龙,凤生凤,老鼠的孩子会打洞",类似污名化语言加速个体与他者的断裂进程,在中国人情主导的场域中,社会弹性不足(寇彧、张庆鹏,2006),使其难以正常身份融入社会,对进取行为、社会适应能力产生显著影响。其次,"法律孤儿"所在社区会产生变化,部分成员开始渐渐疏离,甚至以情感血缘为主的亲戚关系也经历痛苦断裂过程。再次,太阳村作为"封闭型"场域,严格的规训造就封闭的日常生活世界,如闲暇时间禁止外出,保障安全的同时不可避免地阻碍与社会主动联结的机会,而机构内单一的娱乐活动较难吸引兴趣,难以从互动中学习合作、分享等亲社会行为。此外社会力量的捐赠、交流等单向度的工具性联结尽管缓解隔离状态,但"表演成分"的救助方式及回馈节目的安排,非但较少萌生感恩之心,或会厌烦感恩仪式,降低社会认同度,也不愿意投身学习及未来工作中,亲社会行为的培养面临结构性挑战。

图 1　法律孤儿亲社会行为互动机制

通过上述分析,可较全面呈现"法律孤儿"亲社会行为的互动机制是个体与其他系统互动减弱、联结弱化、脱嵌的结果,此外,在具体实践过程中并非简单因果线性关系,不仅是个体内在心理的外在展现,同时也是微观、中观以及宏观系统层面等情景因素联结参与,交织互动的过程。

四、社会工作视域下"法律孤儿"亲社会行为的培养路径

社会联结的重要目标是从依恋、参与、奉献、信念四个维度促成个体与他者及社会联结提升,预防及减少偏差行为,这不仅与促进亲社会行为的培育存在异曲同工之处,同时能针对系统性地培育亲社会行为主题,在具体策略中融入社会工作具体方法,使得培养路径更具可行性及专业性。

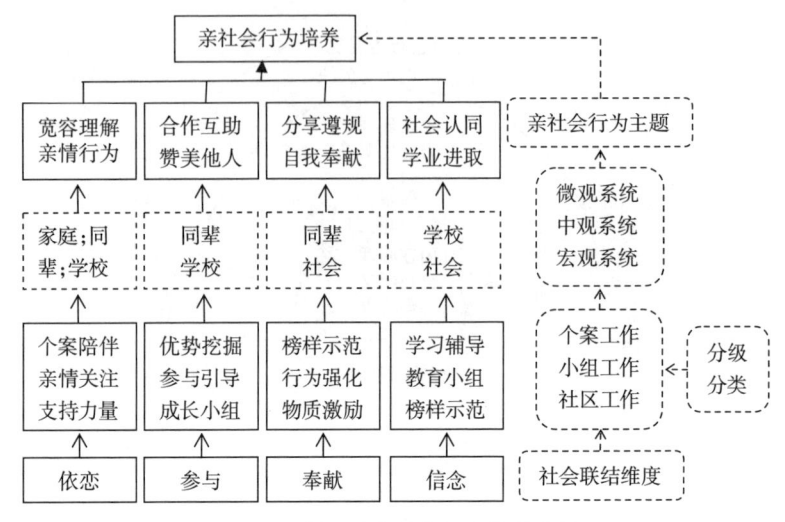

图 2　法律孤儿亲社会行为培养路径

1.增强联结,多系统培育"法律孤儿"亲社会行为

首先,"法律孤儿"亲社会行为培育是环境、行为、个体的交互过程,本质理念在于达成个体与系统间的紧密联结。赫希的社会联结理论关键点是社会纽带弱化导致个体偏差行为,从依恋、奉献、参与、信念四个维度入手(吴宗宪,2013),预防偏差行为,减少反社会行为,增强个体与社会联结,引导良好行为的发展,与亲社会行为的培养需求相契合。具体而言,依恋即个体对他者或群体的感情联系,包括对父母、学校和同辈的依恋,感情联系越强烈,个体潜在的违规行为受到的约束力就越强。奉献和参与主要指个体花费时间和精力参加工作、运动、爱好及学校活动。如果将时间较多用于追求教育、奉献他者等活动,发展不良行为的机会将大幅减少。信念即对共同的价值体系和道德观念的赞同、承认及遵循。因此,构建培育路径可从四个维度,三方系统进行展开,首先扩大依恋圈,培养宽容理解及亲情行为等亲社会行为。通过个案陪伴、亲情关注与关系联结,开展父母的

印象管理，满足个体认同父母、获得亲情关注的需求；同时通过培养对大学生志愿者、爱心人士的依恋，培养感恩等亲社会行为。其次参与多彩生活，培养合作互助及赞美他者的亲社会行为。亲社会行为的培育必须通过正向互动才能达成，参与本身就是亲社会行为的一种体现，进行自我优势挖掘、不断发现自身价值感，参与到同辈及学校等中观层面系统中，减少自我认同度低、参与意愿薄弱，进一步培养合作互助、赞美他者等亲社会行为。再次倡导奉献，培养分享及自我奉献的亲社会行为。通过榜样示范、物质激励等介入方法，改变自私、不遵守规则等行为，联结同辈群体与社会系统，促进分享、奉献、遵守规则等亲社会行为的培养。此外太阳村的种植园也能培养他们的责任、付出等意识和行为。最后重树信念，培养认同社会及追求上进的亲社会行为，接纳自身，自我价值感的获得。通过同理接纳等专业技巧，采用学习辅导、榜样示范、教育小组等方法，促进与学校及社会系统的联结，着重培养法律孤儿追求上进、认同规则的亲社会行为。通过依恋、奉献、参与和信念四个方面相互作用，紧密的社会联系、良好的社会支持和完善的社会控制措施有助于减少犯罪，极大约束个体产生不良行为的可能性，拓展联结性因素是提升亲社会行为发展水平的关键。

2.融合运用社会工作专业方法，培育亲社会行为

社会工作不仅关注个体认知系统，更需把握社会环境的影响及建构，可采用直接服务和间接服务相结合，以个案工作、小组工作和社区工作三大方法为切入点：一是运用个案工作帮助法律孤儿个体成长蜕变，同理法律孤儿的心境，加强家庭、同辈依恋、情感联结与参与等；增强自我效能感，强化自信心、同理体验、模仿、内化心理机制；不断培养移情及换位思考的能力，获得亲情认同、发起友谊、增进友谊的亲社会行为；提供亲社会行为榜样，通过赞扬、抚触疗愈来强化亲社会行为，进行身体上的接触和联结，使得他们从身体和心理上感觉关爱，提高亲社会行为意愿；二是运用小组工作为"法律孤儿"提供自我实现的社会空间。团体经验是个体成长的动力，开展学习互助小组，养成良好学习习惯，提升学习兴趣和能力，增强规则意识，规范个体行为；针对参与度较低的对象，开展成长小组，通过赞美、规则制定、安慰他者等，增进同伴间交流沟通，养成悦纳他者的品行，学会团队合作、责任、同情等亲社会行为；开展教育小组，通过案例分析，加强是非观教育，纠正偏差观念，理解父母矫正的意义，增进对家庭及社会的信任，走出封闭世界，培养正确信念、遵守规则等亲社会行为；开展兴趣小组，调动参与性，挖掘机构资源。此外联结志愿者、心理咨询师等力量，营造微型社会互动系统。三是运用社区工作促进"法律孤儿"社会化，建立完善社会支持网络。首先，可开展社区宣传活动，减少社会大众对其污名，提升社会对"法律孤儿"的接纳程度，提供物质资源、情感联结，如捐献高质量的书籍，加大文化氛围营造的投入，提高课外书的阅读频率，也能有效提升亲社会行为发展。其次，组建一支稳定且高素质的志愿者队伍，定期组织陪伴活动，带给"法律孤儿"安全感、爱与归属感，同时志愿者群体乐观的生活态度也对其心理改善具有重要作用。最后，及时链接媒体大众等外界资源，在网络信息化社会，媒体是个体社会关系的重要结点，占据着越来越多的资源以及话语权，借助媒体关系的建构，不仅可带来强大的宣传效益，获取更多社会资源，更影响到社会的价值观念，改善大众认知，调整亲社会行为互动情境。

3. 分类分级"法律孤儿"，达成亲社会行为培养的本土化

首先，坚守社会工作价值理念。社会工作者提供专业服务时，要内化价值观和理念，采用真诚、平等的方式来帮助"法律孤儿"，同时这也是其亲社会行为表征体现，即关注他者的同时，维护他者的自尊，不要把助人视为一种施舍。此外加大情感性的联结,而不是工具性的帮扶,需注意离别情绪的处理,避免"法律孤儿"因与亲密关系者的分离而再次遭受心理创伤。其次,关注个别化的亲社会行为发展。在不同的领域,亲社会行为的表现主题不尽相同,各有凸显之处,比如应该注重性别视角的挖掘,关注男性与女性"法律孤儿"亲社会行为的不同表现。针对父母服刑时间较长,对其怀有恨意的,则需要着重从依恋层面进行培养;针对在校时间较多,同伴关系发展为主要任务的"法律孤儿",着重发展良好的师生关系以及同伴关系的质量。再次,关注亲社会行为间相互作用的关系。亲社会行为之间是相互交织,相互作用的状态,安全感缺乏、亲情认同度低,使他们感受不到支持力量,进而在与他者交往中,易产生自卑、自我封闭、参与度低的现象;并且家庭联结的减弱乃至断裂,对家人的认同度低以及未满足的亲情需求,使得他们在学龄期间缺乏前进的内生动力,社会进取心弱,学业成就不佳;而这又进一步导致他们难以在社会参与、社会互动过程发展出理解、合作、分享、进取等亲社会行为。因此,亲社会行为培育也不能单单采用一种工作方法介入,注重个案管理等综合方法的运用,并且创新服务形式,发现无处不在的改变机会。在网络社会的时代,"法律孤儿"接触社会的重要渠道是电视、互联网等媒体,这也是其亲社会行为形成的重要载体,如果相关负责人或者志愿者在"法律孤儿"观看到亲社会行为的场景时,能够及时给与解释,帮助其划分对错,对于促进亲社会行为培育同样具有良好作用。

结语与反思

研究旨在探究"法律孤儿"亲社会行为发展的典型性方向,探析原因,并提出针对性策略,促进亲社会行为培育,并利于其社会化。但也存在某些值得探讨之处,亲社会行为具有一定"建构性",某种程度而言是对该群体的压迫性赋予,"法律孤儿"也是社会不平等、社会福利不健全的受害者,如较少的帮助、分享行为与本身拥有的资源匮乏,社会支持力度不足有关,因此介入策略单单从"法律孤儿"个体自身出发则具有局限性。此外,并非所有的"法律孤儿"亲社会行为发展都存在问题,也并非不具备亲社会行为。本研究仅是"法律孤儿"亲社会行为培养的初步尝试,如何拓展社会联结理论的本土内涵,建立更符合该群体心理、行为需求的分析性和解释性框架;如何更好把握该群体与其他青少年群体的区别与联系,凸显其亲社会行为发展的特性,提供更具针对性、有效性的介入服务,值得进行更为深入的探索、反思与研究。鉴于在一个较为开放的社会化情境中,亲社会行为能得到更好的培养和强化,因此未来研究中应注重小组工作和社区层面的干预,既有利于该群体的良性社会化的发展,也能进一步推进特殊群体的社会治理。

第三篇 重生之路与救助探索

"法律孤儿"的机构救助问题

2003年6月成都3岁幼女李思怡因其母亲盗窃吸毒被捕无人照看被饿死在家中(康晓光,2005);2013年6月,因父亲服刑母亲吸毒失踪,南京市两幼童饿死家中(谢烨,2013)。在农业社会,社会组织以家族为单位,平日遵照"守望相助,疾病相扶持"和"里仁为美"的古训,类似"法律孤儿"(是指因父母触犯法律而处于事实孤儿状态、需要救助的未成年人,即因父母双方均在监狱服刑,或父母一方在监狱服刑,另一方已死亡、无能力或其他原因没有得到有效监护的服刑人员未成年子女)(王君健、寇薇,2013)的救助问题一般都在家庭和宗族内部解决,他们大都由亲戚和宗族内部以私人身份予以抚养,但是随着生产方式的转变,传统的家族本位关系被打破,使得原有的救助方式不复存在,而现有的救助体制尚未形成,导致"法律孤儿"的悲剧重演。

一、研究基础

(一)理论视角

美国社会学家罗斯在他1901年出版的《社会控制》一书中从社会控制的依据、控制的手段和控制的体系三个方面系统的阐述了社会控制理论。社会控制的度是指社会规范对社会行为的限制程度。社会控制的度包括三个维度:控制力度、控制刚度和控制网络的致密度(郑杭生,2011)。合理、适度的社会控制有利于维系社会、组织的正常秩序,但社会控制的度过大,社会成员的活动空间就越狭小,易导致越轨行为的发生。

"法律孤儿"救助机构的管理模式、规章制度是否适度对"法律孤儿"的成长发展有着很大的影响。笔者试通过社会控制的三个维度对"法律孤儿"救助机构的管理模式、规章制度以及在控制理念的指导下机构管理者的一些理念进行考察,揭示现行机构救助模式下"法律孤儿"的生存现状及其产生的后果。机构控制力度用来表明机构孩子的活动空间,控制网络致密度用来表明机构规范的严密程度,控制力度用来表明违反机构规范受到制裁的可能性大小。控制的力度、致密度、刚度越大,机构孩子的活动空间越小、机构的规范越严密、孩子受到的制裁可能性也就越大。

(二)研究方法

本文选择一家机构为调查对象,以质性研究为取向,主要讨论机构的日常管理模式及机构孩子的生存现状,通过一个机构个案的实地研究能够使笔者较为深入地探寻此类机构的管理模式,以及在此管理模式下孩子的生存现状。本研究中使用的方法是参与观察法和访谈法,研究的过程包括探索、抽样和深入访谈、资料分析和形成研究成果三个阶段。

(1)探索阶段

笔者通过日常活动与孩子们近距离接触,观察孩子们的生活、学习、机构工作人员的工作方法、行为方式,以及志愿者服务和来访等情况,并以日志的形式详细记录下来,形成第一手的研究资料。

(2)抽样和深入访谈阶段

伴随有目的的深入研究,笔者选择以机构救助存在的问题为切入点,以社会控制理论的三个度为视角,为了研究的需要,笔者选取年龄在6－18岁之间的8名孩子(表1)和4名机构的工作人员(表2)为研究对象,进行深入访谈。在选取研究对象时笔者尽可能地考虑孩子的性别、年龄、在机构生活的时间,以最大限度的诠释机构孩子目前的生活状况和机构的运行情况。在访谈的过程中笔者发现有很多资料出现了重复,这时笔者意识到抽样达到了饱和。

(3)资料分析和形成研究成果阶段

在本研究中,资料的收集和分析几乎是同步进行的,而且是一个不断地打散、重组和提炼的过程,是经过反复地、持续不断地对之进行分类、编码,并且进行求同和求异的比较。笔者在社会控制理论的框架下,对搜集到的资料进行选择式的编码,找出能说明主题的个案,再与所概括的主题进行比较对照,将相对散乱的内容抽象归纳起来形成了研究成果。

表1 受访"法律孤儿"基本情况表

序号	姓名	性别	年龄	入村时间	家庭情况
Q1	qji	男	13	3年	父亲入狱,母亲改嫁
Q2	Xjt	男	17	9年	父母双双入狱
Q3	Sy	女	9	2年	父亲入狱,母亲死亡
Q4	Ys	女	10	1年	母亲入狱,父亲死亡
Q5	shc	男	6	2年	父亲入狱,母亲无力抚养
Q6	Wq	女	11	4年	父亲把母亲杀害后入狱
Q7	Dwb	女	7	4年	父母双双入狱
Q8	Lwz	男	16	3年	母亲入狱,父亲失踪

表2 受访机构工作人员基本情况表

序号	姓名	性别	年龄	工作时间	工作岗位
Q9	Way	女	65	6年	机构负责人
Q10	Lxz	男	66	4年	机构负责人
Q11	Lyx	女	34	2年	服务人员
Q12	Zmx	男	28	1年	服务人员

二、"法律孤儿"机构救助存在的研究发现

机构能够为"法律孤儿"提供一个安全的住所环境,但是"院舍

是一个自我控制的系统,它确立规范以控制哪些事情该做,试图经由减少负面影响院舍正常运行的未曾预期的事件而使风险最小化。它不会探索或试图理解什么可以发展人们的技巧和能力以更有效地过日子(佩恩,2005)。笔者在深入访谈一家机构的基础上了解到,在涉及到儿童群体监护,并且是特殊儿童的群体监护方面,保障每个孩子的安全不仅是机构管理的第一要素,也是机构得以生存的第一要素。因此,在关于儿童日常生活的一切管理当中,为保障"安全"而设计的一切细则将儿童严格的控制在机构管理的范围之内。

(一)机构控制力度、致密度过大剥夺了儿童的生活技能习得的权利

1. 机构严密的时间、空间控制

机构对儿童每一天的作息时间进行了详细的划分和严格控制。从起床、上学、放学、午饭、上学、放学、作业、游戏、睡觉,对一天的活动作息时间做统一制定和控制,让孩子养成了规律的作息习惯,但同时也最大限度地控制了他们与不安全因素接触的可能性。个案 Q1 是一个常常因各种"错误"被留在学校的孩子。针对 Q1 的这个情况,老师们十分头痛,一有机会就对 Q1 进行批评教育,希望他能认识到自己的错误有所改变,但 Q1 属于屡教不改的类型,不但没有收敛改观,反而愈演愈烈,机构老师和学校老师联合起来教育也没有作用,Q1 大错没有小错不断,几乎天天留堂。但在笔者和 Q1 的接触过程当中,并没有发现 Q1 对自己的这种行为和状态有什么难过和悔改的意思,甚至常常忍不住地透露出一些喜悦:"留我一个在学校就不用排队跟他们一块回来了嘛,我想咋玩儿就咋玩儿,老师还得回家做饭,没时间看着我。"孩子利用学校的惩罚而给自己找到一点自由的空间,以此作为对抗机构严格的控制管理。

在机构生活的孩子,除需要外出上学之外,其余活动基本上都被控制在机构之内。机构地处偏远乡镇的郊区,小学生外出上学由生活老师接送,一天四趟。中学生每个宿舍必须每天由宿舍长统一带领,排队上学和放学,除特殊情况外,需严格按照放学时间排队返回机构。如果没有机构统一组织的外出活动,儿童将无法与外界进行接触。看似很秩序化的管理,其实孩子生活的空间很单一,接触外部空间的机会非常少。由于机构处在偏僻的郊区,在这种看似较为宽松的空旷的空间,实际上是对孩子进行严格的空间控制。

2.机构严密的经济控制

机构的孩子生活当中涉及到的一切——衣、食、住、行,均由机构提供,孩子只需要向生活老师提出要求即可得到解决。机构不发给孩子零用钱,除去偶然来机构探访孩子的亲属或是其父母的朋友留给个别孩子一些零用钱之外,孩子没有可以自己支配的钱物。经济上的依附,决定了儿童生活空间以及行为上的依附,这些孩子离开机构,将失去生活的一切来源,因此儿童离开机构的情况极少发生。个案 Q2 已经年满 17 岁,在上技术专科学校,机构老师每月要到学校去给他送生活费,生活费不是直接交给 Q2 本人,而是交到其所在班级的班主任的手里,每天 Q2 吃多少需要买什么都要到班主任那里去领钱,笔者就此问过机构老师为何不把生活费交给 Q2 本人保管,而是每月都要花费人力、财力、精力专门跑到学校去做这样一件事情,老师说:"丢了咋办?再说孩子一点儿计划都没有,一个月的钱半个月不到都能给你花没了。"笔者也就此问过 Q2 本人,他的回答是"老师根本信不过我,老想着我一拿钱就胡花,你想咋可能嘛?我放假了才能回机构,钱花光了我在学校吃啥?"而机构负责人 Q10 的理由是"每一分钱都是社会捐助的,来之不易,不能出任何差错,交给孩子自行支配有丢失的风险,万一丢了机构也没有其他的支出可以给他补上。另外,把钱交到 Q2 手上,他胡花的可能性极大,不能给他这个机会。"笔者能够理解机构为保障资金的使用安全,或者是考虑到 Q2 的个人情况而采取的一些措施,Q2 在机构老师眼中属于问题较多的孩子,但笔者不能理解的是这种因噎废食的"保护"方式不仅仅是出现在 Q2 一个人身上,而是对几乎所有在外住校上学的孩子,机构都采用各种办法对其进行了从经济、行为到思想动态的严格控制,学校的生活是机构生活的延续,只是换了个地方而已,从形式和内容上来说没有改变,不给自主学习和管理的空间,如何要求孩子做到独立自主?

3. 机构的严密控制剥夺了儿童生活技能习得的权利

机构对儿童生活的时间、空间、经济进行严格的控制管理,一方面,从客观上的确减少了儿童生活中接触不安全因素的几率,保障了儿童的生命安全;另一方面,这剥夺了一个孩子在成长的过程中,在环境中习得生活技能和知识的权利。首先,孩子在这样封闭严格的管理控制下,逐渐适应这样一种统一单纯的机构生活方式,在这种模式下逐步形成了"自我驯顺",接受这种被控制的生活方式,逐渐失去学习生活技能的自主意识,随大流。个案 Q3:"每天都是这样过";个案 Q4:"反正也没啥要我操心的";个案 Q9:"你现在是饭来张口,衣来伸手,你说除了学习你还需要考虑什么?"在这样一种机构生活的主流意识里,在这样一个封闭的空间里,儿童应该在日常生活中获得的学习生活技能的机会被剥夺了,很多孩子在离开机构之后生活能力之低已经到了令人瞠目的地步:不会使用电话,不知道怎样乘车,在生活工作中不知道该怎样与人沟通来解决自己的生活问题,不知道该如何与人相处,不知道尊重别人的空间和隐私,遇到纠纷不清楚该怎样解决,面对独自生活,似乎到处都是困境和问题。

其次,在这样严格控制的"安全"理念下的管理模式,事实上形成了机构对儿童的"过度保护"。机构成为一个保护罩,将一切有可能产生安全隐患的因素排除在外,同时机构也成为一个真空罩,让孩子们失去了基本生活技能学习的空间,以至在独自面对社会生活的时候不知所措。在访谈的过程当中,有个在外面上学,已经20岁了,资助关系上仍旧没有离开机构的孩子 Q4 对笔者说:"我觉得谁都对我好,我不会分辨好坏,我特别容易感动。同学说我太真实了,太简单了,可很多人也不愿意跟我一起活动,在机构我没经历过这些事情,我不知道该怎么办。"

(二)机构控制刚度过大,救助呈现缺乏情感

1. 机构规章制度缺乏弹性

按照孩子的数量和性别,机构将儿童分别安置在四个小屋,每个小屋居住孩子的数目为 14－18 人,每个小屋配置生活老师一名,负责照顾孩子的生活起居,辅导孩子的作业,监督保障儿童日常行为和安全,对儿童进行日常教育,管理宿舍的运作等。每个宿舍还有宿舍长一名,通常由机构管理者或生活老师制定一名大孩子担当,配合生活老师,对宿舍的一切(卫生、日常行为、学习等方面)协助老师进行管理。每个宿舍都制定了"舍规",从个人的行为规范到奖惩制度,每个宿舍还定期召开会议,对一周事务进行总结、奖惩,对下一周的生活学习进行安排。机构的这些规则刚度非常的大,孩子们稍不注意行为就会受到惩罚。Q8:"那天来了好多爱心的叔叔阿姨,Q11 阿姨组织我们站队去活动室表演节目,我看到 Q6 没来就去叫他,结果站队迟到了,Q11 阿姨不听任何解释就罚我做了五个下蹲,我解释她也不听。"

2. 机构救助呈现缺乏情感

很多机构在救助"法律孤儿"时的定位是能够吃得饱,穿得暖就可以了。但是这些孩子正处于生理和心理快速发展的时期,他们的需求不仅仅是生理的需要,心理、智力的发展同样重要。在这种控制理念的指导下机构根本不会考虑孩子究竟有没有得到足够的关爱,更谈不上孩子会不会快乐。孩子们每天面对的都是一些冰冷的规章制度,走进每一个小屋首先映入眼帘的都是对孩子的要求不能干这,不准干那,他们何时能够更关注孩子的健康成长呢?另外,机构配备工作人员往往只考虑到孩子安全就好,而从来不会关注孩子有没有得到足够的情感满足。据笔者观察,许多类似的机构都只是在一个小屋配一个"爱心妈妈"来照顾孩子们的生活。研究表明,孩子得不到成人足够的拥抱、抚摸、安慰、对视、对话和情感交流会严重阻碍婴幼儿大脑神经发育。没有一对一的关爱,及时有效的心理疏导,健康的性格教育以及良好的行为习惯就无法实现。机构的"宝宝室",生活着七八岁以下的"法律孤儿"。爱心人士来到宝宝室看望孩子们时,许多孩子一看到有爱心人士到来就立刻跑到爱心人士跟前,张开双臂央求爱心人士抱,而且一旦被抱起来就不愿意被放下。工作日志记录:"刚进村就被一群孩子围着哥哥长哥哥短的叫着,Q5今年8岁,个子明显比同龄的孩子低一些,很可爱,来了就抱着我的胳膊,很是粘人。晚上的时候陪孩子们一块看电视,Q7坐在我的右边,Q5坐在我的左边。Q5拿了一本书让我给他讲故事,他听得非常地认真,还时不时地问我为什么? 后来讲累了我们就一块看电视,过了一会Q5悄悄地爬到我的腿上,坐在我的腿上躺在我的怀里,很专注地看着自己喜欢的电视,完全把我当成了自己的爸爸。Q7看到了也争着要坐上来,两个小朋友争着争着几乎打了起来,幸好我及时把他们拉开,让他们各自坐我的一条腿上才平息了这场争执。"

(三)机构严格的道德控制导致孩子自尊降格

1. 严格的饭前道德教育

"饭前教育"是机构的一项独特的道德教育。一日三餐之前,所有的孩子以宿舍为单位在餐厅前整齐列队,由当日负责值日的孩子领大家背诵唐诗《锄禾》,背诵完毕之后要高声呼喊"谢谢老师,谢谢爷爷、奶奶(机构的厨师)",然后才能进入餐厅就餐。背诵前排队时拖拉、打闹,背诵时声音不洪亮、态度不认真,都不能进入餐厅就餐。这个时段,也通常是机构负责人对孩子进行群体教育的时间。这种教育方式被 Q9 认为是非常有效的道德教育："在每吃一顿饭之前,要让他们想到一粥一饭来之不易,记住老师付出的辛苦,记住社会的关爱,要像记住吃饭一样记住这些。"

2.严格的感恩教育表演

"感恩教育"是机构教育永恒不变的主题,因为机构生存之本和孩子的生活保障都来源于外界支持。懂得感恩不仅是机构建立良好形象的基础,也是机构衡量一个孩子道德好坏的标准,在很大程度上是衡量一个孩子好坏的唯一标准。接待探访者,也是机构展示"感恩"教育成果的一个机会,以此来表达孩子对社会关爱的"感激之心",以图建立良好的机构形象,争取更多的资源。因此,在接待探访者时机构不但处处以探访者的要求为先,并且要求孩子主动地表达对来访者的感谢,为来访者表演节目或者一起联欢是最常见的表达谢意的方式。

在接待来访者时机构处处以来访者的要求为先,使得机构处于完全对外开放的状态。允许爱心人士前来参观并组织各类活动,有利于加强宣传和获得更多的救助资源。但是对外开放的运营方式却给在这里生活的"法律孤儿"带来了很多影响,一方面打扰到他们日常的生活环境,影响他们安全感的建立;另一方面爱心人士的不当行为还会误导他们的行为与性格。来参观机构的爱心人士可以随意进入爱心小屋参观孩子们的住所,使得他们没有一个隐私的空间。这种对外开放不仅意味着"法律孤儿"没有自己隐秘空间,还要求他们付出自己的时间,站在来访的爱心人士面前公开表演进行宣传,以这种方式表达感谢。可是每每这样的活动之后,来访者和机构都会带有很大的失望。来访者反映孩子表现冷漠,最终往往归结到孩子的心理问题导致行为问题。机构认为孩子表现不积极,是平时教育力度还是没有达到,孩子不懂得感激。可是,作为一个人,当你的生活空间被侵犯,当你的隐私被侵犯,当你可以随意被人观赏的时候,你该如何表现出热情和感激?

而机构里的孩子却必须接受这些,因为要用自己的尊严换取生活保障,还要带着一颗"感恩的心"。工作日志中记录:组织孩子们上台表演节目是每次来访的必备程序,从表演前的组织,到台上的表演,在 Q9 的指挥下进行得有条不紊,也许 Q9 在长年累月类似的表演下对这一套程序早已烂熟于心,看着孩子们精彩的表演我没有一丝的激动。从我大一到大四孩子们都在跳同样的舞蹈,我不知道孩子们是怎样的感受,但是,在孩子们的脸上我没有看见一点的欢快,只看到了满脸的无奈和麻木。马上我就要毕业离开这个地方了,不知道我离开后可爱的你们还要表演多久……

3. 道德控制导致孩子自尊降格

社会支持是机构存活的根本,也是儿童生活的基本保障。获得社会支持就需要通过让社会了解机构来实现,因此,接待外部探访者,也成为机构工作的重要组成部分。但因为要尽力争取更多的资源保障机构的发展运作,社会支持力量与机构就形成了一种施与受的不对等关系,在对待来访者的态度上机构永远处在弱势,用机构负责人 Q10 的话讲就是:"你能来,是我们的荣幸,探访者是孩子的衣食父母","我们的生存得依靠社会","哪个都得拜,哪个都不能得罪,得罪了也就砸了孩子的饭碗","只要能来的都是关心孩子的人","哪个接待不好都可能造成恶劣的社会影响"。机构这种地位和态度上的弱势,使得机构中生活的孩子更是"低人一等",在面对探访者的时候不但孩子的心理、道德都处在弱势地位上,并且孩子的一切必须是向探访者敞开的,包括生活空间、个人信息等等,因为"我的一切都是您给的"。

据笔者跟宝宝室的工作人员交流,宝宝室里的孩子们长期"被参观"已经形成了一定的条件反射,他们幼小的心灵和还没有成型的认知已经告诉他们一旦被来"参观"他们的这些人抱一抱就能获得好吃的。这种行为长期固化下去,会向成长中的儿童传递一个信念,如果要满足自己的需求可以通过索要乞求的方式得到。

(四)控制理念指导下机构缺乏专业人员,影响孩子的健康发展

1.机构现有工作人员素质低,影响孩子的健康发展

在控制理念的指导下,机构在录用工作人员时很少考虑工作人员的素质,目前,大多数救助保护机构的工作人员主要是监狱下岗职工、离退休员工、农民及个别回归人员。由于以前没有从事过这方面的工作,往往缺乏专业的知识技能(杜静、范召全,2007)。笔者在做志愿者期间曾在一家"法律孤儿"机构服务过一段时间,机构的园长是监狱系统的退休人员,她平时都是以训斥犯人的口吻来对待孩子,有的孩子见了她都浑身发抖,机构的孩子都是未成年人,这样的工作态度对孩子的身心是一种极大的伤害。救助机构大都是聘请一些"爱心妈妈"来照顾孩子的日常生活,当笔者做个案访谈向"爱心妈妈"了解一些孩子的生活状况时,一位"爱心妈妈"Q11向笔者介绍:"这些孩子很自私,爱偷盗,有的和他们的父母一样道德败坏。"在心理学上3—8岁的孩子思维受到很大的限制,在他们的思维里还没有完全形成评价善恶的标准,考虑问题不全面,只能看到事物的一个方面,吃和玩是小孩子的天性,见了好吃、好玩的就想拿,根本不考虑后果,因此,他们的行为也就构不成自私或者行为败坏。另一方面,这些阿姨知识水平比较低,对孩子的心理发展缺乏正确的认识。由于服务人员素质比较低有时候不但帮不了这些孩子,还会给孩子本就脆弱的心灵带来更大的伤害。

2.机构缺乏专业服务人员,孩子的问题得不到及时疏导

在控制理念的指导下机构往往认为只考虑孩子的安全就行,管理者的观念是能省则省,少聘用一个人也少一分开支。很少有人会意识到社工在救助"法律孤儿"方面的重要作用。"法律孤儿"有很大一部分是由于家庭暴力即父母一方将另一方杀害,失去监护而进救助保护机构的,警察的暴力抓捕会给孩子在心灵上产生不同程度的创伤。父母犯罪对他们的影响是巨大的,让他们对自

己的前途、对社会失去信心，产生悲观失望的情绪。"法律孤儿"的心里往往是自卑的、敏感的，他们抬不起头，认为在社会上不会有人尊重、理解他们，不少孩子还因父母受到了法律制裁而仇视社会，形成了畸形的世界观，产生了报复社会的心理（沈辰，2012）。笔者在做志愿者期间接触到一个16岁的个案Q8，他的母亲因无证行医把人医死，被判刑12年，赔偿死者家属38万元，父亲为了逃债离家出走，从此再无音信。Q8带着妹妹辗转多地上访，曾多次被遣返。母亲入狱后对他的人生观价值观有着很大的改变，他认为自己的母亲入狱是由于受到不公平的对待。来机构已经三年了，与其他孩子的关系相处也不好，平时总是爱与其他孩子打架，总是爱发脾气，这里的阿姨也都不喜欢他。机构的服务人员Q12向笔者介绍："Q8有严重的暴力倾向，如果不做正确的引导很容易走上犯罪的道路。"由于他们的年纪偏小、心理发育不完全、家庭结构解体、生活状态窘迫等原因，往往会缺乏自我调节的功能。青少年弱势群体往往缺乏资金、权力、能力和关系等各种资源，来自家庭的和社会的支持不足，他们仅仅依靠自身的努力很难摆脱其劣势地位。这种普遍的较为严重的相对剥夺感和较为强烈的受挫情绪，将引发不满、焦虑、苦闷、彷徨、悲观等不良心理和情绪，使青少年难以接受现实，难以自我调试，严重的甚至会引发神经疾病或犯罪（陆士桢、宣飞霞，2002）。研究表明在"法律孤儿"中男女在处理压力时存在很大的性别差异，女性趋向于压抑内化，而男性趋向于采用诸如打架、说谎等具有攻击性的应对方式，而家庭、学校和社会机构却缺乏对他们的教育、干预措施，种种不利的环境在一定程度上影响了孩子的自我意识（朱华燕、朱华军，2008）。一般而言，"法律孤儿"都需要心理辅导，而那些处于青春期的初高中学生由于正处于迅速大量接受外界信息的时期，而自身又缺乏辨别是非的能力，因此，他们更需要心理辅导。据笔者观察很少有机构专门聘任专业社工。由于缺乏专业知识和专业技能的工作人员不能有效地理解和满足这些孩子的需求,机构工作人员对孩子们救助工作依然停留在温饱问题解决的理念上,而对孩子们身上的自卑、自闭等问题显得无能为力。

三、应对机构救助问题的对策与建议

太阳村、儿童村等机构的成立为"法律孤儿"提供了一个相对安全的生活环境,在一定程度上减少了因父母服刑孩子无人照料而流浪街头以乞讨为生,甚至饿死、冻死的惨剧。但是,救助机构在提供服务的过程中由于受自身专业性的发展以及管理水平的限制,存在的问题逐渐显露出来,如果不及时改进机构的运行模式会严重影响到"法律孤儿"的健康发展。因此,机构要着重孩子的健康发展,完善自身的管理模式,改变过去以控制为主的管理理念,向服务型机构转变,政府鼓励民间机构的发展,完善家庭、类家庭寄养的服务模式。

(一)机构完善管理模式,提高服务质量

机构要改变过去"家长式"的管理模式,引进科学化的民主管理模式,定期对机构各服务人员的工作绩效,孩子对其服务的满意度进行评估,给机构每一个成员都有表达自己需求的机会,实行财务公开、透明,积极接受来自外界的监督,提高机构的工作效率和服务质量。加强自身的管理,完善组织内部制度,公开组织运作过程,接受公众的监督。组织要激发员工的公益意识,形成独特的组织文化。在工作待遇较低的情况下,要尽可能降低员工的流动率,培养员工对本职工作的热情及集体荣誉感,让他们感受到自己的付出是值得的,体会到另一种幸福,提高机构的服务效率和服务质量。机构定期可以为服务人员提供一些专业培训,提高服务人员的专业技能,更好地理解孩子,促进孩子的健康成长。"法律孤儿"在身心发展过程中有许多不同于一般孩子,要代养代教这些孩子,教育他们成为对社会有用的人,光有爱心是远远不够的,必须把握

这些孩子的变化特点,了解他们的需求,才能够采取科学有效的救助方式。所以机构服务人员要不断学习相关的理论知识,提高自身的专业技能以更好的为孩子服务。

(二)政府加强监管,规范机构运行

确立政府管理为主导,鼓励社会力量参与的救助模式。扩大非政府组织救助的范围和途径,加紧建设太阳村、儿童村等公益性儿童社会福利机构,明确将无人监护的"法律孤儿"作为接收对象。在这些机构中,由政府出资作为主要经费来源,同时强化监督,规范经营,保障更多的"法律孤儿"能够得到类似社会机构的救助。出台相应政策,鼓励社会团体、民间机构或个人助养助教"法律孤儿"。大陆民间机构发展起步晚,底子薄,募集资金和发展资源的力量非常有限,政府可以加大对机构的资金支持,实施政府购买服务政策,对合法登记注册的服务机构采用政府购买服务的方式提供项目支持;努力构建政府与民间非营利机构合作的平台,完善注册登记手续定期对机构的财政和服务质量进行监管,防止非法敛财和服务质量差等问题的发生。

(三)推广家庭、类家庭寄养模式,缓解机构控制的不良影响

"法律孤儿"的家庭寄养模式可以参照我国孤残儿童家庭寄养的成功经验,实行以社区为依托的家庭寄养,即由政府出资,由福利机构为"法律孤儿"选择合适的家庭,由这些家庭为"法律孤儿"提供成长过程中所需的物质需求、为他们进行心理疏导、对他们进行性格教育、给予行为引导等,以确保儿童能够在家庭环境中得到细致的关照和关爱。"类家庭寄养模式"由福利院招聘符合条件的"父母",在福利院周边租房组建家庭,每个家庭由6－7个儿童和招聘来的"父母"组成,家庭的生活开支由福利院全部承担。类家庭模式就是要模拟家庭结构,组建新的家庭,家庭成员在其中扮演各自的角色,成员在家庭成员互动过程中可以获得物质帮助和情感支持(Robert B. McCall, Christina J.

Groark，Junlei Li，曾凡林，2009）。实践研究表明家庭、类家庭寄养更容易针对寄养的服刑人员未成年子女的需求提供一个小型而全面的成长的环境，这个环境十分相似家庭环境，更易于形成健全的人格，得到全面的发展。寄养家庭中能够为服刑人员未成年子女提供专一的呵护，弥补原生家庭失效的家庭功能，满足其全面发展所需要的需求（李卉，2012）。

结语

本文选择以一家机构救助存在的问题为切入点，以社会控制理论的三个度为视角，选取8名孩子和4名机构工作人员为研究对象，进行深入访谈，揭示了现行"法律孤儿"机构救助模式存在的问题。在研究的过程中笔者经历过复杂的挣扎，社会控制理论是为了应对越轨问题而产生的，"法律孤儿"救助机构的成立是为了照顾那些无家可归的孩子，让他们有一个温暖的家，机构的宗旨应该是服务而不是控制，笔者越写越感觉挣扎，可是研究的过程中笔者确实嗅到了控制的味道。受质性研究本身的局限性和笔者自身研究水平的限制，对一家机构进行的深入研究，结论难免以偏概全，研究成果的应用推广还存在探讨的空间。如何提升救助保护质量，实现两代人的重生？完善立法，实施分类救助，建立具有操作性的救助保护标准和执行措施将会成为很好的选择。

"法律孤儿"的救助类型探析

一、问题的提出

近年来,"法律孤儿"由于家庭的残缺,父母角色的失败,往往会出现辍学率高;行为冲突动机较强;心理异常现象严重;犯罪率比同辈群体高,重蹈父母的犯罪轨道的特征。此外,"法律孤儿"不仅仅要承受家庭带来的伤害,更要受到社会人给予无情的标签压力、污蔑和歧视,这在一定程度上会增加他们的反叛心理,刺激他们做出越轨的行为。根据司法部调研的数据显示,截至2013年底(盛来运,2013),在我国监狱服刑的165万左右押审犯中,有未成年子女的占30%左右,"法律孤儿"达60多万。这是一个亟待解决的社会问题。根据《2000年中德心理医院关于陕西回归研究会儿童村工作报告》,可在一定程度上反观"法律孤儿"现状:

1. 缺乏亲密接触的对象,这种长期客体缺失的状况(尤其是早年离开父母)可能对其心理发育产生不利影响,影响了孩子早期的社会化。

2. 多数儿童表现比较早熟,根据人们的态度做出自己的反应。他们或许认为那样能讨得别人的关心,得到自己想要的东西。

3. 部分儿童内心比较封闭,性格内倾,不太会表达内心的真实感受和与他人交流问题。

4. 缺乏安全感,父母和亲密伙伴的欠缺,没有了爱的扶持,对别人的防范意识就会很强。

5. 少数儿童有明显的多动、攻击性及说谎行为,他们和普通孩子比起来欠缺礼貌。

6. 一些孩子没有经过基本的早期教育,上学年龄较大,或者在流浪期间养成许多不良行为习惯,普遍存在学习困难的现象。

7. 有些儿童有比较隐蔽的对社会的仇视心理，没有树立正确的价值观。

8. 因为儿童村需要得到全社会的支持与帮助，媒体宣传较多，部分儿童成为"明星"人物，这可能影响他们与同伴的关系。并在不断叙述自身经历过程中产生创伤的某种程度的隔离，甚至成为他们向志愿者索要东西的理由。

9. 有些儿童曾目睹过双亲犯罪等场面，经过情感休克、麻木的早期应激过程，现在这种创伤性经历开始对他们产生影响，并逐步发展到了必须接受心理辅导的程度。

10. 儿童村工作人员对儿童无微不至的关心也带来一些"负效应"，他们希望用最好的成绩和今后的成功来回报儿童村，内心压力很重。一旦遭遇失败，很容易出现自责自罪的心理。

但在此需要提醒的是，并不是上述所有的标签赋予一个孩子身上，而是整合起来具有上述问题。针对"法律孤儿"这一现状，文章想要运用霍耐特的承认理论作为引导，着重反思以下三个问题：一是怎样从宏观上协助"法律孤儿"获得社会大众的承认？二是承认就得曝光自己，是否对"法律孤儿"带来二次伤害和负面的影响？三是怎么避免伪承认？

二、研究设计

"对承认的需要，对承认的要求"已经成为当今一个热门话题。"霍耐特通过对承认的分析，揭示了社会正义的可能性与现实性。"霍耐特认为社会正义能使社会成员成为一个完整性的人，给予社会成员承认能为他们提供正义生活所需的爱、尊重和重视。而同时，承认意味着对社会成员的包容，它在一定的意义上意味着把人们整合进一个相互尊重的道德共同体之中，这种整合不同于孤立人们聚合而成的社会，而是一个"人的共同体"，进而促进社会整合。霍布斯社会契约论把人类共同体理解为单个主体的机械结合,霍耐特认为实际应是相互间的承认构成了生活共同体,承认是其追求的目标和动力(赵琰,2011)。

费希特于1976年,推出了《自然法则基础》一书,专门探讨自我意识与世界的关系,在他看来,要自由地行事,必然要取得他人的承认(王凤才,2009)。没有他人(非我)的承认,任何自我的诉求都无法实现。黑格尔也指出主体间的承认关系是人类社会发展的动力和具体内容所在,这样即证实了人的社会性本质。蔑视会导致社会冲突,霍耐特认为承认本身对于具有社会性实质的人类行为(包括交往行为)具有规范意义。人的社会性本质所指的内涵:单一的主体是否具有社会性就看他是否得到了他人的认可以及他是否认可其他主体。我们所追逐的名誉、声望、地位,无一不是在为了"承认"而斗争。"法律孤儿"也不例外,但他们得到承认更难,需要付出很多。研究者想要帮助"法律孤儿"获得社会的承认,首先就要对"法律孤儿"进行深入的了解。

目前,国内学者对"法律孤儿"的研究一般是运用调查研究和实地研究的方法,调查研究主要是以问卷和访谈的形式,针对孩子们的需求和家庭状况以及生活中的问题进行资料收集和分析研究,实地研究主要是和孩子们一起生活,通过观察孩子们的言行举止和日常状况来描述他们的现状,获得资料。笔者借助于开展"法律孤儿"的服务过程,通过问卷、观察、访谈来进行资料的收集,以及结合文献来反思"法律孤儿"的现状。

三、"法律孤儿"获取"承认"的坎坷之路

1. 社会人的标签,隔离了"法律孤儿"

服刑人员子女由于自身和环境等多重的影响使其处于劣势地位。他们脆弱的心理,不幸的出身,很容易让外界加以标签,蔑视和排斥他们。"法律孤儿"大多数都来自并不富裕的农村,知识落后。农村资源有限和农村人浅薄的意识"上梁不正下梁歪","罪犯

子女"等等都会给他们头上戴个大大的帽子。不认可他们,更别说给予爱的温暖。"法律孤儿"本就缺少正常家庭的温暖,忍受与父母分离的痛苦,还要在心灵上忍受他人的非议、指责和歧视。问题并不应该成为他们的代名词,不应让他们背上这些负面的标签,带着这些枷锁生活。

案例 Q1: 我每次回家看望奶奶,村里的叔叔阿姨们不让他们的孩子和我在一起,他们的孩子也会时不时地指着我说:"罪犯的孩子也会是罪犯,小罪犯,小罪犯。"我就会很伤心,自从我的家庭发生变故后,什么都变了。我并不觉得我的爸爸妈妈是坏人,我觉得他们挺好的,为什么会这个样子,他们太残忍了吧?我好想像神仙一样,施法让他们都闭上嘴,不再说我和我的爸爸妈妈。

社会的偏差认知把"法律孤儿"同所谓"正常的人"隔绝起来,这不但不会对"正常人"增加多一层的保护,而且还会激发"法律孤儿"的逆反心理,把"正常人"害怕的事情变成"事实",甚至造成不可挽救的后果。既然我们是"正常人",为何我们不能用"平常心"去看待一个孩子?人类个性化是一个个体发展的结果,其实际个性是直至他能够确信自己被越来越大的交流圈接纳承认的过程(A.霍耐特,赵琰,2011)。我们从小就会希望在家获得父母的赞扬,在学校时能够争取老师和同学们的关注和尊重,在同辈群体中争取到我们想要的友谊和爱情,在一个团体中,我们希望为集体作出贡献从而得到大家的重视,体现自己的重要性。泰勒认为,承认是"人类的一种至关重要的需要(王凤才,2009)"。如果这种社会认可形式在任何一个发展阶段缺失,某种程度上个性中会出现一个心理缺口,即人试图寻求通过羞愧、愤怒、侮辱或蔑视的负面情绪反应来表达自己。如果受蔑视的经历严重累积时就会转为为反抗某些行为的暴力动机的根源,那么必须存在一种社会运动,使这种经历得到诉说,才能以积极的形式出现。然而,一旦在情感上燃起的对蔑视和侮辱的谴责采取了社会斗争的形式,那么行为主体就会为争取承认而进行斗争。"法律孤儿"应该在阳光下生活,去接受社会人正常的眼光,得到社会人的滋养,他们才能成长为人们所希望的"正常"状态。

案例Q2：有件事情我记得最清楚,我很伤心。我和我们班同学一起写练习题,我的全都做对了。他们其中有人没有我做得好,就用墨水泼我。因为他们说:"你是抄的吧,本来就觉得你爸爸妈妈不是好人,你也不会是什么好人。"他们最后都不和我玩了,我不管怎么辩解都没用。我就会觉得很自卑,我不知道怎样他们才能相信我。

在问卷中,我们总结了孩子们自卑的原因,这些原因在我们的意料之中。造成自卑的因素有:自己表现没别人好、别人歧视自己、羡慕别人有一个幸福家庭而自己没有、自己父母和别人父母不一样等,这些因素在一定程度上对"法律孤儿"造成了影响。具体如下：

自卑原因

		Frequency	Percent	Valid Percent	Cumulative Percent
Valid	自己表现没别人好	4	7.1	16.0	16.0
	别人歧视看不起自己	8	14.3	32.0	48.0
	羡慕别人有一个幸福家庭而自己没有	6	10.7	24.0	72.0
	自己父母和别人的不一样	2	3.6	8.0	80.0
	9	5	8.9	20.0	100.0
	Total	25	44.6	100.0	
Missing	System	31	55.4		
Total		56	100.0		

2."法律孤儿"的表现,也隔绝了社会人

在调查过程中,我们经常会质疑我们所收集的资料到底是不是研究对象内心真正的表达。我们发现这些孩子们偶尔会通过从众和依附强者,来获得自己在园区的一席之地,来维护自己的利益。若他人给不了想要的结果,孩子们将心中产生的不满,通过其他方法把心中情绪发泄出来,制造园区内的矛盾。这样,其实在一定程度上,让社会人士为了"不招惹麻烦"而远离他们,也因此,更难获得社会人的承认。

案例Q3:我们的规则就是小的听从大的,大的听从更大的,他们都听从园长的,不能违抗上级意见,而且要表现得很好,否则就会被冷落,被孤立,被责罚。如果上一个人遭到责罚,他很可能会把愤怒发泄到下一个人身上。另外,太阳村的流动性比较大,新来的对环境比较陌生往往是最下层,需要好长时间才能升级。

也许,"法律孤儿"偶尔通过反抗和违反群体和社会规范来表达自己的无助和不满,想要通过越轨行为来吸引服务者更多的关注和关怀。如果意愿没有达到的主体会感到羞愧,就会否认自己的社会价值。当事人不可避免地会把注意力放在自己落空的期待上,这时消极的感觉,如生气、愤怒和悲伤就会构成他的情感反应。因此"法律孤儿"所处的政治文化环境和他们所受到的歧视、社会羞耻感和被侮辱的感觉所固有的认知可能演变为一种逆反心理。

"法律孤儿"在有关调查中表明,他们的越轨几率高于正常的孩子,可能因为他们太过于敏感,不能合理控制自己的情绪,或者他们找不到让别人更好地接纳自己的途径,他们往往不是很能善解人意或者容忍别人。在问卷中调查情况如下:

善解人意

		Frequency	Percent	Valid Percent	Cumulative Percent
Valid	否	41	73.2	75.9	75.9
	是	13	23.2	24.1	100.0
	Total	54	96.4	100.0	
Missing	System	2	3.6		
Total		56	100.0		

容易原谅别人

		Frequency	Percent	Valid Percent	Cumulative Percent
Valid	否	37	66.1	67.3	67.3
	是	18	32.1	32.7	100.0
	Total	55	98.2	100.0	
Missing	System	1	1.8		
Total		56	100.0		

3. 目前"法律孤儿"获得承认的压力大

父母在一个孩子的成长过程中扮演着重要的角色,家庭结构不完整以及由此带来的一系列问题。父母入狱,使一个原本完整的家庭支离破碎;没有父母的爱和关怀,对孩子的生活、学习和身心健康发展都产生了巨大的影响(王国芳、縢建楠、杨敏齐,2012)。孩子该接受义务教育时,无人提供学费,生活上也缺乏照顾,致使完成学业十分困难。社会上的人与身边的亲人和朋友所带来的歧视导致人际交往受到巨大的阻碍;父母家庭功能的缺失,在孩子成长时,单亲陪护和隔代监护会存在着一系列无法顾及的问题。在这种情况下成长的孩子,很早就需要自己尝试着处理自己的事情,有可能发展出较强的独立意识,但是实际上由于各方面的漏洞,他们抵御风险能力还是欠缺的;他们对自己的认识不正确,更别说接纳自己,在处理事情和与别人交往中缺乏足够的自信心,平时日常生活不注意,心理和身体健康状况会较差,行为习惯较差;同时又缺乏正确地引导,因此存在很大的犯罪隐患。

有的"法律孤儿"因为目睹自己父母被警察逮捕的残忍记忆,使他们的心灵受到严重的伤害,形成了较强的防范意识,不爱搭理别人。日积月累,他们习惯性地接受了由于社会偏见强制赋予他们的标签,并在日常生活中强化着这种标签,使其慢慢地内化;人格发展的不完善,有时会对他人充满一定的暴力性、价值观构建不完整,对社会上的是非判断不明。父母服刑后,大多数孩子的交流、生存方式不得不发生改变。他们长期生存在太阳村里面，爱心妈妈为保证他们的安全，把他们"禁锢"在一个小院子里，孩子缺乏发泄负面情绪的途径和倾诉的对象。长期以来，孩子们变得压抑与内向，并在一定程度上自我封闭。

四、"法律孤儿"获取"承认"的希望之路

从研究员在实践中的研究发现可以看出，凡是承认的地方，就有理解，凡是承认不在的地方，曲解就不可避免。我们在日常生活中对"法律孤儿"表现为不同的态度。好的态度对他们的成长是强有力的心理支撑，伤害性的态度会造成他们丧失自尊、自信、自豪感。但是，"法律孤儿"不管是因自己无权丧失自我实现的能力或是由他人不适当的对待形成的，还是仅仅单靠个人的力量去取得他人的承认，因为太过于艰难而失败更加导致了其弱势地位。社会是相互联系的一个整体，它可以成为人们提升自己的平台，也可以成为阻力和负担。这说明了"法律孤儿"要想改变，提升自我效能感，需要社会大众一起努力。因此可以借助霍耐特的承认理论，利用外界的力量帮助"法律孤儿"得到社会人的承认，消除蔑视，不再被否定、被剥夺、被拒绝。承认和蔑视这种主体间的体验因为人们的有意或者无意也许就在一线之间走向了对立面，所有事情发展的结果都是人与环境互动的载体，本文根据承认理论爱、法权和团结的三种形式提出微薄的建议。

人人生来都是平等的，霍耐特是在市民社会的基础上进一步阐明了平等主体之间的那种不可随意破坏的承认结构（陈伟，2008）。他阐述了自己关于承认理论的论点，并在承认的类型学的基础上提出了"蔑视"这一概念（李和佳，2007），并认为正是由于蔑视的存在导致了为承认而斗争的社会动力学基础。具体说来，承认的类型分为：爱、法律、团结这三种类型；与之对应的蔑视形式则为：强暴、剥夺权利、侮辱。

1. 承认的类型——爱

(1) 爱的诠释

文献指出,在孩子幼小的时候,"爱"这一承认范畴起着最为基本的作用,因此在承认的类型中,爱具有最为根本的地位。"主体间爱的经验有助于产生情感信赖的基本层面,它们不仅在需要与情感的经验中,而且在这种经验的表达中,都构成了一切自尊态度进一步发展的前提条件。"作为承认结构的一种类型,这里应该把爱的关系理解为一种本源关系。当少数人之间的强烈情感依恋以友谊关系、父(母)子(女)关系和情侣关系之间的爱欲关系模式构成爱的关系时,就出现了这种本源关系"。

黑格尔用这样一个命题揭示了爱的关系的本质层面,即爱必须被理解为"在他者中的自我存在"。在爱的关系中,对主体自我意识形成具有决定性意义的则是母子间的关系,即儿童自我意识的形成及母亲对孩子自我意识形成的承认。霍耐特认为必须用承认理论使成功的情感约束依赖于共生状态和自我肯定之间的平衡能力。

(2) 为"爱"而努力——家庭寄养模式的优先选择

爱能温暖人心,具有化解冲突的效用。在这里,我们可以先从小爱着手,用爱给予他们承认的力量。我国法律明文规定犯罪人员不能带孩子服刑,法律孤儿从小缺乏父母的爱,笔者认为国家有关部门可以倡导和采取一些措施。在对"法律孤儿"实施救助时,可以尝试家庭寄养,以弥补孩子对家庭和对父母的依恋。家庭寄养是选取有照顾能力的社会家庭,对其给予一定的补助,由福利机构出资并负责监督,社会家庭负责养育儿童。通过寄养家庭对"法律孤儿"的照顾,给予这些孩子爱的支持和照顾,让他们的生活更接近正常的孩子。

从生长在"正常的家庭中",带动周边的邻居和群众消除对他们的偏见,被寄养的孩子也会卸掉心理包袱,不再自卑,他们有更广阔的空间获得更大的自由,更主要的是,他们可以在社会这个大家庭里得到各种锻炼,受到同辈群体的同化作用,进而逐渐融入社会。他们不再需要通过表演和"会客"借助打乱自己的生活秩序和痛苦的过去,去生活、去获得别人更多的怜悯(王君健、庞一,2013)。这些是福利机构远远给不了的。政府和社会工作人员、资深人士可以选择条件比较好的乡村,根据寄养居民的经济条件、生活习惯、身体状况、精神状态等通过招聘和实地考察,选择可以寄养"法律孤儿"的家庭,确保被寄养的孩子拥有一个正常的成长环境。社会工作人员定期向寄养家养做培训,以维护"法律孤儿"的合法权益和寄养家庭在培养儿童健康心智时面临的相关问题,做好家庭寄养工作。在后期,社会工作人员对寄养家庭定期评估,运用个案工作手法、心理辅导等社会工作方法和技巧,评估寄养家庭对待"法律孤儿"的态度和行为,还要确保"法律孤儿"没有受到歧视,身心得到健康成长。

2. 承认的类型——法权

(1) 法权的诠释

根据文献指出,如果说爱是主体间共生与区分的依赖性,那么法律则是主体间权利与义务的对等性;如果说爱是"在他者中的自我存在",那么法律则是"普遍化他者"的结果。"在法律中,黑格尔和米德建立这种联系是基于这样的事实,即只有当我们反过来认识到必须对他者承担规范义务时,才能把自己理解为权利的承担者。"个体成就得承认,其价值是依据社会认为他们重要的程度来衡量的。所以,在法律上把一个人当作人来承认不可能认可任何其他标准,但对他们的特性与能力的重视,至少隐约地借助了一种标准尺度,必须依据这一尺度来判定他们的轻重大小。

在承认情形中,个体学会从同伴的角度把自己看作相同权利的承担者。其发生机制被米德确认为是"普遍化的他者"的观点得到认同的过程。"普遍化的他者"在规定责任时,向自我保证(

正如在与自我的实践关系中发生的那样)他的一些具体需求将得到满足(赵琰,2011)。因而相对于亲密关系,这种承认关系的类型首先被赋予了一种认知特征:自我或他我相互承认对方为法律主体,这在于他们对一些准则的共同掌握,凭借这些准则,特定共同体可以监督平等授予他们的权利和责任(卢婧一,2007)。笔者认为"法律孤儿"在经历了这种法权上的承认后,会获得自己存在的自尊和意义。同时,他能感受到自己是和其他社会成员一样是享有道德责任的积极个体。这个法律关系和基本关系中的承认关系截然不同,因为它允许承认作为中介在两个方面普及化:客观和社会领域权利的扩大。在前一方面,权利在物质内容上得到增强;作为结果,法律越来越重视个体在实现主体间受保障的自由时存在的机会差异。"法律孤儿"被延伸到迄今为止是不断增长的被排斥或处于劣势的群体。根据平等主义,这种法权在承认的条件内在地包含了一个普适的原则。对于通过权利而表现出来的法律承认维度在现实社会中分化出的层面,霍耐特同样又在借鉴其他理论家的研究成果的基础上,提出了权利的三个层面,即"将个体权利分为保障自由的人权,保障参与的政治权和保障基本福利的社会权利"。

(2)为"法"而奋斗——争取权力机构弥补救助法律的空缺

承认不仅仅意味着认同他人权利,也有赋予或给予他人权利的义务。同时,对他人承认也具有一定的规范和约束他人行为和不当意识的作用。正面地承认一个人的地位、价值、声望、品格、财富等等会让一个人自重,树立良好的形象,他不会轻易地去违反自己形象和做对人们不利的事情。根据文献指出,截至目前,我国法律体系中有关"法律孤儿"救助的内容几乎是空白。在对《未成年人保护法》、《预防未成年人犯罪法》等法律法规修订时,应该将"法律孤儿"现状考虑进去并予以补充修订(林东京、刘旭刚、徐杏元,2011)。完善国家未成年人救助法律法规,为了"法律孤儿"的健康成长,法律应明确规定当他们中的任何人正常生活出现困难时,根据其困难程度,国家、地方政府及社会团体有责任且必须为他们提供良好的生活、教育、医疗、保健、社会福利等援助。真正做到让他们有所依靠。将"法律孤儿"纳入社会救助范围之内是完善我国社会保障制度体系的迫切需要。社会救助是社会保障体系的重要组成部分,是社会的最后一道安全网,将生活困难的"法律孤儿"纳入低保,消除那些愿意抚养这些孩子的个人或家庭的经济顾虑,这样也能使这些孩子的生活和学习得到一定程度的保障和改善;同时法律也要确保这些资源合理分配,切实用到好处。

3.承认的类型——团结

(1)团结的诠释

文献指出,与爱的两个主体之间为了获得独立性而相互承认的关系不同,也与具有独立主体地位的个体之间的平等承认关系不同,"团结"这一承认范畴描述了一个价值伦理共同体内部与不同共同体之间的承认。在地位群体之内,主体作为特殊的个人相互重视;因为人们共同的社会立场,这些个人共有以社会价值尺度为基础被赋予了某种社会地位的特性和能力。在地位群体中间,我们发现了等级化分类的重要关系,这就使社会成员能够重视他们的阶层之外的主体,因为他们的特性与能力也在文化上预定的程度上对集体共同价值的实现有一定的贡献。这就是说,团结不仅在价值共同体之内,也在存在于价值共同体之间,即允许在社会中存在着不同种类、不同等级但能够相互承认的价值观。为了更高的社会声望,不同的价值共同体之间产生了社会动力学意义上的价值竞争,在个体为了价值共同体的共同价值而斗争时,这就使得团结的承认经验"允许个体获得的实际自我关系就是一种群体自豪感或集体荣誉感"。由此,霍耐特认为:团结"可以被理解为一种因主体彼此对等重视而互相同情不同生活方式的互动关系。"可见,团结是个体发展的更高承认形式,只有"在每一个体都有能力自重的程度上,我们才可以谈到社会团结"。

(2)"团结"的力量——个人与同属群体和身边大众倾力相溶

"法律孤儿"每个都有着不同的生活经历,因此不否定会形成不同的个性差异,这就需要社会其他群体针对这类群体的特质,给予鼓励式的承认。同时,"法律孤儿"也要看到自己的独特性和对监狱里面的父母和爱自己的他人有着不可取代的地位。"法律孤儿"之间应该互相尊重,相互扶持,他们有着相似的经历,需要面对很多相似的问题,他们对彼此的遭遇和解决办法更有发言权。他们可以共同努力去改变世人对他们的不正确的认识,洗去别人强加的污名。他们作为社会上存在的特殊群体可以与其他群体合作,如居住的社区、同龄的群体、社会各界帮扶力量和组织,利用一切有效资源,获得他人的尊重和认可,学习其他优秀的群体和卓越的人,吸收他们的长处,增强自己的能力。

"为了集体而奋斗,为了自己而努力。"这里面就蕴含着同情、帮扶和团结的情感因素。如果"法律孤儿"得到了这种形式的承认,那就意味着他们虽然是由于不幸遭遇了很大的痛苦,但是作为正面的独特个性的人一样能受到互动伙伴的尊重,他们就能采取积极的态度尊重自己,就能正确地认同自己,获得别人不具有的品质和能力。个体承认自己同时被别人承认——"我是我所在的团体中大家爱护的一员",其自身的价值能为共同体所承认,同时共同体所具有的团结感、自豪感和荣誉感,可以紧紧地连接他们成为大家的一份子,可以通过团结的力量,"法律孤儿"在适应个体自我实现的趋势,使其建立自信自强、遵循人类正确实现自己和发展自己的道路成为可能。平等地对待、相互地扶持会给那些处于心理压力的个人具有无法估量的力量和尊重,在一定程度上也减低他们的发生越轨行为的概率。

对霍耐特来说,爱、法权和团结这三种承认形式不仅仅是经验的归纳,它们还反映了现代社会结构不同领域的规范要求,因而对全体社会成员具有普遍的规范意义。首先,爱是最初的首要的承认形式,"法律孤儿"只有在得到充分的爱和情感支撑并且与最初的他者能够相互承认的条件下,才可能获得健康的自信。"法律孤儿"丧失了父母与子女之间的亲情关系,他们需要友谊和其他人来给予爱的体验,才能表达自身需要与情感感受,只有这样才能形成爱的主体间性体验—自信,从而是形成所有自尊态度的前提条件。"法律孤儿"仅拥有自信是不够的,而且要获得自尊,这就需要通过法律体系赋予社会所有成员以普遍权利,将自己理解为与其他成员平等的人,承认他人并且让他人承认自己。这种承认方式有着承上启下的作用,团结的承认关系是较"法律承认"更进一步的承认方式。

与权利的法律承认不同,社会人给予"法律孤儿"的尊严乃是对人"个体特性与能力"的承认,它预设了"价值共同体"的存在(王凤才,2008)。在这个共同体中,每个人有机会实现自我价值,并且对他人的发展负有一定的责任,都有义务给社会这个共同体做出贡献,从而赢得尊重,团结的集体是一个互动的共同体。"法律孤儿"在改变自身处境的过程中,要充分利用这个共同体的资源。在主体间承认的这三种类型的基础上,形成了三种不同的自我关系形式:自信、自尊和自豪。霍耐特也认为,从整体上说,爱、法律和团结这三种承认形式构成了人类主体发展出肯定的自我观念的条件,提高自我效能,达成自我实现。

五、结论和思考

1. 结论

人们对承认的需要不仅仅是需要一定的社会行为和制度规范,而且要求他人在态度上的实际承认。这三种承认模式——爱、权利和团结,确定了保证人类"完整性"和"尊严"的相互交往条件的形式要求。如果"法律孤儿"能够得到这三种层次的承认模式,在这样的社会环境下生活,不管这些模式的实践形式怎么样,它都可能帮助他们建立自信、自尊、自重的积极的人生态度,去接纳自己,认同自己,从而正确地处理事情和与他人交往。借此,社会对"法律孤儿"给以承认,通过社会人的力量,帮助他们树立正确的价值观和找到生命的价值及意义,去实现自我,健康成长。

2. 反思

(1) 身份暴露是否真正有利于"法律孤儿"得到承认

"法律孤儿"想要得到别人的承认,就必须向世人公开和暴露自己的家庭背景。遇到我们无法改变的就不一样了,有些东西是注定的。自己没有能力选择自己的父母就像父母犯了错,我们也要背负歧视和压力一样。世俗的观念我们不能左右,短时间内改变的可能性甚微。一个"法律孤儿"的身份一旦公开,未免不会产生新的歧视。根据马克尔的观点(A. 霍耐特、赵琰,2011):身份是否稳定,往往取决于他者"不可预知的回应和反应",因此身份就具有明显的"社会脆弱性"。追求"主权"即身份的自主性是行为体近乎本能的反应,而落实到行动中往往让行为主体意识不到身份的"社会脆弱性",不愿承认自身身份依赖于他者承认这一本体性的有限性。于是,两者之间的冲突,使承认斗争在带来某些社会进步的同时,又不避免地产生某些新的蔑视。

(2) 承认的三种类型,给予的主动权都在他人

在承认过程中,参与承认斗争的行为体在权力分配上是不平等的,这需要资源的再分配,针对"法律孤儿",就承认三种类型而言,在"爱"的承认领域,他们作为需要情感关怀的接受者,情感关怀的施与者他们完全可以凭借自己主观意愿自主决定是否给予或者给予孩子多少关怀与爱护;在"法律"承认领域,国家或其他权威机构掌握着主导权,也可以决定是否、何时、何地或者怎样给予保护;在承认"团结"领域,强弱之间不平衡,只有强弱结合才能达到

团结,这难免不会出现强者霸权和优势地位。这样,"法律孤儿"争取承认的斗争中就面临一个极其困难的选择:要么为了满足自身的承认要求而反抗强势方的压制、要么为了取得强势方的承认而尾随后者。这也许就是所谓的"承认困境"(王凤才,2010)。"法律孤儿"在争取承认的过程中,会感到自己受到蔑视,如果有一天他获得了优势地位,他也许会将通过各种方式要求歧视他的人对他造成的伤害进行补偿。然而,被蔑视者的承认要求能否实现,在很大程度上取决于蔑视者的态度。霍耐特划分了社会冲突的两种模式:为自我保护而斗争和为承认而斗争(王凤才,2009)。人们不但在为了承认而斗争,同时有一部分人也会为了保护自己而斗争。被蔑视者要追求承认,这种追求让蔑视者感到反感与厌恶,往往带来对被蔑视者的进一步蔑视。当双方都不愿让步时,就有可能爆发严重的冲突。这样就会让处于承认困境中的"法律孤儿"陷入到"自动毁灭性的作用力与反作用力的恶性循环过程"中。如果一件事情花费了很大的代价去解决,最后出现的结果副作用大于正能量,那我们的努力又有何用?

"法律孤儿"的多元救助模式探索

一、研究对象

目前,在国内相关文献资料整理中,有十三家以照顾"法律孤儿"为主的救助中心,其中有九家是以太阳村命名的机构,除北京太阳村向陕西、河南太阳村提供行政费用支持以外,其他都是独立运营的救助机构,并以民间非政府组织为主。

(一)TJ 太阳村特殊儿童救助服务中心

TJ 太阳村特殊儿童救助服务中心,在本研究中简称 TJ 太阳村,是一家以家庭照顾模式为主,专门服务"法律孤儿"的民间救助中心。该中心的"法律孤儿"及救助经验将作为本研究的主要研究主体与对象。

(二)其他地区"法律孤儿"救助中心

以 DL、XJ、BJ 其他三地区的民间"法律孤儿"救助中心为辅助研究单位,将在不同救助模式之间做比较研究。这三家救助中心,除了在全国范围内各有代表性之外,也是基于研究者过去对其提供过具体的服务,并与其主要负责人、管理人员、爱心妈妈、心理咨询师、长期志愿者及服务对象等有过深入的接触和访谈,积累了以上各机构相对较丰富的原始资料、工作日志、文献资料等,可作为不同救助模式资料分析的重要参考依据。具体信息请见下表:

表1 主要救助中心简介

机构名称	TJ太阳村	DL某救助中心	XX某救助中心	BJ某救助中心
成立时间	2003.4	2003.10	2004.8	1995
负责人	W女士	W先生	M女士	Z女士
负责人背景	儿童教育	法学教授	曾任监狱长	警官、记者
救助规模	22名	15名	74名	130名
救助模式	家庭照顾	家庭照顾	集中供养	集中供养
注册方式	工商	民非	民非	工商
资金来源	自办农场	社会捐助	当地民政局每人200元/月补助,社会捐助	自办企业,社会捐助
工作人员	2名	3名	12名	30余名
其他	以孩子需要为本	军事化管理	当地周边六所重大型监狱,探监较方便	救助资源较丰富

二、分析视角

马斯洛的需要层次理论,从人的内在驱力出发,认为人有五种需要,即生理、安全、归属和爱、尊重、自我实现等层次,他认为这些需要是有阶段性的,在较低层次的需要得到满足后,人就会寻求另一个较高的驱力。"法律孤儿"同普通人一样具有生理、安全、归属和爱、尊重及自我实现的需要。他们首先需要基本的生存即在衣食住行方面不存在忧虑,他们需要物质的资源保障其基本的成长,这是生理需求。他们需要感觉到自己是被爱的,有人关怀的,自己的存在是有价值的,即使在救助中心,亦有安全的和心理关爱方面的需求,而在现实生活中,他们需要基本的教育帮助其性格塑造、行为引导,这样他们的行为才能符合社会规范,才有可能得到别人尊重和赞扬,实现心中的理想。

普遍性观点认为需要即目的、策略。莱恩多纳和兰高夫(Doya & Gough,1991)指出,需要近似于目的,这一目的是在某种情境下产生的。需要和想要不同,需要是必要条件,有需要 X 才有 Y 的方法的达成,需要是主观条件,有个体的意图存在。马克思社会福利理论认为应该从人的需要出发建立社会福利,社会发展的目的和出发点是为了满足人的需要,对人类生存与发展需要的满足便成为衡量一个社会发展的基本尺度。

而儿童社会福利就是建立在儿童权利观念之上,将儿童作为一个能动的主体,而覆盖其发展过程中的全面需求的社会福利。因此,"法律孤儿"在成长过程中的需求应该被涵盖在儿童社会福利之中,其需求是在发展过程中所需要的全面需求,除衣食住行方面,也应涵盖其成长过程中的心理需求、对家庭关系的需求及其他需求等。社会工作本身,也应促进"法律孤儿"需求满足与改善他们的处境,相信他们是有价值的。

对本研究而言,"需要"无论是单纯强调个人的还是单纯强调社会的都有失偏颇。因为人既是有能动性的个体,同时又生活在一定的社会和文化背景之中,因此很难将个人与社会截然分开。因此,"法律孤儿"的需要也不是独立存在的,而是存在于特定的历史、文化、社会和人际关系当中,社会上不同的团体(政府、学校、家人与其他亲属、服务提供者、朋辈、志愿者团队、媒体等)按着自身的利益、期望对其需要赋予不同的意义。所谓他们的需要,均是这些团体角力下的产物,当然,"法律孤儿"自身也应该是角力的团体之一。

生活在救助中心的"法律孤儿",他们的生理、安全需要得到了基本的满足和保障,而归属和爱、尊重、自我实现这三个层次的需要是如何得到满足,或者说状况是怎么样的?这和中心的救助模式、服务理念有怎样的关系和影响？需要未得到满足的情况下，其中的影响因素和限制在哪里？满足该群体五层次的需要，救助模式及社会政策可做怎样的改善？社会工作者如何介入？这将是本研究探讨的主线。

三、研究设计

(一)研究方法

本研究采用的是质性研究的方法，将实地调查和文献研究相结合。

质性研究是一种需要研究者自己切身去体悟的活动，必须自己亲手"做"才能有所感悟。需要研究者投入自己的全身心，去倾听、去理解、去积极地建构知识，甚至研究者需要"学习去掉"（unlearn）自己一些固有的习性，进入所必需的心态和体态。在这种方式中，访谈者(研究者)本人就是研究的工具，在这种看似与日常社会生活中人们相互之间的口头交流十分接近的访谈过程中，研究者围绕心中的目标，提出各种问题，聆听受访者的述说，一步步加深对研究对象的认识和了解。

对于"法律孤儿"来说，他们大多都还是孩子，能采用这种灵活性大的方式与他们交流，逐渐地建立信任关系，访谈方式比较容易被接受，而且在访谈的互动过程中，容易发现和聆听到他们内心的声音，进而了解他们最真实的也可能是过去极易被忽略的需要，而这种方法对他们尤其适合。例如，在访谈中笔者会问到"有什么好玩儿的事情吗？你的好朋友是谁？"他们的回答往往是他和谁谁谁还不错，他们之间特互相帮助，上次如何如何……，这样以关心他们为出发点，孩子们较容易感受到被关注，也愿意敞开分享，并谈具体发生的事情。当研究者和访谈者关系越来越信任时，笔者再深入一点问"吵架你会如何处理？你有心事的时候，会找谁去倾诉？"以了解孩子们在情感上的需求状况等。

研究涉及的话题涉及"法律孤儿"的身世经历以及各中心机密档案,不方便做大样本调查。本研究需要从"法律孤儿"角度去分析在中心的各种需要、对中心的理解和反馈,研究他们在中心的心声和反应,这些比较深入的详细资料需要通过访谈双方才能得到。另外,由于社会制度对服刑人员的管制,在文化上有对其子女的歧视现象,大多数人对他们敬而远之或了解不多,也有重要亲属为保护他们并不愿意接受访谈,因此持续性的参与式观察方法更有利于获取"法律孤儿"在所处环境中的各种需要。

综上所述,本研究适合采用质性研究,实地调查的深度访谈方法和参与式观察作为分析研究发现和提出建议的基础,并结合文献研究将救助模式与社会工作介入进行梳理与讨论。

(二)收集资料与分析的方法

本研究在收集资料方面,主要采用的是文献法、参与式观察和访谈法,资料分析方面则是循环分析的方式,不断在研究中整理、发现,又回到资料中收集整理再分析、书写。本研究中共经历了以下四个阶段的研究过程。

1. 文献法

所采取的文献法主要是对国内外相关"法律孤儿"的救助模式、生存状况、教育状况、心理状况、政策法规等进行文字资料的收集和整理。

通过中国知网获取相关期刊文献40余篇,服刑人员子女及孤儿院救助等相关研究生论文8篇,国外文献则主要通过SAGU网站搜集,重点整理12篇文章,并阅读英文书籍一本、相关中文书籍7本、国内的儿童权利与政策报告3份、政府通知和建议、未成年人保护条例等共20余份。

2. 参与式观察

笔者从2010年6月至2012年12月期间,多次参与到各地救助中心活动中,与访谈对象同吃同住同劳动,参与他们的日常生活,组织小组、重大节日活动等,观察"法律孤儿"本身与各服务提供者相互动过程,并积累了大量第一手的工作笔记等资料。其中,前后去 BJ 救助中心 13 次,每次半天,3 至 4 个小时,DJ、××救助中心各 1 次,每次停留三天。在 2013 年 5 月至 6 月期间,笔者到 TJ 救助中心重点观察两次,第一次是两天,第二次是半天。

3. 访谈法

作为研究主体的"法律孤儿",笔者主要选取了 TJ 太阳村的 4 名孩子进行深度访谈,年龄在 11 岁到 14 岁之间,并兼顾四名 7 岁以下儿童及 14 至 18 岁青少年需要做个别访谈的补充。同时,访谈四家救助中心负责人共 4 名、长期志愿者 3 名、心理咨询师 1 名、社会工作者 2 名。将以上访谈信息进行录音整理、转成文字,作为研究分析的核心资料。

其中,选取 TJ 太阳村作为个案中心,除它是以救助"法律孤儿"为主以外,另外也出于笔者与负责人较熟悉,有一定的关系前提,对方比较愿意敞开接受访谈,并提供参与式观察的机会,创造条件帮助研究者先和孩子们建立关系,继而再进行深入的访谈,例如一起参与打扫卫生、整理衣服的劳动,一起去参加爱心人士组织的外出郊游,居住在宿舍,这些都是负责人考虑要研究者多体会多了解他们生活而主动提出的。另一个因素是 TJ 太阳村离笔者所在地区空间位置上较合适,当他们说一些当地方言时,也能较容易去体会。4 个深度访谈的个案则是从年龄、性别、在中心停留时间长短综合考虑选取。访谈名录简介如下表:

表 2　被照顾者访谈名单(各面谈 1 次)

	姓名	年龄	性别	基本情况	备注
1	YF	14	男	来中心三年,和妹妹一起	TJ 中心
2	DL	13	男	父母均服刑	TJ 中心
3	N	10	女	小学二年级	TJ 中心
4	M	11	女	目睹亲人被杀害	TJ 中心
5	ZP	6	男	目睹亲人杀害其他人	TJ 中心
6	YW	21	男	在中心 12 年	TJ 中心
7	YM	19	女	重病中(在笔者的论文尚未结束成稿期间病逝)	TJ 中心
8	GP		男	W 妈妈的儿子	TJ 中心
	其他救助中心访谈名单				
1	XL	13	女	小学一年级	B 中心
2	LH	14	男	在机构帮忙干活,失学	B 中心
3	XB	6	男	父母均服刑	X 中心
4	MN	14	女	内向,言语少,初二	X 中心

表 3　照顾者访谈名单

	姓名	年龄	角色	主要工作		备注
1	W	50+	负责人	日常管理	TJ 中心	面谈 2 次
2	HZW	30	长期志愿者	资源支持	TJ 中心	NGO 社工/面谈 1 次
3	LT	21	长期志愿者	周末陪伴、辅导功课	TJ 中心	面谈 1 次
4	WGY	50+	负责人	日常管理	D 中心	面谈 2 次
5	WXY	40	3 年义工	负责周末接待	D 中心	幼儿园园长/面谈 2 次+电话访问 2 次

表 3(续)

	姓名	年龄	角色	主要工作		备注
6	YZ	30+	心理咨询师	每周末辅导	X中心	面谈1次 +电话访问
7	XL	25	长期志愿者	周末陪伴、辅导功课	X中心	小学老师/ 面谈1次 +电话访问1次
8	ZMZ	28	专职员工	日常接待、陪伴	B中心	社工背景 /面谈1次
9	WMM	30+	7年义工		B中心	面谈1次
10	XXX	40+	爱心妈妈	照顾在院青少年	X中心	面谈1次

4. 资料分析方法

研究采用了循环分析的方法,在初期界定研究问题后,开始整理文献资料、过往工作笔记等文本原稿,当进入研究现场,访谈的过程中边整理资料边进行内容的归类、分析,在研究中发现作为家庭照顾模式下的"法律孤儿"与集中供养模式下的孩子呈现的心理状态是有不同的,继续又回到资料收集的阶段,整理出国内孤残儿童的家庭寄养经验供比较学习,继而反思服刑人员未成年的特殊需求及社会工作在介入及建议中如何满足对服务的需要。

例如在文献的研究中发现,该群体有孤僻、忧郁的心理状况表现。王庆雨(2011)等通过对陕西回归研究会儿童村的调查发现:服刑人员子女很少进行主动的交往,32%的被调查者会害怕陌生人,9%的人甚至觉得很被动,没有任何感觉,有些麻木,68%的被调查者表示,在遇到不开心的事情时,自己忍受,不与他人交谈。平时害怕别人的关注害怕别人的议论容易导致性格内向甚至自闭(严浩仁等,2009)。这使研究者思考同样是未成年的孩子,他们与孤残儿童的不同需要,及在被救助中心理层面的需要是应特别被关注和处理的。

四、研究过程与框架

研究运用了文献法、参与式观察、访谈等相结合的方法对民间服刑人员子女救助中心 TJ 太阳村进行了个案调查,并对其他三家不同模式不同地区的服刑人员子女救助中心进行了重点调研和比较,使"法律孤儿"呈现的需求现状有一定的代表性,提出该群体的救助工作可从权益保护立法、政府福利政策健全,政府主导的救助中心建设及监管,社工参与社会救助服务队伍建设三个层面介入,期望呼吁社会工作者与各界参与到"法律孤儿"这一困境群体的服务中。

本研究的基本框架是首先对笔者过去三年在国内对"法律孤儿"救助工作进行整理,对群体现状和存在的问题、需要等有一个基本的把握,进而在国内外文献资料的收集过程中,梳理出"法律孤儿"的整体现况及救助经验,继而锁定以 TJ 太阳村的家庭照顾模式为个案研究主体进行深入访谈,并将参与观察各地救助中心的工作资料、访谈信息作为比较分析的素材,探索出家庭照顾模式对服刑人员未成年子女的经验与不足,最后对社会工作者介入服务和支持提出建议。图 1 为本研究的框架及分析步骤,包括对服刑人员现状的问题提出、国内外文献与理论的运用、选取个案 TJ 太阳村(对该群体的生活、医疗、教育、家庭关系与社会融合等现状的分析),对其家庭照顾模式的经验总结与社会工作者介入其救助等几个方面的探讨。

图 1 研究框架及分析步骤

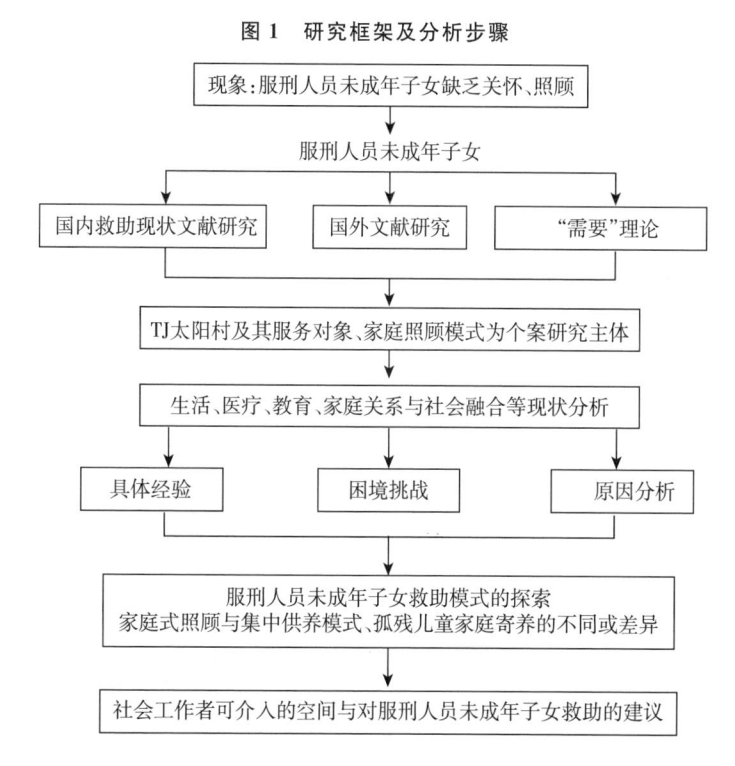

```
现象:服刑人员未成年子女缺乏关怀、照顾
              ↓
       服刑人员未成年子女
    ↓          ↓          ↓
国内救助现状  国外文献研究   "需要"理论
文献研究
              ↓
TJ太阳村及其服务对象、家庭照顾模式为个案研究主体
              ↓
生活、医疗、教育、家庭关系与社会融合等现状分析
    ↓          ↓          ↓
具体经验    困境挑战    原因分析
              ↓
服刑人员未成年子女救助模式的探索
家庭式照顾与集中供养模式、孤残儿童家庭寄养的不同或差异
              ↓
社会工作者可介入的空间与对服刑人员未成年子女救助的建议
```

五、"法律孤儿"的需求调查

(一)TJ 太阳村简介与家庭照顾模式

TJ 太阳村成立于 2003 年 4 月,是一家专门为"法律孤儿"提供无偿救助的民间救助机构。以家庭照顾的方式为这些孩子提供生活、教育和医疗、心理疏导服务等方面的保障,其运行经费主要依靠自行种植的 60 亩农田收入及少量社会爱心捐助。TJ 太阳村先后代养过 200 多名孩子,目前还有 9 个孩子在中心生活,6 名中学生在就近的中学住校,3 名在校大学生。

创办人 W 女士,有儿童早期教育的背景,孩子们在这里像是一个大家庭,彼此称呼弟兄姐妹,称 W 女士为老妈、玉米妈妈。每天早晨不到五点钟,"妈妈"就起床为孩子们煮饭,准备衣服,送他们上学。俨然一个母亲,晚上去学校门口接孩子们回家,招呼做功课,煮晚饭。一天孩子们结束各种活动安睡后,"妈妈"(以下简称W妈妈)继续干活,打理孩子们日常的各种需要等。

孩子们在来到TJ太阳村之前现实生存状况非常艰难,他们中有被母亲遗弃或残害的,有被父亲长期强暴的,也有因父母服刑而被亲戚逐出家门流浪的。来到太阳村体验了几天有新鲜感的生活之后,各种问题接踵而来,偷窃、打架、说谎、自暴自弃、无端滋事、旷课逃学等。"当我张开惺忪的双眼,漫长的一天刚刚开始,我眼前看到的是一张张满目惆怅的脸。我的快乐因眼前的一切冲灭了,接下来的就是战争。除了战争还是战争,太阳村的玻璃和门都被他们打烂了。"孩子的日记,真实地描述了当时的情景。

面对这些孩子特殊的性格表现、烦躁的内心世界,W妈妈没有让眼泪遮住无奈的困境,用"母爱"将顽疾融化,在困境中,不断地学习摸索,用知识的力量和爱的温柔抚平孩子们心灵的创伤。TJ太阳村的照顾模式不同于其他救助中心的集中供养模式,而是在一个家庭的环境中帮助这些孩子成长,并注重科学的教育方式,尤其是作为母亲、哥哥等家庭角色中榜样的影响力。

(二)TJ太阳村对"法律孤儿"救助的具体现状

1.一个温暖的家

有调查结果显示:45.9%的"法律孤儿"目前生活状况没有保障,生活费用支出缺乏保障,甚至有17.1%的被调查者表示,不清楚孩子生活费的来源情况。居住条件在父母入狱后变差和极差的比例达47.8%。另有调查研究指出,在所调查的"法律孤儿"中"75%的家庭年收入低于12000元(即月均1000元),许多孩子只能靠单亲乃至只有祖父母、外祖父母的微薄收入来维持生活。"

TJ太阳村为代收代养的"法律孤儿"提供衣、食、住、行基本的生活物质及医疗保障。他们居住在城乡结合部的一个150平米的四合院中,从外面看和周围普通的居民没有任何区别,这里有男生宿舍、女生宿舍各一间,大客厅、书房、储存室、厨房各一间,另外有两间洗手间和一间洗衣房,院内空地供孩子们自由活动和玩耍。6岁的男孩ZP,来TJ太阳村仅两个月,兴高采烈地和志愿者姐姐说:"喜欢这里,这里太好玩儿了,有很多人一起,还有大公鸡和狗。"

每天早上不到五点钟,W妈妈就起床给孩子们做早餐,有年龄稍大的孩子会帮忙一起做饭,有馒头、粥、鸡蛋、蔬菜这些家常饭,日常午餐会在学校里吃,节假日也会和其他的志愿者一起去吃自助餐、麦当劳等。

"家里有什么好吃的,就紧着我们吃,感觉妈妈特疼我们,每天为我们做好多事特别辛苦。"

——YF,14岁。

"早饭,大家围着一个桌子一起吃,特别开心,真的有家的感觉,那么开心地吃早餐。自己种的蔬菜,馒头,很健康的。见过好几次,吃的都很绿色,很健康,给我印象特别深刻。他们很注重绿色。真的感觉像一家人一样。"(反复强调四五次)

——LJ,长期志愿者,大学生。

孩子们日常的衣服、学习用具等物质,大部分来自社会上的捐助,W妈妈按照每个孩子的年龄、身高、需要等分配好,而具体的选择则由孩子们自己挑选喜欢的颜色、样式,日常起居的生活中,这里更像是一个大家庭,一起吃饭、玩耍,洗漱的时间互相倒水、递个毛巾,你来我往,俨然一群弟兄姐妹。笔者在2013年5月24日的观察日志中写道:"放学回来的孩子们,有的在写作业,有的互相追着玩儿,女孩儿有的互相换衣服梳头打扮(因一会去麦当劳吃饭,提前过儿童节),如大家庭一般,阿姨(W妈妈)则给孩子们一个个找新洗的衣服换,找干净合脚的鞋子。催她们快点换上。"

孩子们在太阳村每天六点多钟起床,开始一天的学习和生活,晚上大概九十点钟入寝,生活有规律,孩子们每日轮班打扫院内的卫生,保持家中的清洁。

TJ太阳村也为孩子们提供基本的医疗保障,孩子们平均一年总有两次感冒、发烧的身体状况,由附近社区的卫生站帮助检查、治疗,有时医药费也会减免。遇到大病等特殊情况,因太阳村经济有限,则会借助社会志愿者的力量专项筹款治疗。

由此看来,一方面,孩子们在TJ太阳村有了归属和保障,不再为生活而担忧,下面是笔者与YF的对话:

笔者:如果说想在哪些方面改变的话,你希望哪里改善呢?

YF:环境,住的环境。地方大一点,没了,挺简单的。

笔者:你觉得吃的怎么样?

YF:也挺好,有什么吃的就给我们做什么,好吃的都紧着我们吃。

笔者:在这儿多久了?

YF:两年多了,快三年了,我三年级就来了,来这儿,当我自己家了不想走。(老家)安徽的。

笔者:你会走吗?(指离开中心)

YF:说实在的,我不想走。要说我们是最好的,有很多朋友嘛,要是在学校嘛只能在学校说,我们还能回到家,在一起,已经很好,比普通的家庭好好几倍。

而另一方面,W妈妈为这个"家"承担着巨大的经济压力。为了保护孩子,TJ太阳村很少对外宣传,外界对其了解很少,得到的捐助也有限,主要的资金依靠60亩的农田种植蔬菜瓜果解决,孩子们也会参与劳动,但是农田收入并不稳定,加上过去遭遇粮食被盗、果树被破坏的经历,要维持太阳村的日常运行,时常入不敷出,需要依靠W妈妈个人的一些积蓄、家庭支持补给。

从孩子们的访谈中则可以看出,他们更关注在这里是否感受到被爱,是否被关心,而不是漂亮的硬件设施下没有真正的关心和爱护。这一点也将是政府未来在支持"法律孤儿"救助工作中需要特别注意的,即爱和尊重、自我实现的需要。

2.多元化的教育发展与心理疏导

对"法律孤儿"来说,上学是一种"奢望"。有调查显示,父(母)入狱后其未成年子女的辍学率为82.43%,家庭的缺失带来教育环节的脱节,辍学现象严重,"法律孤儿"的受教育权得不到保障。能否坚持接受教育是这些孩子面临的严酷现实。

在TJ太阳村,这些孩子的教育情况基本都得到了解决,并且在个性、特长方面也有独特的发展。学龄前的孩子在就近的社区幼儿园上学,小学阶段的孩子根据过去在家接受教育程度的不同安排年级并在附近的HJS小学读书,中学阶段则依学习成绩考取TJ市里的中学就读。目前,TJ太阳村保障了孩子们在学校的九年义务教育,并先后有三位考取大学的。孩子们在学校每年的学杂费1500元左右,及每月午餐费120元均由TJ太阳村承担。

根据笔者的观察和访谈,发现这里小学阶段的孩子普遍比同龄的其他同学低一到两个年级,而小学高年级如五六年级的孩子表现得很突出,成绩优异,理解"妈妈",尊重同学,显得特别懂事、成熟。笔者在2013年5月观察日志中写道:

(前一天晚上有报社组织请大家去吃麦当劳坐游船,回来后大家在院里玩耍、洗漱,DL一个人很安静地在书桌前写作业,很专注……)

笔者:昨天看到你很用功地在写作业。(他不好意思地笑了,说还行)

笔者:功课压力大吗?

DL:还可以,我成绩还行。(对自己很有信心的样子……)

  老师!同学都挺好的。有个什么事挺帮忙的。就上次,妈妈没在家,我们要交书费,我差一点(钱),同学就借我十块、八块,也不催着我还,对我也挺好的。

  ——DL,13岁,小学六年级。

14岁的YF跟笔者说:"成绩基本都在80、90分,妈妈就给我们提了三个要求,学习学好了,管好自己,自己该干的活干了,也没什么我们干的,就别添乱就行了。妈妈起早贪黑的一直干,我们不帮帮她,老添乱。"言谈中透露着对学习的认真态度、对妈妈的体贴。

在TJ太阳村,W妈妈提供给孩子们的不仅仅是一个学校教育的机会和保障,她自身也在不断努力学习与孩子的沟通技巧和知识,2000年起师从香港大学李维榕博士,学习家庭心理治疗和教育的研究,特别是针对服刑人员子女的生存、教育问题,进行了全方位的生活救助与特殊教育探索。

为了排除孩子们厌学的心理,W妈妈说服学校领导,陪伴着他们背着书包一同走进课堂,让孩子感到是真的被关心,树立好好学习的信念。W妈妈说:"我们相互学习,相互促进,孩子们信心有了,性格也坚强了。"

访谈中,W妈妈分享过去和孩子们相处的酸甜苦辣:"开始他们撒谎很正常,逃学、上网,所有的坏事他们都干过。曾经有一次,我在学校跟着六个孩子玩了一天。有个孩子有一天起来说,'哎,今天我不想上学了'。她这一说,其他孩子全都不去了,全躺在床上。初一初二的全都不去了。后来我送到学校去,我跟他们一起上学,这个进去了那个跑了,我围着学校,在操场找了半天,各个角落。生气吗?玩了那么一次之后,现在,早上要迟到一点,呀迟到了,比谁跑得都快。原来学校里有三好学生了不得了,现在有市里的三好,慢慢在改变,改变和孩子的相处方式。"

"现身说法"与"情景教育",被W妈妈称为最有特点、最有效的、TJ太阳村孩子们最喜欢的方式。例如,针对孩子父母犯罪类型多样化、孩子认知上的偏差,结合孩子们与父母的亲情关系让孩子们自己参与现身说法活动,以父母的犯罪经历为依据,通过摆事实,让孩子们明白是非的界限,理解政府对其进行社会矫正的意义,排除他们因父母服刑而对社会产生的仇恨。针对孩子缺乏亲情与友情、相互伤害的问题,选择用古代曹植的《七步诗》为例,准备好成熟的豆秧,让孩子们劳作,把豆荚从豆萁上剥下来,放在锅里煮豆燃萁。讲解故事的来历和其中所包含的内容与含义,让孩子们懂得如何做人,明白互相关爱的道理。之后,居然有孩子高兴地说他们"和谐"了。

访谈中,W妈妈讲了近期她和一个6岁小朋友的故事:"父亲因为贩毒他被警察送到TJ太阳村,进门小朋友就打我。他告诉我爸爸去旅游了,我跟警察说,请把警服先脱掉,如果穿着警服,他会觉得警察叔叔对他特别厉害,以后他对警察叔叔产生一种恨。后来孩子跟我说,'阿姨我错了,我骗人了。说我爸爸是栓着铁链子关进笼子里的'。哎呦,当时我心里特别的难受,一个6岁的小孩儿看到这一幕时会是他一辈子都下不去的阴影。我用一张纸一只笔教孩子去画一个家,定义爸爸、警察、宝宝的关系,后来他说,'阿姨还接着讲故事'。我们两个的对话是从一张纸,将孩子从那种恐惧中走出来。现在我们两个有非常密切的关系。就像自己的孩子,我一出去,你什么时候回来呀?宝宝想你。我们的感情不像是才一、两个月相处的。"

这些孩子在过去的成长经验中,从小没人供养,或断断续续有人供养,当他们为了生活的需要,或者想要达到某些欲望而不能满足时,只能去偷……,针对这些有心灵创伤的孩子们,W妈妈潜心钻研学习特殊儿童的心理辅导,实践着只有爱——智慧的爱、科学的爱,才能融化他们心中封存已久的坚冰,才能改变他们的生活。最初要求是没有少年犯,现在有了好的成绩的孩子,还有特长的孩子。把孩子送去专业的地方,学舞蹈、英语、音乐、足球。在特长的地方发展他们各自的潜能,培养他们的自尊感、自信心。可见,孩子们最在乎的首先是有没有关心他们的工作人员"W妈妈"而不是其他物质或制度的需要。

笔者在2013年5月的观察日志中记录过这样一个女孩:"N,

10岁,女,二年级,特长国标舞。一年前来到这儿,小女孩在院内很自信,说话大方,机灵,其他小朋友也挺喜欢她,很听她的话。放学路上和外出的途中,空档,她会帮助其他小朋友做算术题,背课文。看的出W妈妈自己就特别喜欢她,用她的话说,是特别有灵气的姑娘,到那儿不吃亏,想说什么想干什么就说就干。晚上主动去找被子帮我铺床,张罗着志愿者姐姐睡哪儿。"

孩子们在TJ太阳村,从生活、教育、心理支持上俨然一个大家庭,在彼此的相处关系上,也以弟兄姐妹相称。除了W妈妈之外,有一个21岁的大哥哥YW,中学毕业后就留在TJ太阳村帮助王妈妈一起照顾孩子们的日常生活(八九岁的孩子已独立穿衣服、叠被子、吃饭、打扫卫生、轮流拖地、倒垃圾、整理内务等),有的太小的孩子,6、7岁生活上还不能自理,大哥哥就负责训练和监督他的日常洗漱、穿着、指导家庭作业。W妈妈自己的儿子,已20多岁并参加工作,时常会回来看望孩子们,带孩子们一起去下餐馆换换口味,带男孩子们去参加体育活动等。

然而,孩子们被照顾的经历并非一帆风顺,在访谈期间,W妈妈遇到了两件棘手的难事,一个是刚从太阳村走向社会的女孩患了白血病,父亲去世母亲还在狱中,家里也没有其他亲属,因为已满了16岁,不在大病救助的范围,所以为孩子筹款的重担都压在了W妈妈一个人的身上。另外一个孩子面临升初中,却因为非父母婚生没有户口,不能在本地中学读书,W妈妈跑了三所学校才有一家勉强答应入学,但要缴纳5000元的借读费,经济的压力有时令W妈妈感到无力、焦虑。因此这样义务式的帮助照顾具有一定的局限性,这点将在下章进行讨论。

3.探视及与其他亲属互动的情况

有统计结果显示:服刑人员在狱中最期望见到的人是孩子,其次是配偶、父母。"法律孤儿"的一切情况直接影响着服刑父母在监狱中的表现。"零距离"亲情互动,是孩子们修复与父(母)关系极其重要的部分,然而在我国监狱服刑普遍还是跨省市"异地"服刑的情况下,路途遥远、家境贫困加高额的旅途费使他们探望父(母)困难重重。

TJ太阳村的孩子,也只能依靠日常节假日的电话、书信(每一两个月一次)来往与父(母)沟通,孩子们的父(母)分布在陕西、安徽、广东、贵州等地服刑,路途遥远加上现在只有W妈妈一个人照顾孩子们,他们的探监机会少之又少,仅有一个父亲在陕西服刑的孩子去探视过一次。

而原来家庭中的其他亲属对在TJ太阳村的孩子不闻不问,处于"失踪"的状态。问及W妈妈缘由,谈到可能有三方面的情况,一是经济能力有限,不愿承担孩子的生活费用;二是社会压力、回避有犯罪背景的亲人及亲属;三是不承认服刑人员子女的存在,因部分是非婚生子女、超生的,没有合法的身份。

孩子们对太阳村的热爱与原生家庭及亲属的疏离形成鲜明的对比,大部分孩子不愿回去,当笔者小心翼翼问及他们与自己的家人时,多数也都采取了回避的态度,这里固然有与研究者关系建立深浅的影响,却也反映出孩子们对亲情渴望的真实一面。笔者与其中两个孩子的对话:

笔者:以后,你会离开这里吗?

DL:说实话,我在这儿挺好的,不想离开。我们原来那块……(摇头),挺失望的。没啥可谈的。(回避,转身跑开)

——DL,男,13岁

笔者:和原来的家人呢?

YF:和家人?我觉得改善不了,回去也回去了很多了,就是,还是一如既往,听不进去。(是什么?)就是觉得我,就是一个给他们负累的。其实我不想再说到他们。

——YF,男,14岁

由此可见,在TJ太阳村,孩子们特别需要加快与父(母)关系的修复,创造条件增加探视机会,也需要加深与其他亲属的沟通,使他们被亲人接纳,减轻被遗弃感对他们成长造成的心理压力。这将会是未来 TJ 太阳村可改善其服务的一个努力方向。

4. 与社会融合的互动

服刑人员的未成年子女,在社会中时常面临着传统文化观念的影响和歧视,缺乏社会的关注,是被大众所忽视的一个困境群体。TJ 太阳村为了保护孩子们的隐私和健康的成长,极少做宣传,相对获取的社会资源有限,但仍有许多有爱心的人士、组织、大学生志愿者参与到 TJ 太阳村的活动中。

对于外界陌生的人士来访,W 妈妈坚持不预约不接待,拒绝接受现金捐款。"不劳动不得食"的观念,为孩子们树立了一个正确的价值观,也培养了孩子们自立自强、独立自信的性格。

笔者 2013 年 1 月的观察日志中写道:"今天是新年的第一天,W 妈妈外出去诊所了。上午大孩子 YW 带着其他孩子在写作业,这时候,恰遇到两位慕名而来的好心人前来探访,他们说,也不知道这里需要什么买什么合适,就当场拿出 2000 元现金给 YW。YW 回绝了他们的好意,并耐心解释这样做的理由,说'如果妈妈没在家,你给了我我不告诉她,就是贪污了,其他的孩子也会学着做,以后我们这里就不好管理了'。很朴实的话,我当时就被感动了。"

"次日的早晨,由一个爱心机构资助带孩子们坐大巴去北京天安门玩儿,每个志愿者带一名孩子。孩子们和志愿者融入很快,每个孩子特别有责任心地去找自己'负责照顾'的志愿者。在车上,轮流表演唱歌、猜谜语,孩子们一点也不羞涩,大方地表演,也热情地给予鼓掌。其中一位年纪有 50 多岁的志愿者阿姨,在途中脚崴了,DL 就一直照顾她拉着她走,很有耐心,那位阿姨感动得直说,'谢谢,谢谢,我被孩子们"阳光又青春"了一把'。言语之外流露着对 TJ 太阳村孩子的欣赏和肯定。"

2013 年 5 月与某志愿者的访谈,她提到,"我们(大学生)社团周末过来搓玉米。但是,有时搓一地(意思是大学生来帮忙剥玉米,技术问题反而洒满一地帮倒忙)。但是 W 姨(W 妈妈)跟我说过这样的话,大学生来都是有爱心的,给孩子们正面的思维的影响。想的是这个,不同的期望。"

虽然 TJ 太阳村的孩子和志愿者、爱心人士相处融洽,但社会上依然有对他们的不同程度的语言歧视等。一个和 TJ 太阳村合作打理农田的居民说,'2000 块买了 1500 斤种子,3000 块买了 1000 斤种子哪个便宜,××你说说? 家里聪明劲儿什么样就遗传的。(趁××不在,对笔者说)你说他是不是傻? 不够数。'言语间,流露着对××的嘲讽。另一个来自媒体的被访者则直接对笔者说这些孩子不好管,长大了也是和家里人一个样儿。孩子们与这些社会人士的互动,也体现社会文化对他们身份的不认同,长辈犯错并不代表孩子就不好没有希望,也说明社会大众对他们的认识和理解是有限制的,语言的歧视对他们的自我认同、肯定,也有负面的影响,也反映出孩子们在社会支持网络方面的需要。

(三)TJ 太阳村对"法律孤儿"救助的意义

TJ 太阳村作为一家民间的救助中心,在帮助"法律孤儿"成长的过程中扮演一个"家"的角色,尽管规模不大,救助的孩子也有限,但在其独特的教育与心理辅导理念上,对整个"法律孤儿"的救助工作有着借鉴的意义。

1. 为"法律孤儿"提供一个安全居所,使其父(母)安心服刑

TJ 太阳村为"法律孤儿"提供了基本的生活、教育、医疗保障,解决了孩子们的生存问题,拥有一个安稳的成长环境,使孩子们感受到母亲的温暖和亲情般的照顾,不至流落街头,也使他们在狱中的父母可以放心,有动力安心改造,促进社会的稳定。

例如,6 岁的 Z 在父母双双入狱后没有其他亲人,警察送他到 TJ 太阳村,W 妈妈安排 Z 在附近幼儿园上学,父亲在狱中知道孩子的情况后,流下感动的眼泪并发誓好好在里面改造,早点出去好

好做人。

2.注重孩子的个性化需求与发展

尽管"法律孤儿"都有残缺的家庭,都受到心灵的创伤,但每个孩子的性格都是不同的,TJ太阳村在满足他们的基本温饱和教育基础上,积极争取有利条件发展每个孩子的个性和特长,成长中帮助孩子们建立健康的自我形象与认知,也透过工作人员W妈妈补偿他们失去的父母形象和角色参考。

例如,孩子们快要期末考试的时候,分秒必争写作业、补课,W妈妈跑去在村超市给他们买咖啡提神,在细节上关怀他们的需要。有女生到了青春期,W妈妈就提前将女孩子需要的日用品、衣物准备好,并给女生讲健康卫生的知识。而对早恋的情况,则看作是孩子正常成长中对异性情感的需要,不以问题看他们,而是单独约出去聊天,进行沟通,让孩子自己看到在成长中的需要和应该树立的价值观和处理方式。

3.协助"法律孤儿"建立良性的朋辈关系,有利于健康人格的发展

"法律孤儿"需要有一个健康的生活环境,在TJ太阳村孩子们以家里人互相称呼,日常卫生打扫、洗碗、洗衣服这些琐事,互相参与分工合作,大点的孩子帮小孩子洗衣服、指导功课。当大家一起外出的时候,孩子们的关系也非常亲密,互相照看。这中间有W妈妈耐心地指导和教育,也有哥哥(W妈妈自己的儿子)的榜样。

例如,笔者和DL的对话,问及:还会跟谁关系特别好呢?

DL:有时候也跟哥哥(指GP哥哥,W妈妈的儿子)说,挺不一样的,哥哥就会跟你讲道理,不是批评你,就坐下来,让你知道事情的好坏利弊,让你明白,我觉得挺特别的。

由此也可以看出,家庭式的照顾帮助孩子们建立了一个良性健康的群体生活和关系,彼此正面的影响也帮助孩子们的性格朝健康方向发展。

4.尊重孩子隐私,促进"法律孤儿"与社会融合

作为服刑人员的孩子,他们在学校或社区被别人获悉自己的身份时,都会受到不同程度的歧视和压力,而在 TJ 太阳村的孩子,除了学校的校长和个别老师知道他们是来自太阳村,没有人知道他们的身世背景。为了保护孩子,W 妈妈不接受对外的参观和访问,只有在关系熟悉并多次往来之后,征得大多数孩子同意才和爱心人士互动,一方面保护孩子,一方面也帮助孩子去看看外面的世界,有时也和周围社区的居民、大学生志愿者一起参与劳动。

(四)TJ 太阳村对"法律孤儿"提供的救助存在的困境及原因分析

1. TJ 太阳村对"法律孤儿"提供的救助存在的困境

(1)可持续性照顾的危机

TJ 太阳村仅靠 W 妈妈一个人的力量来支持孩子们的各种需要,加上 W 妈妈已接近 60 岁,体力等各方面都存在着危机,家里大大小小的事情由其一个人承担,从孩子送过来到父(母)出狱,或是进入社会,一个孩子在 TJ 太阳村少则三、五年,多则十年、十四五年,所面临的除了各种同龄孩子需要的照顾之外,还需要有代教代养手续、心理疏导、探视、原生家庭关系修复等各种需要,目前,已看到 W 妈妈在精力上是十分吃力了,孩子们也说妈妈太辛苦了太辛苦了,实际上 W 妈妈每天只能睡四个多小时,从 TJ 太阳村照顾"法律孤儿"的长久上看,目前有面临着其持续性发展的潜在危机。W 妈妈在对未来的期望访谈中吐露心声:"能干多久就干多久吧,希望有人来接班啊,不用担心他们的生活。"而要同时做到家庭照顾式以人为本和制度化的可复制性,尚有很大的挑战。

(2)与原生家庭关系修复的限制

作为"法律孤儿",他们终于是要离开 TJ 太阳村回到自己的亲人身边,而 TJ 太阳村在帮助孩子成长中,在其与父(母)及其他亲人的联系及机会提供上明显处在一个困境中。这里面有资金的限

制、人力方面专业人员的缺乏、监狱系统方面的支持等多种因素，而家庭照顾模式下孩子们对中心产生的依赖性与原生家庭关系的修复也需要在服务当中平衡。

(3)资源的有限性

TJ太阳村因为出于家庭照顾的理念，保护孩子的隐私，没有过多的宣传，外界对它的需求也知之甚少，相应得到的社会资源也有限。

例如，12岁的女生YJ，沉默寡言，被认为是有自闭症，但是否需要确诊并进入专业的机构训练？TJ太阳村目前没有能力为其提供资源对接的服务。而来到TJ太阳村的孩子有一半是非婚生或超生的孩子，没有户口，即将面临无法升高中继续读书的困难，也没有国家的救助、政府的支持。当孩子遇到大病(没有医疗保障，如YM的白血病)，只能采取专门向社会募集医疗费用的方式，过程中的时效性因素亦有可能耽延病情的及时诊断和治疗。这需要政府力量的及时介入和支持。

2. 原因分析——问题的体现

TJ太阳村作为一家民间的救助机构，以家庭照顾的理念为出发点帮助"法律孤儿"，其存在的困境也体现在几个方面的因素和影响：

(1)专业人员和服务的缺乏

目前TJ太阳村只有W妈妈作为一名专职的照顾者，来照顾这些有心灵创伤经历的孩子，精力有限。孩子们日常的陪伴和被关怀同时需要更多的一对一关注。在与长期志愿者访谈中得知，过去也聘请过助理来照顾孩子们的日常生活，但没过几天就被气走了，原因是他们认为这是他们的'家'，不要外人来管。而从实际的需要出发，TJ太阳村需要受过专业训练，有心理学、教育学背景的工作人员协助和分担W妈妈的工作。同时，工作人员与孩子们的互相磨合，也是需要足够长时间的相处和适应。

(2)资金压力是重要影响因素

虽然 TJ 太阳村有 60 亩的农田作为经济收入来支持基本的运行费用,但从孩子的学杂费、午餐费来看,仅此一项,目前在"家"里的 15 名中小学生,粗略估算每年就需要近五万元,在基本生活和教育为先的前提下,迫于资金的限制,就很难满足孩子们探望父(母)与原生家庭链接的需要。孩子心理的需求得不到应有的满足。

资金上的限制也使居住环境无法得到有效的改善,TJ 太阳村现租住的村屋冬天没有暖气,这在北方对年幼孩子们是一个巨大的挑战,也对他们的身心成长不利。例如,13 岁的 YF 在谈到对未来的期望时曾说:"就希望环境好一点,住的暖一些"。

笔者也看到,因空间的限制孩子们洗脸刷牙都在院子里进行,冬季的村庄气温基本在零下 10 到零下 14 度,异常寒冷,对孩子来说是个严峻的挑战。之所以将住地租住在城乡结合地带,是因这里的房租便宜。

(3)国家相关政策、救助机制的缺乏及政府角色的缺位

对"法律孤儿"的救助和保护,在国家法律的范畴内还是一个空白,没有专门的政府救助机构收留他们,而其身份上也不属于孤残儿童青少年的救助范围,无法得到政府部门给予孤残儿童青少年的政策福利。

部分的省市开始试点,由民政部门提供给民间救助中心的"法律孤儿"最低生活保障补贴,每月 220 元至 240 元不等,而 TJ 太阳村并没有得到当地政府的任何政策优待和支持,其在合法身份上还是工商注册,不能合法募集善款,这很大程度上限制了 TJ 太阳村作为救助机构的资金来源,也影响了聘请专业人员及提供服务的质量。

以上各种因素的影响,使现在 TJ 太阳村在未来的发展上受到了极大的限制,不能给孩子们提供更舒适的居住环境,不能保证对

父(母)的探视及与亲人关系的修复,尽管在家庭式的照顾下孩子们得到了一定程度上的健康成长,但都鉴于负责人W妈妈的个人努力,帮助到的孩子有限,缺乏持续性和可复制性,作为社会工作者有责任在其救助过程中提供必要的支援和服务,将在下一章做具体讨论。

五、"法律孤儿"救助模式的探索

(一)"法律孤儿"家庭照顾模式的经验与特殊需求

随着父母一方或双方入狱,其子女的家庭经济支柱坍塌,无法为其提供必要的经济支持;由于缺乏必要的相处时间与互动,感情交流受到阻碍,其子女无法从父母那里获得充足的亲情慰藉;对于青少年成长过程中的烦恼与困惑,其父母也无法给予及时正确恰当的支持与帮助;而且,其父母服刑带给子女巨大的心理、精神方面的冲击。总之,服刑家庭存在复合性功能危机,这给其子女的正常、健康发展带来了巨大的影响。

在孩子成长的关键时期,本来身处畸形的家庭环境中,缺乏良好的榜样,和谐的家庭气氛,如果在孩子脆弱、迷茫的时候家长不能很好地给予引导和帮助、关怀与呵护,孩子的认识很容易产生偏差,心理出现问题,甚至走上犯罪的道路。

我国《监狱法》第十九条规定,罪犯不得携带子女在监内服刑。异地服刑目前是我国的主要服刑方式,服刑地点也不能由服刑人选择或申请转狱。探视犯人就变得非常麻烦。并且服刑人员家庭大多数经济状况不好,而救助中心多为民间机构,运营艰辛,没有足够的人力物力安排经常去探视,导致亲子关系中断。

这些未成年的孩子正处于需要情感支持,需要父母呵护的敏感时期,在此时得不到父母关爱势必会影响孩子优良人格的形成。"法律孤儿"虽然也恨他们的家长,但自然亲情使他们另一方面渴望家长关爱。父辈服刑阻断了这种家长关爱,丧失了家庭的温暖,会导致孩子抑郁、自卑、喜怒无常,导致人格和性格的异常。再加上对在狱中长期服刑的亲人不了解,用想象代替了现实,通过电视、网络、报纸等得到的信息,想象出父母是一种邪恶的形象,心中充满了自卑感,使得孩子很难亲近父母,父母也无法走进孩子的内心。由于经济因素,服刑人员与其子女见面的机会并不多,亲情淡化,不利于孩子的健康成长。

综合以上"法律孤儿"的特殊心理需要和家庭教育的缺失,在救助过程中,得到真诚的爱和尊重尤为重要,而家庭式的照顾模式正满足了他们在心理层面和成长中的需要,以下将以家庭照顾模式为例重点说明。

1."法律孤儿"集中供养与家庭照顾模式

目前国内有限的十几家服刑人员未成年救助机构力量主要集中在民间组织,而大部分是集中供养的模式,例如北京、新乡的太阳村,这种方式为孩子提供了一定的生活保障,但在孩子的心理疏导、性格教育及行为引导方面的需求上却无法有效地满足。

家庭照顾模式则有效地提供了一对一的关注和个性化的服务,尤其对心理有过创伤的"法律孤儿",他们需要家庭般的心理关爱、品格教育及行为引导。国内目前主要代收代养服刑人员未成年子女的机构中,天津、大连的太阳村即是采取了家庭照顾的理念和模式。郑州的"爱童园"则是采取模拟家庭照顾的方式,当一个孩子进入救助中心时,由专业社工跟进在"过渡中心"观察、生活一到三个月,适应中心生活后,被安排在救助中心8个人的"小家庭"生活,通常配备2名生活老师照顾日常生活、监督学习等。

在"法律孤儿"的救助模式中,目前以集中供养方式为主,家庭照顾模式为辅,两者互为补充。但以TJ太阳村为例,从这种家庭照顾的环境中,可以看到照顾者能以孩子需要为出发点,提供一对一的需求关怀,并在个性上有针对性的提供发展机会,促进自我形象良好的建立和修复，使他们的身心得到各方面的发展。孩子们有机会去发现自己、认识自己，明白自己和父（母）是独立的个体，也有利于增强他们社交的基本技能，与社会外界沟通的能力，语言的表达和运用能力，表达和沟通对这些未成年人来说十分重要，也有研究指出，在家庭照顾中成长的"法律孤儿"语言发育较快，他们有充足的语言交流机会，在家庭中能得到专一的成长指导。

2."法律孤儿"家庭照顾模式的特殊需求

相对于其他困境儿童来说，"法律孤儿"有着特殊的心理需求及与家庭关系修复的需要，家庭照顾模式对其成长有有利的一面，但也需要服务的完善、政府发挥主导政策的支持，其推广可使更多有需要的儿童受益，需要建立多方面多层次的服务体系。国内孤残儿童服务的经验，从院舍养护到家庭寄养的过渡与尝试中，亦有可借鉴之处。

(1) 国内孤残儿童家庭寄养模式的介绍

目前国内的福利院，主要以照顾孤残儿童为主，传统院舍养护模式下有多方面的不足，例如统一的服务和集体管理难以满足儿童个性化发展和成长，对儿童的情感需求、社会性成长及良好习惯的形成方面存在明显缺陷。英国精神病学家鲍尔贝（John Bowlby）在1951年提出"儿童依恋理论"后，欧洲各国一些关心儿童发展的人士，认为机构教养使儿童失去了母爱，纷纷主张儿童走出院舍走向家庭寄养照顾。

民政部在2003年出台了《家庭寄养管理暂行办法》，将民政部门监护儿童委托在家庭中养育的照料模式加以规范化，据不完全统计，国内目前开展家庭寄养的社会福利机构有超过一半的孤残儿童由家庭寄养模式照顾，寄养在非亲属家庭及其他供养方式的孤儿占到孤儿总数的17.9%。当前国内孤残儿童家庭寄养方式主要有以下几种：

表5 国内孤残儿童家庭寄养方式

	类型	特征	代表
机构内部家庭照顾	工作人员型	机构工作人员和多名儿童组建成临时家庭,实施家庭式照顾	英国救助儿童会
	招聘人员型	招募人员和多名儿童组建临时家庭,实施家庭式养育	合肥
机构外部家庭寄养	农村家庭寄养型	把孤残儿童寄养在农村家庭	北京、大同
	城市家庭寄养型	把儿童寄养在城市家庭	上海
	城乡结合部家庭寄养型	把儿童寄养在城乡结合部家庭	乌鲁木齐
	城市与农村家庭结合寄养型	把正常及轻残儿童寄养在城市家庭,把残疾程度较重儿童寄养在农村家庭	成都

在以上孤残儿童的家庭寄养方式中,寄养不同"家庭"中的孩子得到了寄养家长或工作人员像亲生父母一样的照顾,由政府按不同地区给予每个孤儿每月600元至1000元不等的生活补贴,被养护的儿童和其照顾者建立了稳定的心理依恋关系,这对儿童的身心健康成长至关重要。以北京的儿童福利院为例,则顺应了孤残儿童的康复治疗与家庭生活体验需求建立了院内家庭养护模式。

(2)家庭照顾模式下,"法律孤儿"与孤残儿童的共同需要

而作为"法律孤儿",他们和孤残儿童的需要亦有相同之处,即不仅需要吃饱穿暖,更需要母亲的爱和温暖等情感的互动。儿童与母亲之间建立的依恋关系将令其更有安全感,并决定其与其他个体之间关系的特质,他们与父母的互动关系成为人的早期经验,并对其人格形成具有重要的作用。另外,他们同时需要有社会群体的关注,即他人的影响。社会学家库利提出,人的自我意识主要来自于他人的看法和评价,他人中的"重要他人"的看法具有决定作用,一个人是自信或自卑的,主要来自"重要他人"的影响,例如自己的父母、老师或其他人。作为家庭关系

严重缺失的"法律孤儿",与孤残儿童一样需要家庭的温暖关系,个性成长需要应该得到尊重和家庭支持。从这一点看,对"法律孤儿"来说,最优的方式是他们能在自己的亲属或收养家庭被寄养,享受一个社会正常家庭的温暖和照顾。而滞留在救助中心的孩子们,他们的健康成长,其救助的家庭照顾模式显得尤为重要。

(3)家庭照顾模式下,"法律孤儿"与孤残儿童需要的不同点

和福利院这些失去依靠的儿童不同的是,"法律孤儿"他们过去都受到过大大小小心灵的创伤,或是亲眼目睹杀人现场,或是在警车鸣笛中经历自己最亲密最信任的家人被带走,那种被遗弃感及所产生的恐惧、自卑等需要在日后的照顾中特别小心去处理和陪伴,消除对父母、对社会的敌视,对自己的否定,建立健全的心理健康,这一点是救助过程中最大的挑战,也是和照顾其他事实无人抚养儿童不同的地方。

从目前在救助中心的"法律孤儿"情况看,基本上都是父(母)刑期较长的孩子,即至少五年以上。而刑期在三到五年的,孩子基本上会被近亲属临时照顾。因此需要被救助的孩子,在照顾过程中必须在寄养家庭关系和原生家庭关系修复(定期的探视和父母刑满回归家庭的适应、融合)两方面兼顾,这和福利院孤残儿童中多是被遗弃的情况略有不同。

从国家的儿童福利制度来看,"法律孤儿"的身份在法律上不属于孤残范围,尚不能进入国家的儿童福利院体系得到救助。民间的救助力量薄弱,大多数救助机构还停留在解决温饱的层面,在参照孤残儿童家庭寄养模式的过程中,不得不考虑到"法律孤儿"从监护到代养代教、与原生家庭、社会融合等各方面、各环节的需要,这不是单单一个寄养家庭家长可以自行承担的,需要政府支持、社会救助各方的参与。

(4)临时监护权身份的保障

当一个服刑人员的孩子进入一个代养代教的家庭,首先是他的监护权转移,而从调查中了解,一半以上的孩子被公安部门送到救助中心前,存在事实无人抚养的状况,即父母一方服刑,另一方下落不明或失踪。将孩子的监护权转移给救助中心,没有法律上的依据,使类似于天津、大连等地的太阳村特殊儿童救助中心接受孩子时战战兢兢,一方面收留不合法,一方面孩子又不能送到国家的福利院(不符合孤儿接受政策的规定),出于人道暂时将孩子接管下来。对于孩子监护权缺失的状态,需要国家给予立法,授权民政部门可将其转移给救助中心"家长"暂时履行,给民间救助中心的照顾者一个合法的身份保障,使其照顾孩子的过程不再担心因为收留"不合政策规定"陷入尴尬的处境,更避免类似河南兰考七名行动能力缺失的寄养儿童在无人照料时命丧火灾等悲剧的发生。

因此,首先,要对"法律孤儿"的身份给予法律上的保护,将其中事实无人抚养的群体列为孤儿的照顾范围,使国家行使其监护权,在民政部下属的儿童福利院或救助中心得到及时照顾。发挥政府主导、民政牵头、部门负责、社会参与的积极力量。

(5)对监护家庭的评估、培训等资源支持

作为"法律孤儿",当从原生家庭剥离进入另一个"新的家庭"时,需要由专业的社会工作人员帮助其评估一个家庭是否有能力有基本的服务技能去接纳这个孩子,并帮助家庭照顾者与孩子一起适应,面对心理状况需要疏导并给予照顾者专业的支持,当孩子与照顾者逐渐建立家庭依恋关系时,也需要照顾者明白,孩子父(母)的刑满出狱是需要有一天回归原生家庭的,如何帮助孩子消除对父(母)或其他亲属的不理解,甚至仇恨,帮助其与服刑中的父(母)修复关系,是"法律孤儿"家庭照顾模式照顾下长期重要的工作,照顾者需要专业的工作人员给予定期的支持,包括各种特殊心理知识、教育常识等资源的帮助、指导。

另外，从中国传统文化对"法律孤儿"身份的歧视和影响方面来讲，家庭照顾模式下的"家长"们也承担着来自学校、社区邻里、甚至政府部门的巨大心理压力，例如在调查中，照顾者和长期志愿者反映：

"管理这些孩子，有个老师说，你和一群小魔杖在一起生活。他（指服刑人员子女的孩子）出门的时候必须看周围有没有人，谁会不会在后边指点他。为什么要给他们增加这么多负担呢？"

"有人问我你能培养几个大学生？苦啊累啊实际都没什么，就是心理上有时候过不去，做了这些工作好多人不理解，你为什么这么做？这肯定有什么目的？利益在？要不然，那么苦，你还在做？你怎么解释？真的不被理解，有时自己也不理解，我为什么？带不是自己的孩子，还那么难带？"

——TJ 太阳村负责人

"有一次，我去接大学生过来，就遇到一位老婆婆（指某邻里）婆婆说，王姨（家庭照顾模式的负责人）做这个有什么什么目的，就功利那方面的。我想跟她解释来的，这个你不懂就不要乱说。哎，别人的嘴你没法……"

——TJ 太阳村长期志愿者，大学生

"民政局的领导过来了，就说我爱管闲事儿，好像我管的是一群炸弹，不理解，也不支持（摇头），工作难做。"

——DL 儿童村负责人

"有一孩子最近又偷东西，W 爸爸（指照顾者）伤心极了，出来开会心里也不踏实，又觉得这是家丑不好和大家（指社工）说，其实，哎，我也不知道怎么劝他。"

——DL 儿童村长期志愿者，教育工作者

社会上不同群体对"法律孤儿"不良的看法，即存在的歧视，社会排斥也会对孩子们的被照顾的需要产生影响，照顾者若不能得到支持和认同，救助工作则难以持续长久进行，孩子们被救助的过程稍有不稳定就会影响其归属感,有些孩子会认为,"是不是因为我不够好?爸爸妈妈不要我亲属不要我,救助中心的妈妈工作人员也不要我。我真是令人讨厌"。而产生对自我的厌弃,反映到对其自我实现的需要。

如何帮助照顾者应对社会上不同群体对"法律孤儿"不良的看法,使其救助的工作长久并保持热度,得到社会的认同和支持,需要持续性地对照顾者给予指导及理念上的引导,即对照顾者的能力建设等方面的培训和支持。

(二)社会工作在"法律孤儿"家庭照顾模式中的介入与建议

1.社会工作在家庭照顾模式中的具体介入空间和思考

"法律孤儿"面临的处境复杂,得到救助的比例甚微,而对于相对有利于群体健康成长的家庭照顾模式,社会工作者也应该在各个方面给予支持,笔者认为可以从服刑人员子女的服务需要、家庭照顾救助模式的完善与发展、社会意识与政策的倡导三个层面入手:

(1)"法律孤儿"服务的需要

社会工作者可以提供家庭照顾模式的家庭招募和筛选、进入家庭离开家庭之后的情绪疏导、在具体服务中采用个案、小组等专业工作手法,以优势视角看待他们的需要,将社会工作专业的优势如价值观尊重、接纳、保密等运用到实际的服务当中,传递以生命影响生命的服务理念,帮助服务对象感受被爱和尊重、自我的实现,这也正是"法律孤儿"在现实处境中的需要。

例如,在郑州的"爱童园",即有专职社工介入,帮助新入园的服刑人员子女在中转中心适应环境,对服务过程中发现的个案需要,提供一对一的跟进、心理疏导,当孩子经过一至三个月的适应期后,再进入中心的小家庭生活。再如对于类似在中心出现半夜被噩梦惊醒、极度没有安全感而抢食抢物的情况,照顾孩子们生活的爱心妈妈则可以在社工那里得到及时的指导和支持,帮助孩子疏导情绪,减低紧张感。

(2)帮助救助中心完善其服务模式,提供资源的链接,并支持各家庭照顾者的发展及能力建设

针对探视难的问题,协助家庭照顾者寻找各相关方的支持,包括监狱系统、社会资金、志愿者团队等的参与。而对家庭照顾者在日常管理中存在的各种问题和需要,社会工作者提供专业的培训和评估、监督。

例如,香港善导会乐天伦中心,开展"蓝巴士计划"帮助服刑人员子女和家庭关系的重建、融合,进而发展他们成为志愿者,参与社区活动帮助同背景的家庭和孩子。而社会工作者就在这中间做了很多桥梁性的工作,协调、培训、引导、寻找资源。再如,社会工作者可利用小组工作的方式,为各个家庭照顾者开展不同主题的互动,建立互相支持的网络和分享平台,使他们各个家庭之间形成互助小组、资源支持系统。

(3)倡导社会参与救助,通过家庭照顾模式的探索尝试与成果展示,推进国家对"法律孤儿"保护政策的建立

以"法律孤儿"为中心,推动成立专门的机构统筹管理和发展家庭照顾模式,以项目运作方式,采取迈小步、逐渐推进完善这种模式,将这一被社会忽视的困境儿童群体的现实状况与服务经验,向社会大众呈现,提升对该群体的认识,消减社会歧视,并对国家和政府为"法律孤儿"建立全民的社会保护体系提供可借鉴的策略与建议。

例如,"法律孤儿"权益保障方面,调查中发现多数民间救助中心的"法律孤儿"有一半的孩子没有户口,有非婚生和计划生育之外出生的孩子,潜在的需要是他们到高中即面临升学的难题(中国的户籍政策要求,必须有户口才可以上学)。社会工作者应在他们的具体需要上争取国家对这一困境儿童的帮扶,解决户口的难题,例如推动民政、公安各方的关注和重视,在救助中心建立集体户

口,使这些孩子有学上,也避免孩子们将来面临的升学、就业住房中没有身份的难题,为他们的需要发出一个切实可行、有力量的声音。

2.关于对"法律孤儿"救助工作的建议

对"法律孤儿"整体的救助工作,民政部在2013年提出"政府主导、民政牵头、部门负责、社会参与"的口号,而从实务的研究中发现,针对该群体救助中存在的正式与非正式的社会排斥与需要满足,从实施上,笔者建议从以下三个方面开展具体的工作:

(1)为"法律孤儿"权益保障立法,尤其是监护权制度的明确

司法部2005年的调查统计结果显示:12%以上的"法律孤儿"父母双方均受到过刑罚处罚,全国目前大约有近6万个服刑人员家庭的未成年子女的监护权,发生事实上的丧失或者缺损,他们的生活状况、教育状况受到严重的威胁。当他们父母双方一旦入狱,他们的监护权即出现断层,有的可能会流浪,或辍学,国家尚没有一个专门的部门来负责其临时监护权转移,社会制度也将其排斥在孤儿救助之外,没有法律体系来保障这些事实无人抚养未成年人的权益。

民政部在2013年6月27日的《四地试点建立适度普惠型儿童福利制度》中,首次将"法律孤儿"列入困境家庭儿童的救助范围,尽管是在部分试点的福利政策尝试,但对"法律孤儿"来说,从政策方面是一项有力的推进。对这一困境群体的救助首先要保障他们的基本生存问题,这一点国家法律上仍是空白,没有专门的部门来负责,没有立法保护,尤其是监护权制度不清晰,当家庭瓦解或认定孩子的父母及近亲属不能履行监护职能,需要明确由民政部门履行临时监护权,确保孩子有接替的监护人。

(2)以政府主导,完善救助中心全方位的建设与监督监管体系

目前,"法律孤儿"的救助力量主要在民间的机构,建议政府通

过民政部门,一方面扶持这些社会救助力量的发展,例如支持在中心的这些孩子的基本生活费用,启动最低生活保障制度补贴,或政府提供照顾场所,以减轻民间救助中心的压力,充分发挥其救助的积极性。

另一方面健全民政部下属救助站、未成年人保护中心、儿童福利院等机构对"法律孤儿"照顾接管服务,设立专门的场地、工作人员,设立社工岗位体系,优化服务。例如,在上述单位中设立专岗或专项基金作为保证,引进社工介入,打破机构分割局面,从孩子的父母出现监护职能缺损到送往机构寄养,孩子正常进入学校接受教育,再到父(母)刑满恢复监护职能,社工一直跟踪孩子的情况,中间过程则由公安、司法、法院、民政、妇联、共青团等多部门配合完成,明确职责顺序,形成无缝隙联动服务机制。这在国内目前已有如郑州、宝鸡等地在试点进行,应以政府为主导力量,大力支持发展,并建立第三方的监督、评估服务体系。

从具体的服务模式上,借鉴国外经验及孤残儿童照顾的服务模式,应建立院舍照顾即集中供养模式为过渡,家庭照顾模式为主,发展寄养家庭方式相结合的服务体系,使"法律孤儿"在各个阶段尽可能得到及时的照顾和支持,将他们的需要列入在社会救助的体系当中,杜绝如南京女童饿死的惨案再发生。

(3)加强社工队伍建设,重点培训一线服务人才专业技能

对"法律孤儿"的救助,需要高层次的文化理念做引导,转变社会对该群体的不利看法,从排斥到社会融合,在救助工作中建立陪伴孩子成长、让孩子们学会坚强、敢于接受挫折、提升抗逆能力等文化和理念,充分发挥社会工作者的专业优势,这需要对社会工作者有较高的素质要求,国内的社会工作者尚在发展的初级阶段,人才的培训需要包括在对"法律孤儿"的生活照料技巧、生活技能培养、教育培训等方面的学习,也需要社会工作者

在实践服务的过程中持有以儿童需要为本的理念和研究意识，以优势视角、发展中的理念去看待和服务这一群体，充分发挥社会工作者在他们当中"重要他人"的影响力。

综合以上建议，从国家宏观政策上看，应健全救助体系福利政策。"法律孤儿"的福利问题一定要上升到国家政策。民政部试点不能解决国家立法的问题，没有法律授权财政部门对民政部门的支持就有限制，如果问题停留在部委层面上，摆脱不了互相推诿的局面，因此，为"法律孤儿"权益保障立法是解决他们处境的优先战略。另一方面，救助"法律孤儿"不能单独靠钱来解决，需要使用特定的技术"给钱"，需要考虑专业技术，形成整体的服务体系，社会的共同参与，将相关的志愿者动员、照顾者回馈、社工技术的运用、检测评估等一系列的体系建立起来，以最好地满足他们的需要。

六、研究结论与后续研究建议

(一)主要研究论述

根据以上对"法律孤儿"现状及救助情况的分析发现，"法律孤儿"面临的困境复杂，心理需要及家庭关系重建迫切而被忽略，他们的健康成长也将直接影响到其服刑中的父(母)的安心改造与社会稳定。

从 TJ 太阳村的个案中，其救助中面临的种种无奈，社会制度、语言文化非正式的社会排斥对"法律孤儿"的需要满足又有很大的影响，尽管家庭照顾模式是对他们成长最有利的一种救助模式，但从现状来看，国家对其保护体系的主导身份需要被建立健全，社会工作者在完善其服务需求的过程中扮演着重要的角色，从救助一线孩子的实际需要，到救助模式中家庭照顾者的帮扶支持、国家立法层面对该群体的权益保障缺失，社会工作者必须肩负起重任，参与并推动社会建立关爱体系。对"法律孤儿"这一困境儿童的救助,不应是出现问题,甚或走向犯罪时解决。

(二)研究局限

本研究中,出发点是从"法律孤儿"的需要出发,在与TJ太阳村的服务对象接触中,逐步发现该中心"法律孤儿"呈现的需求及被救助的现况,均和文献整理与部分救助中心研究中不同,继而总结出家庭照顾模式对该群体救助的经验,在尝试探索如何完善的过程中,与集中供养模式、孤残儿童家庭寄养模式分别进行了整理和对比,发现在这一领域救助中,其权益保障和立法层面的缺失,最后对社会工作介入提出了微观服务、中观管理与资源支持、宏观政策推进三个层面的救助建议。

由于时间的有限,本研究无法实现到其他各服刑人员未成年子女救助中心做家庭照顾模式的个案调查和服务对象的访谈,调研结果与分析上难免出现偏颇,加上研究者本人的理论水平和文字能力有限,未能对具体存在的问题,例如该群体的户口困境现状和影响等加以深入研究。对传统文化对"法律孤儿"救助的影响也没有能深入去了解,例如访谈中发现该群体爷爷或奶奶有"只要不饿着孩子就是上不起学,也不送去救助中心,丢不起那人"等的观点,时间的关系,这方面缘由难以取证深入了解。再则,对社会工作介入的思考也需要具体的实践加以求证,使研究仅停留在探索阶段,希望在未来的工作中,进一步深入这一领域的实务研究。

(三)后续研究建议

"法律孤儿"在国内得到救助的不足5%(2006年司法部调研数据),近70万的群体面临的服务需要是复杂多样的,而这一群体所产生出来的问题越来越受到重视,社会工作者如何在具体的服务中实践对他们最有利的帮扶和救助,社会工作的专业价值观和工作手法如何去运用以回应他们的需要,是研究者未来期望不断探索的方向。例如在接下来的具体工作中,笔者将结合所在单位的资源,选取 TJ 太阳村、DL 为重点支持单位,依托高校人才力量,将社会工作的个案、小组、社区主要工作手法带入服务中,并通过召开"法律孤儿"社会救助研讨会的形式,推动国家民政体系内的各救助管理站关注"法律孤儿",提升其服务意识,传递社会工作专业价值观理念,为未来发展寄养家庭照顾及政府主导支持服务奠定基础。希望这些角落中的孩子能得到全面的发展,和家庭融入和社会融合,健康快乐的成长。

"法律孤儿"陪护人员的专业养成路径

一、问题的提出

××市太阳村创办于2004年8月,由热心儿童救助人士利用非国有资产,从事非营利性儿童救助的社会组织,主要职能是集中代养代教在押服刑人员未成年子女,单位注册登记管理机关是××市民政局。现收养孩子74名,工作人员14人,其中"爱心妈妈"有5人。"法律孤儿"幼年时期的遭遇对其心理、认知、行为都产生了不可忽视的影响,需要更多的关怀和支持。在生态系统理论视角下,人类被看作是通过与环境的各种因素的相互作用来发展和适应的。社会工作试图对人与自然和社会环境间的功能失调的处理,来强化能力、整合治疗和改变问题。××市太阳村作为"法律孤儿"生活的一个社会系统,"法律孤儿"、"爱心妈妈"以及行政人员作为这个系统里面的子系统而存在,各子系统与整个系统,各子系统之间都会相互影响,促成变化。可见"爱心妈妈"在这个系统中扮演的角色非常重要,因此,在代养的基础上要更加注重代教功能的发挥。但是,××市太阳村的"爱心妈妈"还存在着文化水平低、缺乏专业知识,已不能满足陪护需要等问题,已经无法满足"法律孤儿"当前的发展要求,因此需要探索"爱心妈妈"的专业养成途径。

二、国内外研究评述

国外有关"法律孤儿"的研究主要从五个方面进行:一是"法律

孤儿"的成因研究(Nell Bernstein,2005;Rosemary,2003);二是"法律孤儿"所处困境现状研究(Gabel,1992;Gaudin & Sutphen,1993;Smith & Elstein,1994);三是对"法律孤儿"救助策略和经验研究(Room,1999;Rosemary,2003);四是政府出台的有关"法律孤儿"救助办法的研究(Laver,2001;Ganty,Lee,Laver,2005),五是有关在押服刑人员与其未成年子女之间亲子关系的研究(Bernstein,2005;Rosemary,2007)。我国政府在2006年首次从政策层面针对"法律孤儿"颁布了《关于开展为了明天——全国服刑人员未成年子女关爱行动的通知》。在这之后,"法律孤儿"这一群体渐渐走进大众视野,研究面向主要包括"法律孤儿"的生存现状分析(常扬,2000;冯萍,2005;朱华燕、朱华军,2008)、问题探讨(张雪梅,2004;刘新玲、杨优君,2007)、救助途径探索(周涛,2005;郭鑫 2006)等方面。国内学者也有探讨政策建议方面的内容,但是为数不多,文献也比较难找。

国内外关于"法律孤儿"的研究基本包含面向有:"法律孤儿"的成因研究、生存困境研究、救助策略研究、政策建议研究等。这些研究很大程度上为"法律孤儿"赢得了社会支持和生活资源,推动其社会融合。本文开发出新的角度,从人际需要理论出发,以新乡市太阳村"法律孤儿"陪护人员——"爱心妈妈"为研究对象,探讨"爱心妈妈"的专业养成。希望能够为"法律孤儿"的健康全面的发展提供新的思路和灵感。

三、概念界定

(一)法律孤儿

"法律孤儿",指因父母触犯法律而处于事实孤儿状态、需要社会救助的未成年人,即因父母均在监狱服刑,或父母一方在监狱服刑,另一方已死亡、无能力或其他原因没有得到有效监护的服刑人员未成年子女。(王君健、寇薇,2013)

(二)陪护人员

本文研究对象是新乡市太阳村"法律孤儿"的陪护人员,特指与孩子生活在一起的生活照顾者,孩子们称呼她们为"爱心妈妈",不包括新乡市太阳村的行政人员。

(三)专业养成

专业养成是指陪护人员在照顾"法律孤儿"的过程中有意识的挖掘其需要,在需求导向的视角下,发挥主体性与能动性,锻炼自己的角色变换能力,为"法律孤儿"提供全方位、多层次的服务。专业养成作为实践理念指导实践,作为动态发展过程不断完善。

四、研究设计

(一)研究对象

本次研究对象是新乡市太阳村的"爱心妈妈"。

1. 场域优势。新乡市太阳村是集中封闭式管理,有五间起居室,分别为大男生屋、大女生屋、小男生屋、小女生屋以及宝宝屋。每个屋子配备一名"爱心妈妈",她们和孩子们同吃同住,与孩子们接触的时间更多,关系更加亲密。

2. 年龄优势。"爱心妈妈"作为长者,社会阅历、见识比孩子们丰富,能够发挥其引导优势,用自己的行为为孩子们树立榜样,潜移默化地对孩子们产生正面影响。

3. 角色优势。"爱心妈妈"在其本身的原生生活中已为人妻、为人母,在养育和教育孩子方面有一定的经验,更了解孩子们的情绪及行为变化,更容易把握孩子们的心理和生活状态。

(二)研究方法

1. 无结构式访谈法

无结构式访谈也叫深度访谈或自由访谈,它不依据事先设计的调查问卷和严格程序,只有一个访谈的范围或主题,由研究者和被访者围绕这个主题或范围进行比较开放自由的谈话。它的主要作用在于通过深入细致的访谈,获得大量的定性资料,并通过研究者深刻的、洞察性分析,概括得出某种结论。无结构访谈最大长处就是充分发挥访谈双方的主动性和创造性,弹性大,灵活性强。根据被访对象的数量,无结构访谈可以分为个别访谈与集体访谈两种。

(1)个别访谈

个别访谈是一个访谈员同一个被访者围绕一个访谈主题单独进行的自由交谈。访谈开始前,可以制定访谈提纲,但并不是严格按照访谈提纲的顺序提问,访谈员可以根据访谈过程的实际情况进行调整。访谈员在被许可的情况下可以对访谈内容录音。在进入太阳村之后,研究者将访谈分为两次,第一次访谈3个对象,第二次访谈两个对象;访谈地点是"爱心妈妈"各自所在的起居室;每个访谈对象时间为30分钟。研究者在访谈过程中做好记录,当天结束之后做好资料汇总。

表1 访谈对象编码说明

受访地点	XXSTYC:新乡市太阳村
年纪	_____岁
受访者性别	F:女性　　M:男性
访谈对象	O1:爱心妈妈　　OA:孩子
受访者教育程度	1.初中及以下　2.高中　3.本科　4.研究生　5.其他
工资	_____元/月
工作年限	_____年
入园年限	_____年

表2 "爱心妈妈"基本情况统计表

序号	访谈对象编码	性别	年龄	工资	受教育程度	工作年限
1	XXSTYC－01	F	52	1000	1	2
2	XXSTYC－02	F	50	1000	1	3
3	XXSTYC－03	F	52	1000	1	1
4	XXSTYC－04	F	49	1000	1	4
5	XXSTYC－05	F	53	1000	1	2

(2)集体访谈

集体访谈也称座谈会,是将若干个访谈对象集中起来,同时进行访谈的方法。集体访谈过程中不仅存在着访谈员与被访者之间的互动,同时还存在着不同的被访者之间的社会互动。在集体访谈开始之前,研究者事先制定访谈提纲。为了使访谈对象具有代表性,从五个起居室随机抽取两名孩子,共10人进行座谈会。访谈地点在新乡市太阳村阅览室,访谈时间为90分钟。在访谈过程中,工作者使用通俗易懂的语言进行提问并做好记录,观察不同的被访者之间的社会互动,关注极少发言的对象并鼓励其发言。对于有争议的问题做适当的解释,寻求更加完整和科学的答案。

表3 访谈对象基本情况统计表

序号	访谈对象编码	性别	年龄	入园年限	备注
1	XXSTYC－0A	F	5	3	
2	XXSTYC－0B	F	9	7	
3	XXXTYC－0C	M	7	5	兄弟二人
4	XXSTYC－0D	F	8	5	
5	XXSTYC－0E	M	10	6	
6	XXSTYC－0F	F	12	9	兄妹二人
7	XXSTYC－0G	M	11	6	
8	XXSTYC－0H	F	8	4	
9	XXSTYC－0J	F	9	3	
10	XXSTYC－0K	M	6	2	

2.参与观察法

参与观察法就是研究者深入到所研究对象的生活背景中,在实际参与研究对象日常社会生活的过程中所进行的观察。其本身是一种非结构的观察。查姆布里斯和舒特提出了三种角色:完全参与的角色、参与和观察混合的角色和完全观察的角色,前者和后者研究者的身份是隐蔽的,中者身份是公开的。在本次研究中,研究者扮演的是隐蔽身份的完全观察者角色,深入新乡市太阳村,观察并记录"爱心妈妈"的工作内容、管教方式以及在处理孩子之间冲突的解决策略。

(三)研究意义

1.理论意义

通过本次研究,希望"法律孤儿"这一群体能够得到社会各界的广泛关注,为他们创造一个安定和谐,有爱的生活环境。当前此类研究大多是针对"法律孤儿"本身的研究,包括"法律孤儿"现状研究,救助途径探索等。本文以陪护人员"爱心妈妈"为研究对象,在人际需要理论的指引下,以需求为导向,探究其专业养成途径。希望此次研究可以丰富并推动"法律孤儿"这一群体的研究成果,为其健康成长助力。

2.现实意义

通过本次研究,希望新乡市太阳村能够加强"爱心妈妈"的专业培训,在发挥其照顾者角色的同时,开发出更多的角色,提升整体素质。在社会工作理念的指引下,建立工作规范和监督机制,推动其能力建设,不断促进专业养成。从而更好地为"法律孤儿"提供服务,使其能够健康快乐的成长。

(四)研究创新与研究不足

在研究中,深入新乡市太阳村做访谈观察,获得第一手资料和信息。创新性体现在以社会工作"人在环境中"专业理念为宏观指导思想,选取研究对象;以需求为导向,多维度挖掘需求,开发角色;运用社会工作专业知识发现问题、解决问题。总的来说,研究对象独特,研究切入点新颖,开发出"法律孤儿"这一群体新的研究面向。不足之处在于单纯使用定性研究方法,缺少了量化数据的支撑;资料分析的深刻性和透彻性还有待提高,要不断培养自己通过现象看本质的能力;对策建议可以更加具体,加强实操性。

五、"爱心妈妈"存在问题现状分析

(一)受教育程度低,缺乏专业陪护知识

通过调查发现,"爱心妈妈"都来自新乡市太阳村周边村落,均是无业的家庭妇女,受教育程度都处于初中及以下水平,在孩子们的学习方面难以发挥作用。在对"爱心妈妈"的访谈过程中,访谈对象XXSTYC－02说"孩子们现在存在的普遍问题是学习兴趣不高,学习成绩很难提升。但是我们又没有能力去帮助他们,孩子们现在所学的知识我们看都看不懂,更别提辅导他们了。我们能做的只有不断地催促他们完成作业,但是效果也不是很明显。我们很欢迎大学生来辅导孩子的作业,帮助他们改善学习成绩。"在对孩子们的访谈中,访谈对象XXSTYC－0C说:"我们屋的'爱心妈妈'会随意翻大家的柜子,没收大家的玩具,有时会把玩具带回家给自己的孙子玩。"

(二)工作内容单一枯燥,角色效能薄弱

在访谈中五位访谈对象都说到她们的主要工作是照顾孩子们的生活起居,重点任务是保障孩子们的安全,主要扮演的是照顾者的角色。具体内容包括关注孩子的个人卫生,比如督促孩子们洗澡、理发、换洗衣服、整理内务等。她们在孩子的学习上发挥的作用非常有限,能够做的就是不断地催促孩子们完成作业,有时候还会引起孩子们的反感,辅导孩子们写作业更是无能为力。访谈对象XXSTYC－0D说:"'爱心妈妈'从来不辅导我们写作业,只会

催促我们,不会的题再催还是不会,不知道他们是怎么想的。"在日常生活中,很少与孩子们有情感上的互动,很少关注孩子们的内心需求,偶尔在解决孩子之间的冲突时才会对孩子有深入的关注。访谈对象XXSTYC－0J说:"'爱心妈妈'除了管我们吃穿,很少与我们谈心,我觉得"爱心妈妈"很难接近,我不敢和她说话。""爱心妈妈"单纯发挥代养功能,代教功能明显滞后和不足。其工作内容单一,角色呈单一性、机械性等特点,需要在其角色开发上做出尝试和努力。

(三)专制型管教方式为主,缺乏民主观念

从研究者的参与观察来看,新乡市太阳村内"爱心妈妈"都存在着或轻或重的言语暴力,管教方式也倾向于专制型。"爱心妈妈"在处理不听话的小孩时会对其大喊大叫,她们认为这样会使小孩害怕并遵从她们的意愿行事。研究者在观察过程中发现,"爱心妈妈"最想达到的目的是孩子对其言听计从,不吵不闹,营造一个安静、舒适的生活氛围。这与"爱心妈妈"在访谈过程中表达的诉求是一样的。访谈对象XXSTYC－03说:"我们每个'爱心妈妈'要照看10－15个孩子,孩子的天性就是喜欢玩闹,每天处理孩子之间的矛盾就已经筋疲力尽;天天呆在这种嘈杂环境中,时刻担心孩子们的安全,心理压力非常大。因此,我会倾向专制型的管教方式,主要以吼叫为主,我发现这样的方式是奏效的。当孩子看到我生气,听到我严厉的训斥,他们会立即安静下来,去做自己的事情。这样的管教方式帮我们省了很多麻烦。"访谈对象XXSTYC－0F说:"我认为有的'爱心妈妈'做的很过分,整天吼我们,非常严厉,导致我们很多事情都不愿意和她说。宝宝屋的'爱心妈妈'就很好,很少吼他们。"专制型的管教方式会让孩子们养成专制型人格,凡事必须以自己为主,对他人高度控制,但在社会互动中并非这样,因此孩子们会处处碰壁从而产生心理落差,不利于其发展。

(四)素质参差不齐,自我管理意识薄弱

"爱心妈妈"的受教育程度低,都处于初中及以下水平,从而会影响自身的素质水平。她们和孩子们天天生活在一起,会潜移默化地影响孩子。访谈对象XXSTYC-0H说:"我认为'爱心妈妈'的行为对我们的影响非常大,她做得好,我们才能跟着做好。'爱心妈妈'经常吼我们,有的孩子就拉帮结派,当小霸王,欺负其他孩子。"在研究者的观察中也发现孩子们通常会以讨好或武力的方式解决问题。访谈对象XXSTYC-0K说:"我们屋的'爱心妈妈'在解决两个小孩之间的冲突时非常细心,会了解实情,耐心地开导他们,让他们相互说对不起,重归于好。有时候'爱心妈妈'做错事情也会向我们说对不起。"研究者问太阳村是否有关于其工作道德规范、监督机制和激励机制等明文规定时,得到的答案是没有。由此可见,新乡市太阳村对"爱心妈妈"的管理松散,缺乏制度化建设;其自身管理意识薄弱,有待提高。

六、"爱心妈妈"专业养成提升策略

(一)"爱心妈妈"专业养成策略路径

需求分析 → 角色开发 → 角色保障 → 专业养成

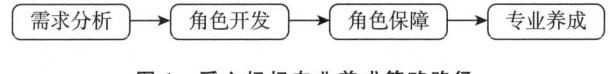

图1 爱心妈妈专业养成策略路径

"需求分析—角色开发—角色保障—专业养成"该策略路径可以作以下阐释。本文立足于舒茨的人际需要理论,作者认为"法律孤儿"在人际互动过程中有三种基本需要、即包容需要,支配需要和情感需要;为了能够更加精准地开发出"爱心妈妈"的更多角色,还要进一步明确需要的具体面向,再根据这些具体面向进行角色开发;角色开发完成后,需要制定一系列措施保证角色效能的持久性;在这个过程中不断的修复、完善"爱心妈妈"的角色,从而提升

其专业养成。

(二)对策建议

1.专业养成第一步:立足理论和实地研究,精确把握需求。

舒茨人际需要理论认为个人在社会交往过程中都有三种基本需求,分别是包容需要、支配需要和情感需要,"法律孤儿"也不例外。包容需要是个体想要和他人接触和社会互动、觉得自己隶属于某个群体并与他人建立并保持一种相互关系的需要。"爱心妈妈"要注重"法律孤儿"的社会互动,既包括同伴之间的互动也包括与自己的互动。支配需要指个体受别人控制或控制别人的需要,如果成长在有要求又有自由的民主气氛里,就会形成民主型行为倾向。而如果生活在高度控制或控制不充分的情景里,就倾向于形成专制型或是服从性的行为方式。太阳村的"法律孤儿"目前存在"小霸王"现象,明显已经习惯于专制型行为方式,相应的就会存在"替罪羔羊"等弱势孩子。因此"爱心妈妈"应该以身作则,避免以吼叫打骂为主的专制型管教方式,要营造出一种民主自由和谐开放的生活氛围。情感需要是指个体爱别人或被别人爱的需要。"爱心妈妈"要对孩子们有适度的感情介入和关怀,不能过分地溺爱孩子,也不能冷落疏离孩子。综上所述,"法律孤儿"所面临的需求有在增强社会交往与互动的包容需求;营造民主自由、和谐开放的生活氛围及关怀为主的柔性管教方式的支配需要;渴求内心关怀,情绪疏导的情感需要。在这些需要的推动下,"爱心妈妈"才会有努力的方向。

2.专业养成第二步:角色开发,提升"液体角色"融合能力。

"液体角色"[8]运用在社会工作领域中,强调的是社会工作者角色的多元化和融合能力。在复杂多变的实务场景中,社会工作者要根据实际情况发挥实践智慧,主动承担起某部分缺失性角色,促进功能完善。其灵魂在于社会工作者的综合能力与因应能力。"爱心妈妈"也应该尝试角色的扩充和融合,将"液体角色"的概念运用到实践中。

(1)联接者。根据人际需要理论三维需要之一包容需要,即促进孩子们融入集体,在与他人的互动交流中增强自我认同和归属感。太阳村的孩子们由于童年遭受巨大的心理创伤,形成了孤僻、害羞、害怕陌生环境的性格特点。一个屋子里面的孩子之间会存在隔离现象,会出现三四个被隔离对象,在任何活动中都没有他们的身影。另外,孩子们形成的日常玩伴群体缺乏稳定性和长期性,聚集在一起的原因是有"好处"可得。比如某个孩子有好吃的零食,新颖的玩具,那么其他的孩子会倾向于靠近他,保证自己能够得到"好处"。可见,在这样一种短暂的,变化多端的人际关系中,维持因素不是共同的兴趣、目标,而是带有功利性的"好处"。长期如此,孩子们会发现自己的人际投入所得成果甚微,根本没有一种长期、稳定的人际关系,进而内心的孤独与落差会导致自我怀疑,怀疑自己的能力,性格,甚至会觉得大家都不喜欢自己,因为自己没有从人际交往和社会互动中得到安全感。在这种情况下,"爱心妈妈"就要承担"联接者"的角色,联接孩子与孩子,孩子与社会之间的互动。"爱心妈妈"要发挥主体性增强孩子之间的互动,重点是互动因子的选择和维持。互动的过程,是孩子们相互包容,获得安全感和归属感的过程。

(2)引导者。根据人际需要理论三维需要之一支配需要,即促进孩子们平等交流,避免使用暴力武力解决问题,营造民主互助的生活氛围。从访谈和观察的结果来看,太阳村内的"爱心妈妈"都存在着或轻或重的言语暴力,管教方式也倾向于专制型,在这方面,作者侧重于"爱心妈妈"本身行为的改变。社会学习理论强调,行为的改变可以通过观察、模仿、学习获得。"爱心妈妈"和孩子们天天住在一起,具有他人无法比拟的场域优势,其日常管教方式和处事态度都潜移默化地在影响孩子。"爱心妈妈"作为孩子们的日常照顾者,更应该承担起引导者的角色。首先,在处理孩子之间的冲突矛盾时,注意语气、态度,认真了解矛盾双方情况,弄清事情原委,争取公平公正地处理问题,为孩子们做好表率。其次,在管教方式上,以交流和教导为主,给孩子们传输平等交流,民主的观念,而不是谁的声音大,拳头大就厉害。最后,"爱心妈妈"拥有丰富的人生阅历,应该发挥自身的优势,在平日里运用寓教于乐的方式向孩子们传递一些正确的价值观,但是要避免"我是权威"的心态,在与孩子们的交流中,依然秉持平等、民主的理念。

(3)情感疏导者。根据人际需要理论三维需要之一情感需要,即增强"爱心妈妈"与孩子之间的情感交流,为孩子们建造一座心灵停靠站。太阳村的孩子由于童年遭受的心理创伤,会为自己裹上保护壳,害怕与别人交流也刻意地与他人保持距离。在这种情况下,"爱心妈妈"就该承担情感疏导者角色,积极主动地靠近孩子,了解孩子。用真诚、关怀的态度陪伴孩子,让其感受到温暖,被重视。情感疏导者的任务有陪伴、倾听和反馈。陪伴注重的是坚持和耐心,"爱心妈妈"天天和孩子们住在一起,看似在陪伴,其实不然。这份陪伴需要被孩子感知到,孩子在心底不再害怕,想倾诉的时候是可以去找"爱心妈妈"的。倾听注重的是同感和关怀,但当孩子们诉说心里烦心事时,作为倾听者的"爱心妈妈"应该尽可能地站在孩子的角度想问题,设身处地思考孩子所处的情景和感受,适度地表达同理心和关怀之情。"爱心妈妈"不要以自己立场和视角来评判孩子的问题,认为他们的问题理所当然,没什么大不了的,这样会打击孩子的自尊心,只会导致孩子们越来越少的分享。反馈应该当注意的是建议和自决,得到孩子们的求助时,"爱心妈妈"应该与孩子们共同讨论解题策略,其任务是帮助孩子厘清问题的基本性质,各种因应方式的利弊,让孩子自行决定该选用哪种方式去解决问题并且告知其应该为自己的选择负责。情感疏导者的作用无疑是巨大的,孩子内心的孤独、恐惧和渴望被爱都需要一个合适的纾解途径,同伴可以起到作用,但是需要"爱心妈妈"的组织和指导,这就需要她们发挥自己的实践智慧,可采取一对一帮扶或者形式新颖的活动帮助孩子们打开内心,释放感情。当然最重要的是"爱心妈妈"日常的不懈努力,在照顾孩子生活起居的同时,多关心孩子们的内心世界,关注孩子的情感需求并采取行动。

3. 专业养成第三步:加快角色保障制度化建设。

作者按"需求分析——角色开发——角色保障——专业养成"的决策分析路径,开发出"爱心妈妈"除了照顾者角色之外的联接者、引导者和情绪疏导者三种角色。角色开发出来之后,要想这些角色真正地发挥效能,还需要制定一些保障措施。在访谈和观察过程中,"爱心妈妈"所暴露出来的问题有文化水平低、素质参差不齐、年龄偏高、性别单一、自我管理意识薄弱等。

作者针对以上问题提出以下可行性建议:第一,对"爱心妈妈"进行护理知识、情绪疏导等方面的专业培训。访谈中了解到以前培训过两次,近年来没有培训过。专业培训作为提升专业养成的有效途径,应该被设定成一季度一次的周期性措施,而且培训者也要在培训内容上仔细斟酌,使"爱心妈妈"易于接受,容易操作。第二,"爱心妈妈"要加强自我管理。"法律孤儿"陪护工作不是简单的体力工作,想要做好这份工作需要陪护人员适度的情感介入,除了照顾好孩子的身体,也要积极关注其内心变化。陪护人员在工作过程中要注意自己的管教方式,避免造成孩子的二次伤害,注意自己的一言一行,不断提升素质与能力。第三,加快陪护人员的制度性建设。目前太阳村对"爱心妈妈"招聘条件过于随意,管理比较松散,没有明确的成文规定,这就意味着"爱心妈妈"的所作所为不受约束。作者建议太阳村应该建立陪护人员工作道德守则,促使其工作规范;建立评价激励机制,提高其工作热情;建立监督机制,强化其责任感。第四,引进社会工作者,建立"陪护人员+社会工作者"管理模式。作者在开发陪护人员的角色时,也从社会工作者角色视角出发,强调陪护人员液体角色特性。陪护人员也要多运用社会工作的技巧和理念处理孩子的问题。

反思与改进

(一)"爱心妈妈"的职业困境反思

在对新乡市太阳村"法律孤儿"陪护人员的访谈和观察中,发现陪护人员这一群体也存在着职业困境,其工作中也有生理和心理上的压力。这也应该成为本次研究的一部分,因为解决陪护人员的困境和压力,才能使她们更好的发挥其液体角色。陪护人员的职业困境体现在以下三个方面:

1. 工作强度大,精神压力大。

在太阳村,每个陪护人员会照顾 10－15 个孩子,可以想象在那样的嘈杂环境下,陪护人员心中压力有多大。每天有很多琐事要处理,更要为孩子们的安全担心,精神压力非常大。

2. 陪护人员工资低,人员流失问题严重。

目前太阳村陪护人员的工资是 1000 元/月,部分陪护人员反映工资有点低,而且已经有两位陪护人员已经离开,暂时也招不到人。工资低导致的直接结果是有能力的年轻人或者社会工作者根本不会来太阳村工作,因此只能从周边村庄的高龄无业妇女里招聘。

(二)"爱心妈妈"职业困境的改进建议

1. 设置招聘条件;扩大陪护人员来源。

在招聘条件方面,新乡市太阳村可以设置陪护人员的上岗条件,对年龄和学历进行限制,也可以设置不同学历不同酬等条件;在扩大陪护人员来源方面,新乡市太阳村可以招聘专业社会工作者。这样就可以建立"陪护人员＋社会工作者"管理模式,社会工作者可以充当培训员角色,帮助陪护人员学习社会工作的理念、知识和技巧,更好地为孩子服务。

2. 尝试学习类生家庭抚养模式。

目前太阳村的陪护人员都是女性,在孩子们不断的成长过程中缺乏男性角色的认知和照顾对孩子们是不利的。作者认为在条件允许的情况下，可以招聘男性陪护人员，营造类生家庭抚养氛围。

3.适度提高工资，做好陪护人员的维持工作。

工资在不低于新乡市最低工资标准的前提下设置激励机制，比如每一季度可以评选一位"优秀陪护人员"并给予适度奖励。另外还要重视人员流失问题，在陪护人员与孩子们相处一段时间后，因为某些原因要离开，会不会对孩子产生影响呢？熟悉的人离开以及陌生人的进入又会对孩子产生什么影响？作者认为在这方面应该有所考虑。

八、结语

在参与法律孤儿救助保护服务计划过程中发现了法律孤儿陪护人员的待开发角色，按照"需求分析——角色开发——角色保障——专业养成"分析路径立足于舒茨的人际需要理论，根据不同的三维需求开发出陪护人员的液体角色，并为角色效能的充分发挥提出了可行性建议及保障措施。除此之外也反思到陪护人员的职业困境，如果说开发角色是提升陪护人员的工作能力，那么解除职业困境就是弥补其短板，促使其更好、更放心地发挥角色效能。在探索对策时，作者从社会工作视角出发，提出陪护人员在工作中要融入陪伴、倾听、同感等社会工作微观介入技巧，同时也着眼未来，建议引进社工，创建"陪护人员＋社会工作者"双服务模式。陪护人员的专业养成是动态的发展过程，需求的变化导致更多角色的开发，因此陪护人员要学习更多的技术，提升自己的能力，满足孩子们生理、心理、情绪不同层面的需求。在需求导向以及发展视角的指导下，陪护人员的角色多元化、管理制度化、职能全面化都会不断发展，这一发展过程就是专业养成。

"法律孤儿"的基本保护标准

介绍

此标准根据来自澳大利亚、英国、东非、中非、南亚、中东、南美以及美国的不同组织和机构的经验编写而成。将不同组织的关注方面结合起来(基本权利、最高利益、安全及实际操作等),此标准涉及儿童保护的每一个侧面,是一套全面的综合性标准。

本标准的结构如下:

关于质量区域的标准:

⇨ 阐述对儿童保护过程或服务有重要意义的实践或议题。

根据

⇨ 形成标准的依据。这些依据主要来自联合国儿童权利公约(1989)的条款规定,中国政府于1990年签署并于1992年通过了这些规定,以及一些地方性法律、法规。

为什么重要?

⇨ 此部分是关于标准的重要性的原因及实际操作的简要总结。

标准有多种用途:

- 为高质量儿童关顾提供支持和技术指导;
- 制定服务要求及规定的工具;
- 为制定儿童关顾政策及实务探讨提供依据;
- 培训时激发员工们讨论并学习以及评估培训需求的工具;
- 对当前存在的关顾服务进行评估。

第一章 制定照料计划

标准 1.1:儿童保护项目具有明确的目标及目的

儿童保护项目有明确准则,这套准则指导儿童和青少年们,告诉他们可以从家庭(机构)中得到什么,家庭(机构)应该怎样护理他们以及家庭(机构)是如何操作的。

员工及护理人员应该明白并遵照这一准则。准则的宗旨是保护儿童的最大利益。

根据：高质量的儿童保护实践

为什么重要?

· 相关政策、程序及规定都产生于儿童保护项目的目标和目的。

· 阐明了儿童保护服务的原因以及儿童保护服务所要达到的目标。

· 为儿童保护服务的可量度(评估)提供依据起点(标准)。

标准 1.2：项目中所有儿童均有个体安置计划

· 有效并全面地评估儿童的需求。

· 制定书面安置计划,说明如何满足儿童需求及如何执行计划。例如描述项目任务及逐一列出需求。

· 将儿童安置在家庭中是一种有效的保护方案,此类安置计划符合长期儿童救助保护的工作策略。

· 尽力不让儿童离开其原生家庭,除非安全或经济原因已经影响到儿童的生存发展。当儿童不能够暂时、长时间留居在家或不能与父母当中的一方生活时,应开始为儿童寻找可以寄养的家庭。当儿童不能在原生家庭中继续生活或已有的家庭生活对儿童安全已经构成威胁,则需要帮助儿童寻找合适的寄养家庭或寻找合适的保护中心。

根据：高质量的儿童保护实践

为什么重要?

· 计划周全的保护可以提高保护服务质量和达到效果。

· 儿童需要可以应对和改变处境的希望。为了项目的稳定性、可预知性及给予儿童希望,必须制定项目计划,阐明项目的目的以及如何改善儿童的处境。

·保护计划能够帮助机构发现自身在满足儿童的需求方面所存在的差距。

·保护计划能够为机构如何改变及改善儿童的生活而提供依据。

标准1.3：所有儿童的安置方案需要定期检查

对所有儿童的需求、成长以及进步都要进行定期检查。检查涉及所有参与儿童护理的人员和机构（包括儿童自己），也包括所有长期及短期的计划。

根据：联合国儿童权利公约第 25 条：国家为了照顾、保护或治疗的目的而将其安置于家庭中的儿童享有对其所处环境的各个方面定期检查之权利。

为什么重要？

·良好的监测检查程序能够帮助我们对已经完成的工作及未来的工作需求做出评估，从而跟踪监督儿童的需求。

·为员工们提供了一个机会，即他们可以不断满足并保障儿童的福利及最大利益。

·明确的、记录在案的决议使得护理计划更加有效并最大程度地缩短了儿童停留在儿童保护项目中的时间。

标准1.4：康复系统，保护系统和保护后系统

·儿童们可以根据安置计划，搬入或搬出家庭。有关对儿童保护工作的完成有明确的政策和统一的程序，以保证保护后跟进工作的顺利进行。

·护理人员要确保保护后的跟进服务，尽可能减少儿童出现反复的可能性并要建立一个安全网络。跟进工作的分类及程度都有明确标准。

·在保护项目进程及儿童安置计划中，应为儿童提供习得生活技能的机会，以及为将来回归家庭生活或独立生活做好充分准备。

对于刚刚安置在家庭中的儿童需要有一个过程以适应新的环境。

根据：高质量的儿童保护实践

为什么重要？

以良好的政策和程序来结束护理工作非常重要。这能够保证儿童在过渡期间得到充分的支持，为能够在自己的家庭、替代家庭或独立生活打下基础。

减少了反复的可能性，避免浪费资源。

第二章 保护性照料

标准 2.1：儿童保护项目应具有儿童保护政策

· 所有项目就儿童保护方面都有明确书面政策规定。儿童保护政策体现一个国家的相关法律，也体现联合国儿童权利公约的基本标准。儿童保护政策能够指导员工及护理人员及时发现儿童是否被虐待（包括恐吓）或被忽略。政策对身体虐待、性侵犯及精神虐待都有明确解释，这些侵犯也有可能来自护理人员、其他成年人和儿童。此政策也应包括对探访人员来访及记者采访的相关规定，以及在筹款活动中儿童形象出现的规定及视像资料的使用规定。

· 员工及护理人员知道如何及时、恰当地反映情况。

· 儿童应该了解自己的权利。一旦发生虐待情况或怀疑这种情况产生，员工和儿童都能得到及时保护。

根据：联合国儿童权利公约第 19 条：应该保护儿童不遭受其父母或其他负责护理儿童的人员的任何形式的虐待。应有适当的社会政策防止虐待儿童，建立政策对虐待儿童的行为给予处罚。

为什么重要？

· 发现虐待儿童现象并向有关部门呈报既是儿童保护项目的职业责任，更是道德责任。

· 地方有关部门负有为儿童提供支持的责任。

标准 2.2：员工及护理人员应是儿童保护的典范

· 护理人员能够识别即可能有虐待现象发生的迹象。护理人员应该对这种迹象敏感。

· 合理安排并尽量减少护理人员单独与儿童相处的可能性，尤其是在孩子未穿衣服的情况下。在工作压力大的情况下护理人员应该休息或有放松的方式。

· 如果被安置在家庭中的孩子有重大事情（儿童保护方面）发生，应及时恰当地向有关部门呈报。

根据： 联合国儿童权利公约第19条：应该保护儿童不遭受其父母或其他负责护理儿童的人员的任何形式的虐待。应该有适当的社会政策防止虐待儿童，并应建立政策对虐待儿童者给与处罚。

为什么重要？

· 与儿童接触密切，照顾孤儿及易受伤害的儿童的护理人员更容易发现虐待儿童现象并为儿童提供帮助。

· 护理人员应该懂得儿童的哪些行为可能是与受过虐待的经历有关联的。

标准 2.3：受照料儿童时刻在工作人员监护下

护理人员应对婴幼儿、学龄前儿童尤其是患有残疾的儿童直接监护，时刻关注儿童，即使儿童睡觉时也不例外。

根据： 高质量的儿童保护实践

为什么重要？

· 严密的监护保证儿童人身安全。

· 幼小的儿童和残障的儿童需要成人在其身边确保安全。

标准 2.4：儿童保护项目具备紧急情况的相关应对政策

· 儿童安置地点应具备相应的应急方案及救生程序，以应对可能出现的诸如火灾、飓风、火山爆发、洪水、暴风雪以及龙卷风等灾难情况。

•在儿童保护处所,至少应有两个畅通的安全出口,能将儿童及时送到安全空旷的地方。

•在儿童保护处所,应该具备紧急疏散程序,并且应该醒目地将紧急疏散程序张贴在易见之处,确保在火灾或其他紧急情况下儿童应首先被疏散到安全地带。

•应该备有保养完好并且安全的多功能灭火器,数量和大小应该和居室相匹配,并且应该放在护理员容易而儿童不易拿到的地方。应培训护理人员如何使用灭火器。

•应备有一个急救箱,以便于护理人员随时使用。即使在露营和护送孩子的途中也应该备有急救箱。箱中至少应该有:紧急情况处理方案和处理伤口的手套。

根据:高质量的儿童保护及管理实践

为什么重要?

紧急情况应对方案保证儿童及员工的安全。

第三章 个人照料

标准 3.1:儿童应受到尊重并享有尊严

•无论儿童的环境、行为及背景如何,护理人员应该表现出对孩子内在价值的肯定,并且应该认识儿童的独特性及个体需求。

•护理人员应该主动和儿童沟通并保持这种沟通。主动沟通代表着尊重并且能够促进两者的平等关系。

沟通的技术要求:如信任关系上的沟通;不二次伤害的沟通;蹲下身来的沟通。

根据:联合国儿童权利公约第 2 条:所有权利对儿童同样适用。国家有义务保护儿童,使其免遭任何形式的歧视并采取积极措施维护儿童的权利。

为什么重要?

•身处困境中的孤儿或易受伤害的儿童往往对自己的内在价

值或个体价值没有概念。许多儿童的不幸经历会使他们否定自己的价值。

·无论儿童的背景如何,给与儿童关爱和尊重会提升儿童的自尊意识。自尊是克服不幸经历消极影响的极为有效的因素。

标准3.2：鼓励儿童做出选择

·鼓励儿童对自己的生活做出决定,参与决策家庭运作方式,并在符合儿童年龄和能力的前提下,可允许儿童适当冒险。儿童有权利表达他们的观点。

·儿童有权利了解其父母的真实情况。根据儿童的年龄及发展阶段使用恰当的语言和时间,向儿童解释其父母在监狱服刑的情况,或在儿童需要时向儿童解释这一情况。儿童应该了解监狱是什么,儿童应该清楚了解其父母的判决情况以及生活情况。

根据：联合国儿童权利公约第12条第1款：每一个有能力形成自己观点的儿童,都有权利在关乎儿童的问题上发表自己的意见。而儿童的见解应根据其年龄及成长程度予以重视。

为什么重要？

·发展成为独立个体,儿童需要特别的帮助以了解选择的能力和选择的意义。

·当儿童感觉安全并相信自己的感情被得到尊重时,他们对成人的反应会更加积极。

·选择能力的提高能够培养儿童的决断能力及应变能力。对于独立生活而言,这两种能力都极为关键。

·在适当发展、管理和监测之下,选择能力的提高其实是加强了儿童的自我保护能力。

标准3.3：鼓励儿童说出自己的意见和观点

·护理人员应该确保让儿童说出自己的感受,而护理人员应该重视儿童的感受。

- 护理人员应该重视儿童的意见,并随时准备听取关于护理方式或项目方面的批评或改进建议。应将这些建议记录下来,也应把针对意见而需要采取的行动也记录下来。
- 鼓励儿童们组成自己的小组分享和讨论观点,并作出行动方案。对于那些表达能力较弱的儿童,例如幼小的儿童和残疾儿童,要给与特别的重视和支持,使他们能够表达自己的想法。
- 应该建立保密制度,即让儿童在保密的情况下自由表达自己的意见,并且在同样保密的情况下处理这些意见。

根据:联合国儿童权利公约第 12 条、第 13 条:儿童有权利表达他或她自己的意见,有表达的自由。

联合国儿童权利公约第 15 条:儿童享有与其他人见面、加入或组织团体的权利。

为什么重要?
- 让儿童发表意见是儿童保护的有效措施。
- 通过表述自己的需求,儿童能够帮助护理人员找到满足这些需求的方法。
- 为使儿童将来独立而自强,需要培养儿童自我维护的能力。

标准 3.4:鼓励儿童建立有积极影响的关系
- 护理人员应懂得,在和儿童发展积极、安全、健康的关系方面,他们扮演着重要角色。这种关系能产生快乐的参与氛围,以温暖友爱的方式与儿童互动。
- 当儿童不舒服或悲伤时,护理人员能够立刻回应。
- 护理人员应该积极鼓励儿童,使儿童具有上进心和理想,并且不回避恐惧。
- 尊重儿童的权利,培养儿童的责任感。
- 为鼓励儿童积极的互相交流和帮助而创造更多的机会。

根据:高质量的儿童保护实践

为什么重要？

· 环境不稳定且失去最亲密依恋对象(父母)的儿童需要另一种安全的依恋关系以替代父母。

· 在困境中,儿童需要有合适而可靠的接触对象,通过交流,把赞扬、关心、爱护、安慰等情感信息传递给儿童。

· 抗逆能力的培养贯穿儿童的一生。与抗逆能力相关的重要因素之一是对儿童有影响力的成年人与儿童之间的牢固稳定的关系。

标准 3.5：尊重儿童的隐私权

· 所有负责保护儿童的成年人都应该尊重儿童的隐私权以维护儿童的最大利益。

· 护理人员不应该在其他人面前议论儿童的经历或背景。

· 护理人员应该谨慎处理儿童的相关事务并且应该保密。

· 如果可能,儿童应该在私人的有门锁的空间上厕所、更衣、洗浴,并且男女应该分开。

· 尊重儿童的隐私就等于尊敬儿童的财产。每个儿童都应有只属于自己的空间,可以存放自己的物品和资料。

· 儿童应该有可以独处的安全空间。

· 儿童应该有可以单独会见探访人员或单独谈论个人事务的空间。

· "儿童父母是服刑人员"的背景资料只能告知为儿童直接提供保护服务的人员。例如：学校校长、班主任等。

· 儿童父母在监狱服刑的原因应严格保密。

根据：联合国儿童权利公约第 16 条：每个儿童都享有这种权利,即保护其免遭对其隐私、家庭、通讯的干扰,并保护其免遭诬蔑和诽谤。

为什么重要？

· 当儿童被视为成年人的财产而非拥有自己权利的儿童时,

儿童的隐私往往不被尊重,在任何生存环境下都应尊重孩子的隐私,这对孩子的成长非常重要。

- 尊重儿童的隐私即等于尊重作为独立个体的儿童。

标准 3.6：维护儿童的身份

- 儿童和青少年应该能够维护自己的身份。
- 使用姓名称呼儿童。
- 儿童应该知道自己来自何种家庭（如果可能）和背景,帮助儿童明白他来到儿童保护中心的原因。
- 鼓励并帮助儿童明白并了解自己的背景和身份。
- 鼓励儿童乐观地看待自己并持续培养儿童的自信心。
- 应该在社区（尤其是含有少数民族的社区）采取积极措施,帮助儿童建立归属感。

根据：联合国儿童权利公约第 8 条、第 30 条：国家有义务保护并重新建立儿童的身份（包括姓名、民族、家庭关系）。少数民族及土著人社区的儿童享有这种权利,即拥有自己的文化,信仰自己的宗教,讲自己的语言。

为什么重要？

- 对于很多儿童来说,被保护的经历贯穿他的一生。儿童应该可以自己保存并记录其不同保护中心经历的表格、朋友和护理人员的照片,节日或特殊时刻的照片,日记或其他物品对儿童都具有重要意义。
- 建立一套能够帮助儿童维护自己的身份的系统非常重要。

标准 3.7：鼓励和促进儿童玩耍并参与娱乐活动

- 护理人员应意识到儿童需要通过游戏和娱乐互动促进其发育成长。应该鼓励儿童参与适合其年龄、能力及兴趣的激发性游戏。
- 应该给儿童充足的时间进行各种游戏：即兴的、计划好的、单独的、小组及集体的游戏。

根据：联合国儿童权利公约第 31 条：每个儿童享有休闲、游戏及参与文化艺术活动的权利。

为什么重要？

· 儿童的工作就是游戏和娱乐，游戏为儿童在身体、情感及社交几方面的成长发育提供了良好的机会，所以应该将游戏渗透到儿童的日常生活中。

· 玩耍是一个学习的过程，它和正规的教育一样重要，它可以帮助儿童学会选择以及解决问题，并能促进身体发育。

· 分享式的活动能够促进彼此的依赖关系。

· 激发性的活动非常关键，它能够消除儿童的烦闷和攻击性，它是通过兴趣而不是问题使儿童释放自己。

标准 3.8：支持儿童学习并接受教育

· 护理人员应确保根据儿童的不同需要，让他们接受正规的、非正规的、或职业方面的教育，无论什么性别、残疾或社会背景的儿童都包括在内。护理人员应该认识到教育的重要性。而学校这种接触广泛的环境能够促进儿童在社交及知识方面的成长。

根据：联合国儿童权利公约第 28 条：儿童享有受教育的权利。国家有义务保证儿童接受免费义务教育，并鼓励每个儿童接受不同程度的中级教育。

为什么重要？

· 成就感可以促进儿童自立，基础教育的程度越高，自立能力越强。

· 学校是友谊及同辈关系的来源，也是儿童摆脱其他不健康场所的避难所。

· 保护项目在提供教育服务方面要有创新，要代表儿童的利益，保证大多数无家可归的儿童享有某种形式的教育。

标准 3.9：照顾及控制儿童日常不当行为的方法

· 当儿童的行为带有攻击性或行为不雅时，应该在维护儿童尊严及权利的基础上,在法律允许范围内加以控制和纠正。

• 不可接受的行为暗示儿童需要更多的支持和指导,而不是惩罚,并且不应该因为维持纪律将儿童用绳或带等物束缚起来进行体罚。

• 儿童应该参与保护制度的建立及审核。他们应该懂得社交技能、不损坏他人财产及权利的基本规定。

根据：联合国儿童权利公约第37条:儿童应该免遭刑罚或其他残酷的、非人道的、屈辱的手段或惩罚,不能非法拘禁或剥夺其自由。

为什么重要？

• 儿童将体罚视为成人对他们的侵犯,而不是惩罚。体罚会强化儿童认为世界是愤怒的、恐怖的并充满敌意的观点。

• 对于许多儿童,成人的侵犯加强了他们的问题,许多儿童逃离、或是因为害怕在家庭与社区受到侵犯而不再回去。

• 当儿童参与制度的制定时,他们有更强的参与及服从意识。

• 就儿童的不良行为、行为的原因及产生后果方面与儿童沟通,能够帮助他们对情况更加了解,并能让他们学会自控,自然而然地接受行为准则。

标准3.10：满足婴幼儿的特殊需要

• 儿童保护项目应该有专业人员及专业规定以满足婴幼儿的需求。

• 工作人员配给和护理计划反映了婴幼儿要求有更多关注的需求。

• 护理人员应该拥抱婴幼儿,并通过抚摸、声音和语言与儿童交流。

• 应定时给婴幼儿洗澡,并鼓励他们在洗澡时泼水嬉戏。

• 解便和换尿裤的过程应该是愉快的,要满足每个儿童个体的需要。

• 不应该长时间地不关注儿童,或让儿童啼哭太久。

- 要保证婴幼儿室的温度不过高或过低。
- 为减少新生儿猝死综合症的危险,除非因儿科医生的特殊医嘱,应让婴幼儿躺着睡觉。一岁以内的婴儿要睡在较硬床垫上,将靠垫、枕头、毛毯、绒毯、玩具这类物品清理开。
- 婴幼儿应该每日多次喂食,每次少量进食(如夜里需要也应如此)。
- 婴幼儿应该有出生证明,并有免疫注射记录。记录应包括所有必须的免疫类型及注射时间。应该定期检查婴幼儿的成长发育情况。
- 当母亲服刑,而儿童在 3 岁以下时,应尽力不让儿童离开母亲。这将为儿童建立安全感及身心发展起到很大作用。

根据: 高质量的儿童护理及管理实践。
为什么重要?
- 婴幼儿对照顾他们的护理人员有依赖感。喂食能够促进护理人员和婴幼儿的关系(抱着孩子进食不仅促进了依赖关系,还是预防儿童被呛住的安全措施)。
- 儿童需要与成人互动来学习交流,所以与婴儿面对面地接触对于儿童理解能力的培养极为重要。
- 婴儿容易感染而且不能长期生病,所以需要更多的关注和监护。

第四章 质量区域

标准 4.1:儿童的饮食要充分满足儿童营养需要

- 根据当地的饮食习惯,护理人员要保证儿童有足够的、营养的、健康的、烹调合适的食物。
- 护理人员要培养儿童健康的饮食习惯。
- 要采用有效及现行的食品加工标准及卫生标准。
- 进餐应该是愉快的,并且是儿童学习社交和互动的场合。

根据：人类生存需要食物。联合国儿童权利公约第 6 条：国家应该保证儿童的生存和成长。除了生存需要外，了解食物在儿童生活中的作用也是好的儿童护理经验的一个话题。

为什么重要？

• 儿童时期奠定未来的基础。食物不仅具有营养价值，还具有社会、教育和情感价值。

• 用关爱的方式给儿童提供他所熟悉的美味的食物，能让儿童有安全幸福的感觉。

标准 4.2：儿童应该有保健预防和治疗措施

• 护理人员应努力提高儿童的健康水平，并确保在其需要时能得到医药、口腔及眼科方面的治疗。

• 保存健康记录并及时更新数据。记录身高、体重等，以及生病情况、用药情况或采用了何种治疗措施。

• 护理人员要认识到健康教育的重要性，并寻找机会培养儿童良好的睡眠、饮食习惯。对性发育、酒精、成瘾性药物滥用等持健康态度。

• 护理人员需从保健入手，积极预防艾滋病，强化良好的安全、卫生及健康习惯。

• 护理人员要保证儿童在室内和室外穿衣适当。休息、睡眠和更换衣服的过程能提高儿童的自理能力并能满足每个儿童对安全、休息和舒适的需要。

• 应该有急救箱以备意外和紧急情况发生，员工应该知道怎样使用这些工具。

• 增加定期检查制度。

根据：联合国儿童权利公约第 24 条：每个儿童享有接受最高标准的医疗护理之权利。

为什么重要？

• 由于集体居住儿童接触密切，机构环境里更容易爆发病症，采取措施控制疾病的蔓延并消灭疾病是非常重要的。

· 为了让儿童情绪稳定并有安全感和被关爱的感觉,要保证儿童在生病时有人照顾。给生病的儿童最基本的护理和关心是与儿童建立亲密关系的最简单的方法。

第五章 质量区域

安全:增加突发事故预案如爆发式传染病症、多个儿童同时发病及其他意外情况;消防栓、灭爆器材;无障碍通道环境。

标准 5.1：儿童生活在安全稳定的家庭中

· 儿童应该生活在设计合理环境愉悦的家庭中,要有足够的空间来满足儿童的需要。

· 有足够的空间让儿童在夜间舒适的睡眠。

· 有完备的取暖通风设施。

· 护理人员要按照指导,安装和使用烟雾探测器。

· 可使用的空间、设备及安全出口,其数量应该与儿童的数量、年龄及能力相符合。

· 应检查室内、外儿童玩耍的地方以防发生危险。

· 涂刷在建筑物内部和外部的油漆铅含量应在安全指数内。

· 保持卫生以使环境清洁,做日常维修以使(设备)安全,状态良好。

· 毒药、有毒物质、清洁剂、锋利或尖锐的东西、塑料袋、火柴、易燃液体、毒品、杀虫剂、枪及其他危险物品应存放起来或锁上并盖好,要放在儿童拿不到的地方。

· 应该用栅栏将池塘或积水池此类危险的地方围起来,或者使用其他措施使儿童不能靠近。

· 应使用对儿童没有危险的安全接口把儿童能够接触到的电源插座覆盖起来。如果可以尽可能让插座远离儿童。

· 如果有儿童在附近,应明确禁止吸烟与喝酒。

- 酗酒或非法滥用成瘾性药物者禁止进入儿童保护中心。
- 传染性病患者、精神病人等禁止入内。
- 狗猫等未经检疫的动物禁止入内。

根据：联合国儿童权利公约第 27 条：每个儿童享有这种权利，即其生活水准能够满足其身体、能力、智力、精神、道德以及社会的成长发育需要。

为什么重要？

- 生活环境的质量暗示了个体的价值，我们居住的环境使我们产生关爱感。
- 在集体居住环境下，疾病和传染性疾病会迅速传播，应该高度重视环境卫生。
- 适当关注安全和卫生能够保护儿童的健康并预防伤害。

第六章　护理人员

标准 6.1：招聘和选择程序保证高质量的儿童护理和保护

- 关于人员招聘有明确规定的政策和程序，应严格遵守此类政策和程序。
- 进行基本资料审查，尽可能对申请人的性格有所了解，可参考前任负责人的推荐信，也可在地方官员那里查询档案。
- 新入职护理人员应该有一段试用期。（传染性病患者、精神病、心理疾病的人不能担任护理工作）
- 雇用程序中应包括，无论是缺乏经验或态度不好，不适合做儿童工作的人员，要予以解聘。可能对儿童构成危害的人员也不适合儿童工作。
- 同样政策和程序也适用于志愿者及实习生。
- 应向新员工认真介绍并概括讲述儿童保护的政策和程序，并且应有制度监督执行。

根据：高质量的管理和儿童护理经验。

为什么重要？

·优质的儿童保护的关键因素是优秀的护理人员。表现、态度和价值观是考核优秀员工的重要方面。

·许多儿童极易受到伤害,并且对护理人员非常依赖,所以在选择护理人员时要特别谨慎。

·全面的招聘和选择程序构成有效的儿童保护体制。

标准6.2：员工和护理人员要有定期的督导和支持

·应定期召开正式的护理人员督导会以及给予护理人员非正式的支持。

·督导时应考虑护理人员的经验和成长,护理人员需要得到有关其工作的反馈。

·会中所讨论并通过的决议都应该记录在案,要保存记录并检查记录。

·须让护理人员感受到其价值所在,并且能够和管理者及同事就其能力、技能以及不确定的方面或是需要得到支持可以畅所欲言。

根据：高质量管理和儿童护理经验。

为什么重要？

·照顾他人的孩子,尤其是那些需求复杂的儿童可能相当的劳累而且压力很大。要让护理人员感到被支持和有价值,这点非常重要。

·正式经常的督导和支持会议是良好的沟通、有效地管理、任务委派、工作表现评估及目标设定的基础。

·儿童工作的性质要求员工持有与公平、权利及支持他人相关的特定的价值观和原则。对于成人这些价值观和原则也同样适用,并且非常重要。这体现在管理员工的方式、共同工作及相互关心和支持上。通过这些,护理人员也担当了儿童们的角色示范。

标准 6.3：护理人员和员工的配备保证了高质量的儿童护理和保护

• 项目需要足够的护理人员以满足项目的目标实现和需要。

• 儿童由于年幼、残疾、困境或医疗需求而需要特别和单独护理时，机构应满足这些需求。

• 当执行单独护理任务时，应考虑护理人员的性别。

• 当组成小组或搭档工作时，应考虑到护理人员个体的技能和能力。

• 医疗和保安人员不能代替护理人员的工作，也不应将其算入儿童与护理人员的比率内。

• 对于5岁以下的儿童，儿童与护理人员的比率应是1∶1或1∶2。

• 一般来说，9－14人的小组是儿童或成年人习得社交技能的理想人数，但对于因残障或创伤而有特殊需要的儿童来说，儿童与护理员的比例不应大于5∶1。

根据：高质量的管理和儿童护理实践。

为什么重要？

• 保证足够的护理人员，给予特殊的儿童个别的关注是优质儿童护理的一个重要元素。

• 根据儿童的多少、性别、特别需求和年龄大小，员工与儿童的配给有所不同。比率越小，年幼以及那些有特别需要的儿童越能从中受益，而更多的关注加强了儿童和护理人员之间相互信任的关系。

• 在机构护理中心，夜间是儿童最不稳定的时刻。在这段时间里，特别的需要显得尤为紧迫。除安排保安人员外，还应该有护理人员值班。

标准 6.4：员工和护理人员应该有职业发展和培训

• 为了能够完成这项复杂的任务并能照顾好孤儿和脆弱的儿

童,机构应该对其员工和护理人员进行培训。

根据:高质量的管理和儿童护理实践。

为什么重要?

- 即使是最好的护理员也需要一些基础培训才能够了解此类儿童的行为以及社会因素对他们的影响。有些儿童使护理员面对特殊的挑战,比如残疾儿童、受过虐待的儿童或被抛弃的儿童。这些问题需要进一步探讨,需要相应的技巧对应这些问题。
- 组织良好的护理员交流项目是职业发展的有效手段。
- 为了使保护项目更加有效,需要有管理人员和一线工作人员参与项目评估。

第七章 管理和行政

标准 7.1:保存项目记录

应保存与项目管理有关的全面的记录。应包括如下的档案和记录资料:

- 儿童护理计划及所有安置决议的记录;
- 项目雇佣人员的记录;
- 政策和程序;
- 财务管理;
- 所发生的日常事务。

要将档案和记录排列清楚并及时更新,并易于查找。

根据:高质量的儿童保护实践

为什么重要?

- 记录儿童生活的保存完好的档案能帮助儿童了解他的身份,并让其明白事情发生的原因。
- 作为警示,预防雇佣或继续使用不合格的员工。
- 保存记录能帮助护理人员和项目人员在成功和教训的基础上规划并监测项目。

• 还可作为资金筹措的有效证明。

标准 7.2：应该尊重并维护儿童的保密资料和记录

项目要有一个明确的保密政策,应让护理员和儿童都了解此保密政策。

• 将记录存放在安全之处,只有需要知道其内容的人才能在需要之时进行查阅。

• 除非极为必要,不得将儿童的信息传递给其他机构。如果需要,只有在征得儿童同意后方可进行。

• 儿童应该有权利阅读其个人档案,护理人员应该帮助他们了解其中内容。

• 未经儿童同意,不得使用儿童的经历和历史。所有能暴露儿童身份的信息都应该从公开刊物或辩护资料中删除掉。

根据：高质量的儿童保护实践

为什么重要？

• 要取得好的工作成果必须建立儿童和护理人员之间的信任。

• 儿童有权拒绝将记录自己家庭或背景的细节和记录在不知情的情况下告知他人。

标准 7.3：儿童护理项目的持有者和管理者肩负重责

儿童保护项目的持有者和管理者对其项目所提供的服务负有责任,应至少每月检查项目服务。

• 定期回顾项目目标和目的,定期监督项目进展。

• 外部监督和评估也非常有效,要有对服务项目的客观评估。

• 采取措施提高管理的可靠性,并促进儿童和员工之间的公开、透明对话。

• 给儿童机会参与和做决定——在维护儿童最大利益的基础上促进保护项目的发展。

结语与反思

一、限制和困惑

本次研究立足在三两家民间儿童救助机构,虽然与以往的研究有所不同,也弥补了以往研究中的一些不足,但是因为受到主客观条件的影响,本研究依然存在很多需要改进的地方。由于笔者研究水平和能力的限制,笔者在资料的收集、分析方面存在一定的不足,这可能导致笔者在解释研究发现方面受到一定程度的影响。由于笔者之前多次接触"法律孤儿",对研究群体产生了一定的感情,虽然笔者在研究中时刻提醒自己悬置个人经历对研究的影响,但是可能仍然会有一定的主观价值判断出现在研究之中,这些是笔者在以后的学习和研究过程中应该注意和改进的问题。在研究方法上,虽然定量研究有着其自身的局限性,但是质性研究也并不是完美无缺的,质性研究中存在的信度和效度问题、伦理问题也是需要进一步考量的。以个别地市太阳村安置模式下的"法律孤儿"作为研究对象,研究结论对于其他安置模式下的"法律孤儿"是否适用,这也是值得笔者反思的一个问题,同时,这也为笔者指出了以后的努力方向。

在研究的过程当中,笔者尽量对在孩子视域里出现的、与之相关的各个方面来进行观察分析,但在最终形成一些建议的时候则尽力缩小范围,只限制在改进机构日后工作的基础上,简单来说只为实用。在研究者和实践者之间存在的"心理距离"笔者一直都有,在研究的过程里不断地希望自己能够看得更全面、挖掘的更深入,而在最终落实到实际可以做些什么的时候又希望能够具体到操作细节上。因此,在书写的过程里出现了不断的挣扎,坦白的讲,即便是最后只站在日常工作改进的基础上,笔者提出的建议仍旧有部分不具备可行性,至少是不具备马上可以着手去做的可行性,因为实践工作中受到的限制实在太多,这也是常常引起自己困惑的地方:到底研究能够起到多大的作用?研究与实践之间到底有多远的距离?自己的工作又能够起到多大的作用?难道真是"讲起来天下无敌,做起来无能为力"?

对服务者而言,每一个个案都是独一无二的,本研究不可避免的具有个案的局限性,其背后的故事并非是问题本身,这时作为服务者不光要具有同理心去发现他们生命的丰富,并且要具有谦柔的心,承认自己的不足,仔细地查看自己的实务经验。另外在交流和互动中,双方建立的是一种特殊的伙伴关系,服务者要站在朋友的立场上,帮助案主通过叙事的方法就问题经验连接新的感受与力量,以便开启另类生命故事的发展空间,重写生命故事。俗话说的好:"授人以鱼不如授人以渔",服务者更多的扮演的是授渔的角色,在叙事的过程中重在尊重案主的知识,挖掘案主的潜能。有的孩子很懂事,小小年纪在没有父母家人的陪伴下,自己能整理内务,做好自己的事情,努力学习,有时懂事得很让人心疼。有的孩子调皮,充满了无限活力,但那才是普通孩子在普通的年纪应该有的童真和可爱,我们不能去剥夺它的存在。有的孩子和兄弟姐妹一起来到太阳村,有的兄弟姐妹关系融洽,关系良好,有的则很冷漠。有的孩子身上常常受伤,经常打架。这么多的性格迥异的孩子来到一个大家庭,每个孩子都有自己的性格和脾性,都值得去尊重和认真对待。笔者选取的研究对象都是真实生存在太阳村的孩子们,每个孩子的阶段性成长不同,阶段性的感受,笔者不能了解到每个人每一阶段的主观感受,只是选取具有代表性的阶段作为案例进行分析。每个人都有其非理性行为,重点是要怎样处理和解决,普通的孩子在经过父母家人的学习教导下能够自行解决一些非理性行为。但身处太阳村的孩子,在缺乏家人亲情的情况下,一部分的感情无法表达,这时又出现老师在处理问题时出现偏颇的情况,孩子们得不到感情的表达和宣泄,容易造成极端的非理性行为。只有用爱心、耐心、平等的视角才能帮助孩子建立新的信任机制,感受孩子们的感受。

对于"法律孤儿"的生存现状,更多的是包容和理解。太阳村的孩子只是一部分服刑人员未成年子女的生存状态,还有一些寄养在亲属家中的、在外流浪的、乞讨的孩子,尚无人去具体研究他们的生活状况。对于服刑人员未成年子女的救助计划仍在继续,刻不容缓,他(她)们都是祖国的花朵,理应受到和有父母家人抚养的同龄孩子一样的待遇,尊重孩子本身,不歧视、不同情,认真真诚的对待这一个个群体。也希望政府、有关部门能够承担起自己的责任,有效发挥政府职能,民间慈善机构和组织能够给予最大的关怀,社会能够给予"法律孤儿"最大的认同和帮助,共同构建美好的和谐社会。

自从接触到"法律孤儿"这个群体,已经有18年的时间,笔者在这18年的时间里始终有一种"愤怒"存在:一直愤怒于为人父母者的不负责任,愤怒于亲属邻里的冷漠无情,愤怒于社会公众的不理解、不认同、歧视和冷酷,愤怒于慈善表演和机构管控,愤怒于工作伙伴的渐渐麻木与懈怠,愤怒于孩子自己的无动于衷和放弃。愤怒一直伴随在为这个群体工作的每一天当中,之前笔者一直认为那是因为见过了太多的不公义,见识了太多现实的悲惨和疼痛,是这些东西激起的愤怒。可是,在回顾与梳理、在交谈和观察、在融入和抽离的过程当中,笔者突然发现,原来自己的愤怒不仅来自于那些外部的刺激,更深的是来自自己。笔者也是没能摆脱掉主流社会构建起来的意识形态的人,虽然接触到的现实每时每刻在刺痛着自己的神经,却依然没有强烈到可以真正摆脱掉那些主流价值观中的关于"正确"、"成功"等等观念的束缚,不能以一个平等的身份来看待这些孩子。笔者的挣扎更多来源于对他们"矫治"的不成功,而远非真正体验到孩子本身承受的痛苦。看得到那些疼痛,又不可能完全站在孩子的角度去体验和反抗那些疼痛,这是对自身的愤怒,因为这很可能是自己不能坚持到底的原因,笔者恐惧于自己最终也会一点点麻木,最终妥协在主流价值之下,甚至有一天站到与这群孩子对立的一面去。

笔者想起了希腊神话里有这样一篇故事:西西弗斯因触怒了天神而被惩罚每天将一块巨石由山脚推到山顶,可是每当巨石被推到顶点后随即会滚落,西西弗斯就要返身下山,再次将巨石推起,每天这样,周而复始。作为一个实务工作者,每天面对自己的服务对象,每天要面对难以计数的问题,外在的压力,内在的困惑,很多时候我们对自己所做的产生怀疑,而这些困惑也似乎总是无起无落,找不到答案。可是我们工作的意义,也许就和西西弗斯转身的一刹那体现出来的抗争意义一样,我们至少需要做出一个抗争的姿势,这样才为改变带来了可能。

二、伦理和价值

研究伦理关系到整个研究能否顺利开展,在本研究中,笔者对访谈对象个案的研究部分,对其个人的观点和情况,包括对于其生活和言谈的描述非常感兴趣。但是,可能这些情况和描述会对他们的身份、自我尊重造成伤害,更有甚者,会暴露他们的隐私,使他们难堪。作为研究者,我们有责任去保护研究对象而不是为其带来不必要的麻烦,本研究一般会涉及到研究对象的成长背景隐私,而且也是一般大众和媒体比较感兴趣的话题。但是这些问题,不管对于学术界,还是对于大众,都是应该被予以尊重的内容。施万特(Schwandt,1993)指出:在应该表达什么、保留什么方面,研究者与被研究者之间存在着某种类似契约的关系——道德义务,也就是我们的研究伦理和原则。以下是本研究中的三项指导原则。

1. 信任与真诚

斯皮罗对于访谈对象,不管他是救助中心的工作人员,还是研究的主角,即十几岁的孩子,工作员都要以信任的态度面对你的对象。特别是这些孩子在讲述自己的故事时,因为年龄阶段的特点,我们并不确定他讲述的是否真实,也许讲述本人也不确定自己的记忆是否符合当时的场景。与儿童访谈时,要允许他们表达自身经历及对世界的理解。研究者的真诚更容易拉近与访谈对象的距离,建立信任,使访谈顺利进行。作为社会工作者,一定要以信任和真诚的态度去与这些未成年人访谈,善于总结、学习和整合个案访谈信息,对从单个的个案或部分的理解上升到对整个系统理解的跨越。

2. 自愿与知情

对方不愿意讲述和不愿意录音时笔者不会强求。所得的访谈内容、录音和照相都得到了对方口头上和行动中的同意,对于 TJ 太阳村,笔者在对方知情同意的情况下,请对方负责人签订访谈同意书及保密协议,对访谈的孩子在每一次深度访谈前,清楚地说明谈话的研究目的,征求其是否愿意接受访谈,同时,他们知道笔者的研究目的,在访谈过程中也给笔者提供了很多有参考价值的意见和良好建议。

3. 尊重隐私,保密,防止不必要的伤害

"法律孤儿"作为一个高度敏感性的群体,他们容易被诱导、被误解、歧视,所以笔者在整个过程中始终要坚持价值中立、尊重、保密的原则,避免引导性和倾向性,以获得最贴切、真实的第一手资料。

作为社会工作者,有责任对访谈对象合法的隐私进行保护。当有的孩子在访谈过程中,面对例如和其他亲属关系的话题时,采取回避的态度,笔者细致地观察并回答:"这是你的权利,也是我们的访谈协议,你有权维护自己的隐私利益,我也有责任尊重你的隐私独立。这是我们访谈的前提"。尽可能让受访者感受到他是被尊重的,是有权利的。

三、前路和展望

本研究突破"法律孤儿""身份"与其关护"责任"问题研究的传统范式,通过呈现研究对象心路历程和生活经验,揭示其群体疼痛以及救助服务中困惑产生的根源。旨在增加社会对这个群体的认识和了解,改变社会长久以来对其产生的偏见。以期为学界的研究和社会救助提供参考。

"法律孤儿"的救助工作是一个综合性的长期的社会工程,依靠民间救助和"法律孤儿"自身的努力很难从根本上解决他们的困境。当务之急,政府理应承担起主要责任,完善针对"法律孤儿"救助政策和法律法规,将这一群体纳入国家救助的范围,使得救助工作真正做到有法可依。另外,各级政府应当以保护"法律孤儿"的合法权益为出发点,制定切实有效的救助职责规划,在"法律孤儿"救助体系建设中积极承担起主导责任。同时大力扶持引导民间慈善机构,积极探索政府民间共建,采取社会捐助与政府补贴相结合的方式,适时调整救助重点,完善集中教养模式对"法律孤儿"心理、性格、行为方面的引导体系。在帮扶的过程中尊重"法律孤儿"的家庭背景和生活经历,真诚接纳、理解他们,打开他们自我封闭的心理,唤醒他们对爱的感受、对幸福的体验以及对社会的信任,帮助他们重新树立起正确的世界观、人生观和价值观。首先,进行比较研究,借鉴其他国家已经成功的经验,为我所用;其次,借镜本土经验,创生本群体的救助实践和理论;再次,选取更具典型性和代表性的个案,结合国情,探寻恰当的救助路径,建构适合在地情景的创伤康复模式,制定统一的救助标准,出台相应的救助保护政策和法律。

附 录

【附件一】

小组活动签到表

组员编号	第一次	第二次	第三次	第四次	第五次	第六次
C01	√	√	√		√	√
C02	√	√	√	√	√	√
C03	√	√		√	√	√
C04	√	√	√	√	√	√
C05	√	√	√	√	√	√
C06	√	√	√		√	√
C07	√	√	√			
C08	√	√		√	√	√
C09	√	√	√	√	√	√
C10	√	√		√	√	√
C11	√	√	√			
C12	√	√	√			√

备注：1. C01第四次因病未参加小组活动。

2. C03第三次因被管理者罚站未参加小组活动。

3. C06第四次因去厨房帮忙未参加小组活动。

4. C07在第三次活动之后因被管理者要求管理宝宝室孩子，未能参加往后三次活动。

5. C010第三次因为其他组员发生矛盾，未参与小组活动。

6. C011性格孤僻，对小组兴趣不高，后两次均未参加。

7. C012因脚扭伤未参与第四、第五次小组活动。

【附件二】

工作员自评表

活动名称：	日期：	自评者：
活动期次：	开展时间：	

本次活动目标：

本次组员参与及表现：

本次活动过程及评估：

工作者自评：

【附件三】

第一次小组活动

活动道具:卡纸、马克笔、彩笔、线团、签到表、活动徽章。

活动一:小组契约(10分钟)

步骤:工作员将事先制定好的小组规则进行宣读,工作员对每一条规则予以适当的解释和说明,帮助组员形成契约意识,阐述本次活动主题和目的。

活动二:有缘千里来相会(20分钟)

步骤:

①工作员指定从某个小组成员开始,把红色线团交给他/她,由他/她开始做自我介绍,然后把线团递给自己想认识的那个人。

②依次类推,最后线团会结成状,工作员做适当启发,有缘千里来相会,小组成员间要互相尊重,共同成长。

活动三:我最棒(20分钟)

步骤:

①采取报数形式,把组员分成两组。

②每一小组自行推选出一名队长。

③在队长的带领下制作本组的海报,设计本组的队名、队呼和标志。

④制作结束后,进行小组风采展示。

活动四:活动分享与话题讨论(5分钟)

步骤:

邀请组员分享活动感受以及收获;鼓励组员讨论话题"我最期待的活动形式"和"我希望在活动中的收获"。

活动四:签到、发放奖品(5分钟)

第二次小组活动

活动道具:气球、A4 纸、画笔、签到表、奖品。

活动一:开场(5 分钟)

步骤:工作员带领组员回忆上期活动内容并重申小组契约,介绍本次小组活动主题和内容。

活动二:坐地起立(10 分钟)

步骤:组员两两一组,然后背对背坐下,然后起立,鼓励第一次没有完成的同学不要放弃,坚持完成,所有同学都完成任务,然后整个小组坐起。

活动三:正话反说(15 分钟)

步骤:工作者要事先准备好一些词语。工作员说一个词语,参与游戏的组员反着说一遍。说错的或者反应过慢都要被淘汰。从三个字的说起,第二轮第四个,第三轮第五个,以此类推。

活动四:从心开始,认识自我(20 分钟)

步骤:

①给组员发一张 A4 纸画一个自己最不能接受的不恰当的行为表现的场景或者写出自己最不喜欢别人说自己的话。

②鼓励组员给大家讲述画中的场景或者讲出自己听了最不喜欢的话的感受。

③活动总结:工作员梳理总结本次活动涉及到的生活学习好习惯,并鼓励组员运用到以后的生活学习中。

④布置家庭作业:情景模拟要求将活动中第一环节涉及的情景,组员自行选择搭档,进行情景表演,表现好的给予奖励。

活动五:分享收获和话题讨论(5 分钟)

步骤:"击鼓传花"的形式鼓励组员分享活动感受,并邀请组员参与讨论"不恰当的行为表现有哪些危害和影响",工作员可先做示范,鼓励、支持、引导组员分享。

活动六:签到、发放活动奖品(5分钟)

第三次小组活动

活动道具:纸盒、彩笔、卡片、签到表和活动奖品。

活动具体内容:

活动一:开场(5分钟)

步骤:工作员带领组员回忆上期活动内容并重申小组契约,介绍本次活动主题和内容。

活动二:"007"(15分钟)

步骤:

①所有组员站成一个圈。

②A任意指一个人b说"0",B接着指任意一个人说"0",C接着任意值一个人D说"7",D则需要表现出被枪打中的神情,至少要大叫"啊",D旁边的两个人需要举起手来表示惊吓,投降。

③D不能举手,需要发声,而旁边两个人只能举手,不能发声,否则都算错。

④一次错误产生后,由错误人重新开始,可重复多次。

⑤坚持到最后的人给予奖励。

活动三:报数抱团(15分钟)

步骤:

①所有组员围成一个圆圈,走动,速度可先慢后快。

②组员按照工作员报出的"数字",相应地组成一团。落单的人需表演节目。(例如:当工作员报出数字"3"的时候,3个人要组成一团)

③游戏可重复多次。

活动四:我先行(20分钟)

步骤:

①工作员把日常生活和学习中涉及到的运用好习惯的情境写

在小卡片上,并标上序号,放在提前准备好的纸盒里。

②让小组成员抽取卡片,自己选择搭档,按序号表演抽取到的情境。

③表演结束后,小组领导者根据组员表演情况做简单小结。引导鼓励组员分享活动感受。

活动五:签到、发放奖品(5分钟)

第四次小组活动

活动道具:卡纸、彩笔、签到表,活动奖品。

活动一:开场(5分钟)

步骤:

①针对上期布置的家庭作业,由准备好的组员表演情景剧。

②其他组员可以发表自己的感受,表达自己的看法。

③工作员带领组员回忆上期活动内容并重申小组契约,介绍本次活动主题和内容。

活动二:解人结(15分钟)

步骤:

①所有组员站成一圈,伸出双手与其他人相握,但是要保证每双手握着不同的人,形成一个"人结"。

②解结时,所有人的手不能松开,只能通过跨越、穿过等方法进行。

③经过组员共同努力,"人结"渐渐解开,最后只剩一个或两三个小圈即可。

活动三:跟踪牧羊人(15分钟)

步骤:

①组员当小羊,分为两组。每一组排成一字队站在自己的分队里;工作员则是牧羊人。两组小羊分别有秩序地走向对面的那组绕一圈,再走回来,走的过程中每只小羊都要听牧羊人的口令做

动作如"走"、"跳"和"跑"等。同时回来的羊要拍一下自己组的下一只羊,由他接续下去。

②牧羊人可以随时更换口令,指挥小羊做不同的动作;玩过的组员可以先站到指定区域,当其中一组所有的小羊都到指定区域后,游戏便告结束。

活动四:友爱的图案(20分钟)

步骤:

①将小组成员分成两个小组。

②工作员给出一个有关团结友爱的主题,要求组员自由发挥,并且是每个组员都要参与,进行集体创作。

③组内讨论推选一位组员对画作进行解读。

④集体评分,画得最形象、最好的获胜。

活动五:签到,发放奖品

第五次小组活动

活动道具:气球、签到表,活动奖品。

活动一:开场(10分钟)

步骤:工作员带领组员回忆上期活动,并重申小组契约,介绍本次小组活动内容。

活动二:明天会更好(15分钟)

步骤:全体同学围成一个圆,然后分别拍左右两边同学的肩膀,将"我们是最棒的,明天会更好"依次拍出。

活动三:心心相印(15分钟)

①将小组成员分成两人一组。

②两人一组进行"背夹气球"的比赛只能用力靠,夹破为胜。

③每组五个气球,用时最短的组为胜,胜者奖励。

活动四:故事汇(20分钟)

步骤:

①工作员带头跟大家分享令自己深受启发的故事。

②鼓励小组成员讲出自己深受启发的故事,或者是讲一个自己的榜样的故事,让大家互相学习。

③组员分享活动感受。

活动五:签到,发放奖品(5分钟)

第六次小组活动

活动道具:纸盒、A4纸、笔、彩纸、剪刀、红绳、纸巾、签到表和活动奖品。

参与人数:10人

活动具体内容:

活动一:开场(5分钟)

步骤:工作员带领组员回忆上期活动内容并重申小组契约,介绍本次活动主题和内容。

活动二:青蛙跳水(15分钟)

步骤:

①所有同学围成圆圈。第一个组员一边大声地说"一只青蛙四条腿",一边做出模仿青蛙的姿势,接着第二个组员一边大声地说"扑通一声跳下水",一边做出青蛙跳水的动作;第三个成员接着说"两只青蛙八条腿",做出青蛙的姿态,第四名成员紧接着说"扑通、扑通跳下水",并做出青蛙跳水的动作。

②接着下一位成员大声地说"三只青蛙十二条腿"并做出相应的动作;下一位成员就说"扑通、扑通、扑通跳下水"。

③以此类推,当有组员出错时,如说错了青蛙的腿数或者说错了相应的"扑通"数,小组成员可给以其相应的"惩罚"。

活动三:捶背揉肩(15分钟)

步骤:

①将小组成员分成两组,前后站着,后边一个小组成员向自己

前一个人询问近况。(其中主要包括这周的心情,喜欢的颜色,食物,最好的朋友等等)

②在询问的过程中要帮其捶捶背捏捏肩,并说"你辛苦了,我帮你捶捶背,捏捏肩"之类的话。

③结束之后可请组员分享自己在"捶背揉肩"过程中收获的对方的近况,以及自己认为怎样与其对话比较容易,表现好的给予奖励。

活动四:感恩让生活更美好(20分钟)

步骤:

①每个人发一张小纸条,署名,写两句祝福的话送给两个人,写的对象不能是座位左右的人,可以是小伙伴,也可以是阿姨。写完放在一个小盒子里。

②每个组员轮流抽签念出来,收到祝福的组员要感谢送祝福的组员,送祝福的组员与念祝福的组员要相互感谢。抽到写给阿姨的纸条需要念给阿姨听。

③组员也写自己在小组中的成长与收获,以及对未来的期待。工作员写对孩子们的祝福与愿景。由工作员挂在许愿树上。

活动五:签到,发放奖品。

人际成长小组活动效果评估汇总表 1

小组名称：	人际成长小组（缘聚你我）				
服务时间：2014.7.18					
本次服务回收有效《意见表》份数： 7 份					

1. 服务满意度调查：

类型 \ 满意度	非常同意	同意	反对	非常反对
我喜欢这一次团体活动	3	3	1	
我对我今天的表现非常满意	2	3	1	1
在这次团体活动中，我学着融入到小组中	2	3	2	
我觉得这一次的团体经验很有意义	2	4		1
我觉得在这一次聚会中，大家都能互相信任并且玩得很开心	3	3		1
我喜欢指导者的带领方式	4	2		1

2. 您对活动的其他意见或建议是：
（1）希望有刺激一点的游戏
（2）游戏种类更丰富

从上表统计的数据可以看出组员们喜欢这类型的小组，并尝试着融入到小组中，这对于后面开展五节小组活动奠定了一个良好的基础。

人际成长小组活动效果评估汇总表 2

小组名称：__人际成长小组（似曾相识）__

服务时间：__2014.7.2__

本次服务回收有效《意见表》份数：__10份__

1. 服务满意度调查：

满意度 类型	非常同意	同意	反对	非常反对
我觉得活动内容自由丰富	6	3	1	
我喜欢这一次团体活动	2	7	1	
我对我今天的表现非常满意	4	4	2	
在这次团体活动中，我和其他小组成员的关系拉近一些了	3	5	2	
我觉得这一次的团体经验很有意义	3	6	1	
我觉得在这一次情景模拟的活动中，我认识到自己在朋辈群体交往方面存在的问题	2	7	1	
我喜欢指导者的带领方式	4	4	2	

2. 您对活动的其他意见或建议是：

（1）这次的活动比较好

从上表统计的数据可以看出组员们的关系在逐步拉近，并且在主题活动中意识到了自己在朋辈群体交往方面存在的一些问题，只有主动意识到问题，才能更好地解决问题。

人际成长小组活动效果评估汇总表 3

小组名称： 人际成长小组 （你好,我们一起玩游戏吧）
服务时间： 2014.7.23
本次服务回收有效《意见表》份数： 7 份

1. 服务满意度调查：

类型 \ 满意度	非常同意	同意	反对	非常反对
我觉得活动游戏比之前游戏自由丰富	5		1	1
我越来越喜欢活动游戏	4	2		1
我觉得自己与其他组员关系比之前拉近了很多	3	3	1	
我对我今天的表现非常满意	5	1	1	
我觉得这一次的活动游戏很有意义	4	2	1	
我喜欢指导者的带领方式	4	1	2	

2. 您对活动的其他意见或建议是：

（1）这次活动大家像家人一样聚在一起

从上表统计的数据可以看出,组员们的关系更进一步了,这对于开展小组活动很有帮助,也能对他们解决自身的问题有帮助。

人际成长小组活动效果评估汇总表 4

小组名称：<u>人际成长小组（交流合作）</u>

服务时间：<u>2014.7.25</u>

本次服务回收有效《意见表》份数：<u>　6份　</u>

1. 服务满意度调查：

满意度 类型	非常 同意	同意	反对	非常 反对
我觉得活动内容自由丰富		6		
我喜欢这一类团体活动		6		
我对我今天的表现非常满意	1	5		
在这次团体活动中,我逐渐学会了正确地交流与合作		6		
我觉得这一次的团体经验很有意义		6		
我喜欢指导者的带领方式		5	1	

2. 您对活动的其他意见或建议是：

从上表统计的数据可以看出,经过前三次的小组活动,在这次的小组活动中组员们逐步学会了正确地交流,并能与其他组员一起合作,共同完成任务。

人际成长小组活动效果评估汇总表5

小组名称：__人际成长小组（畅所欲言）__

服务时间：__2014.7.27__

本次服务回收有效《意见表》份数：__9份__

1. 服务满意度调查：

满意度 类型	非常同意	同意	反对	非常反对
我觉得活动内容自由丰富	8	1		
我喜欢这一次团体活动	8	1		
我觉得自己在这次团体活动中学会了正确的说话方式	7	2		
在这次团体活动中，我比以前开朗了，更乐于与他人交流了	6	3		
我对我今天的表现非常满意	6	3		
我觉得这一次的团体经验很有意义	8	1		
我喜欢指导者的带领方式	8	1		

2. 您对活动的其他意见或建议是：

　　从上表统计的数据可以看出，组员们逐渐学会了正确的说话方式，并喜欢与他人交流了，同时也认同小组的经验，这对于他们来说是有帮助的。

人际成长小组活动效果评估汇总表 6

小组名称：	人际成长小组 （送"礼"大行动）				
服务时间：	2014.7.28				
本次服务回收有效《意见表》份数：	9 份				

1. 服务满意度调查：

满意度 类型	非常同意	同意	反对	非常反对
我觉得活动内容自由丰富	8	1		
我喜欢这一次团体活动	8	1		
我觉得自己在这次团体活动中学会了交流与分享	7	2		
我对我今天的表现非常满意	6	3		
我觉得这六节小组活动的团体经验很有意义，我比以前自信了	8	1		
我喜欢指导者的带领方式	8	1		

2. 您对活动的其他意见或建议是：

　

从上表统计的数据可以看出，通过了六节的小组活动，小组成员学会了交流与分享，并且通过与人交流获得了自信，提升了自信心。

2. 小组工作者的总结与反思

(1)2014 年 7 月 18 日

今天是我们到这以来进行的第一次小组活动,我虽不是这次活动的组织者,但心里还是有些担心。可活动的过程中感觉孩子们玩得还挺开心的。

今天玩的游戏有"大风吹"、"抱团找零"、"订立契约",前两个游戏比较容易调动孩子们的积极性,后一个主要和孩子们说清作为小组成员应遵循的小组纪律。

今天和孩子们玩的还是挺开心的,希望在接下来的活动中能够更了解他们,也希望更加顺利地进行后面的活动。

(2)2014 年 7 月 22 日

今天进行第二次小组活动,今天玩的游戏有"松鼠与大树"、情景模拟。在"松鼠与大树"这个游戏中,孩子们的反应能力与配合能力还不错,也有个别反应慢的,在这个游戏中孩子们玩得很开心,孩子们交换不同的角色,完成不同的角色任务。在情景模拟这个环节时,可能是由于涉及到组员平时的一些语言和行为,在进行时有些迟疑。通过相同情景不同的交流沟通方式,让组员直观地认识到自己的问题,并有意识去改变。

希望通过今天的活动能让组员们有所反思。

(3)2014 年 7 月 23 日

今天的小组活动由我来当领导者,有些压力,因为从没带过小组,不知道能不能胜任。

今天的活动主要有对其他组员说你好、"我来比划,你来猜"。在第一个活动中,有的组员显得有些不好意思,但通过其他组员的榜样作用以及小组领导者的鼓励,最终做到了。在第二个活动中,组员们很投入,进行得很顺利,小组在一片欢笑声中结束。

第一次带领小组活动,心里很不自信,在过程中有时不知如何控场与组织语言,希望以后再接再厉。

(4)2014年7月25日

今天的游戏有"水果蹲"、"心心相印"、在"水果蹲"中有个别孩子反应很慢,好几次都错,但大多数孩子反应还是挺快的。在"心心相印"中孩子们通过交流与合作把球背到终点,虽然不是每组成员都成功,但他们还是懂得交流与合作的,这一点值得称赞。

希望组员们能取得更大的改变。

(5)2014年7月27日

今天的游戏有"说说自己"、"各抒己见"。在"说说自己"的活动中,组员们还是有个别的显得不好意思,但在小组领导者的鼓励与示范下最后也完成了,组员们有的说自己的爱好、有的说自己的学习。在"各抒己见"中大多数组员都能够用正确的说话方式来表达自己的观点,与之前有了很大的进步。

(6)2014年7月28日

今天主要是带领组员们回顾前五节的活动,巩固小组经验,并给组员送祝福,组员彼此间送祝福。最后小组领导者鼓励与希望组员继续保持改变与进步。

小组结束后的一个星期,小组工作者们对园里的工作人员进行了访问,得到的反馈是多数的组员有了改变,对于没有改变的组员我们再单独与他们交谈,希望能够帮助他们改变。

【附件四】

访谈提纲

A 被照顾者访问提纲：

1. 在这儿的基本生活？时间？平常睡得怎么样？
2. 有什么好玩儿的事情吗？（在中心）（和其他小朋友怎么样？）你的好朋友是？
3. （不同照顾者角色），谁令你印象比较深？（为什么呢？）

在不同环境中和相关方的关系……（在中心、学校、与家人、社区邻居、义工等……）与朋友相处如何？吵过架吗？你通常会如何处理？

4. 喜欢去上学吗？（学校情况怎么样？）你觉得自己和其他同学有没有不同，为什么？学校的老师对你怎样？
5. 你有心事的时候，会找谁去倾诉？为什么？你觉得其他人对你的支持够吗？你有什么需要其他人的帮助？
6. 家里人的情况？上次去看父/母是什么时候？你感觉怎么样？其他亲人？
7. 最近开心/不开心的事是什么？为什么？
8. 你觉得什么事比较有意义？你觉得自己是一个什么样的人？
9. 你对将来有什么梦想或期望？

B 照顾者访问提纲:(个人基本信息除外)

1. 在过去的经验中,您(机构负责人/爱心妈妈/咨询师/义工)提供给孩子们的服务主要有哪些?
2. 最近在做些什么?(为这些孩子)
3. 您觉得有哪些挑战?或者说困难?
4. 您觉得他们有什么样的一些特征或情况(比其他正常家庭的孩子)?具体情况是怎么样的?他们认为自己是怎么样的?
5. 学校和这些孩子,曾经的挑战?或正面的经验?(负面的)与周围邻居\政府机构\监狱\民政……. 您觉得孩子在社会受到歧视吗?政府如何帮助?
   在学校表现如何?老师知道他们父母在服刑吗?您觉得孩子在学校的表现有没有受到父母服刑的事的影响?
6. 与家人的情况、探监的情况?其他的亲属?(家庭关系怎么样?)
7. 您在这服务中最大的感受是什么?您的收获是?
8. 您觉得未来服务这些孩子,有哪些需要?可以改善或提升的地方?需要的资源?
9. 区别问,各自的服务与期望、对其他不同照顾者的看法?

国内服刑人员未成年子女的基本状况

文献研究部分文稿

国内"法律孤儿"的基本状况

从"法律孤儿"这一群体的角度,对其整体的生存状况、教育状况、心理状况等基本情况进行以下呈现:

A. 生存状况

(1)数量

现有关于这个群体的数据是2005年司法部开展的"监狱服刑人员未成年子女基本问题"的调研中获得的:截至2005年底,在我国监狱服刑的156万名在押犯中,有未成年子女的服刑人员近46万人,占押犯总数的30%左右,服刑人员未成年子女总数逾60万。

其他专家学者对某一地区的服刑人员未成年子女数量的调查。据汕头市统计的数据显示,在押的汕头籍服刑人员共有537人,在押服刑人员的未成年子女有797人,整个广东省籍在押服刑人员未成年子女就有近万名(郭欣,2006)。

(2)经济

当父母双方或一方入狱,家庭往往失去重要的经济来源并陷入困境,生活状况堪忧。

司法部2005年的调查结果显示:45.9%的监狱服刑人员表示,孩子目前的生活状况没有保障,原居住地在农村的监狱服刑人员中,有52.8%认为其未成年子女的生活状况没有保障;25%的监狱服刑人员表示,对孩子目前的生活状况是否有保障不清楚;不足30%的服刑人员认为孩子目前的生活状况处于有保障状态。

朱华燕通过对浙江宁波某县的调查发现:78.94%的服刑人员家庭月收入低于900元(朱燕华,2008)。

严浩仁等2008年对浙江省常山县、开化县和平湖市进行了实地走访和问卷调查,发现75%的家庭年收入低于12000元,许多孩子只能靠单亲乃至只有祖父母外祖父母的微薄收入来维持生活。另外,孩子的每月生活费很少,每月100元以上的仅有18.75%(严浩仁,2009)。

夏禹波等对青岛市服刑人员未成年子女的调查中发现,80%的服刑人员入狱前是一个家庭中的主要劳动力,被捕入狱所造成的影响是全方位、灾难性的。有68%的家庭失去了经济来源,不得不靠祖父母、亲朋以及社会的救济,或者入狱前的积蓄度日(夏禹波,2010)。

(3) 监护

司法部2005年的调查统计结果显示:12%以上的服刑人员未成年子女父母双方均受到过刑罚处罚,全国目前大约有近6万个服刑人员家庭的未成年子女的监护权,发生事实上的丧失或者缺损,他们的生活状况、教育状况受到严重的威胁。

严浩仁认为由于父母一方或双方入狱单亲监护甚至隔代监护造成了诸多问题,主要体现为:①父亲或母亲一方忙于维持家庭的生活对孩子的日常起居无暇关注,孩子在想什么,孩子在做什么,孩子需要什么,走访中许多家长都表示缺乏了解。②许多服刑员入狱前或后和配偶离婚,孩子在其入狱后只好无奈地回到已经离婚的父亲或母亲身边,由于经济感情等方面的原因,他们往往对孩子的态度相当冷漠。③还有的孩子由于父母双方入狱或父母一方入狱后另一方弃家出走,只好跟祖父母或外祖父母一起生活,这种隔代监护状况呈现出的问题较多,主要表现为双方沟通困难而缺乏交流对孩子身心的健康发展产生了不利影响。

(4) 流浪

服刑人员未成年子女流浪、乞讨现象令人担忧。司法部2005年统计结果显示:监狱服刑人员未成年子女在社会上流浪、乞讨的占服刑人员未成年子女总数的 2.5%。其中,居住在大城市、小城市(含县、镇)和农村的服刑人员未成年子女在外流浪、乞讨的人数在该类未成年子女总数中所占的比例依次呈递增态势,分别为 1.4%、2.4% 和 3%。令人担忧的是,多达 1/5 的服刑人员(占被调查总人数的 22.3%)因为种种原因,不知道孩子现在的情况,更不清楚他们是否已经在社会上流浪或者乞讨。

(5)犯罪

内心缺少被关爱和外在行为的缺乏监管导致其在处理一些事情时极易走上极端,从而在扭曲心态下去评估他们遇到的问题。他们中的一部分人甚至会重复他们父(母)的生活方式,进而走上违法犯罪的道路(田宏杰,2010)。

监狱服刑人员未成年子女犯罪率远远高于全社会未成年人犯罪率。司法部 2005 年的调查统计显示:2006 年未成年在押犯占全国在监狱服刑人员总数的百分比为 1.41%,被调查的服刑人员未成年子女违法犯罪的人数占被调查人员未成年子女总量的 1.2%,有 9.4% 的被调查人员表示并不清楚自己的孩子是否有违法犯罪行为。

(6)探监

目前,我国监狱服刑人员中相当一部分以跨省市"异地"服刑为主要模式,路途遥远、旅途花费、家境贫寒、孩子年龄幼小或者监护人有某种理由不方便带领孩子到监狱探视,以及监狱普遍也未设置适于孩子接见的场所等等众多难以克服的障碍,导致了服刑人员与未成年子女"相见难"的产生。住在太阳村之类机构的服刑人员未成年子女每年仅能见一次父母。

(7)社会生存环境

社会对服刑人员未成年子女的宽容度不够,社会关爱缺失。朱华燕等对浙江宁波某县的服刑人员未成年子女的生存状况的调查发现:服刑人员未成年子女的生存状况为社会所忽视,公众对服刑人员未成年子女关心不够,且少数人对其存有敌意,但多数人心存同情。接受调查的人都意识到服刑人员未成年子女问题对社会的影响,希望政府发挥主导作用。另外,关爱服刑人员未成年子女的活动前景不容乐观(朱华燕,2008)。严浩仁认为在社会中,传承着一种不良的文化,那就是对服刑人员家属及未成年子女的歧视。更有甚者竟认为在有服刑人员的家庭里,犯罪有代际传递的倾向,即所谓的"龙生龙,凤生凤,老鼠的儿子会挖洞"。

B. **教育状况**

辍学现象严重,服刑人员未成年子女受教育权利得不到保障。

司法部课题组 2005 年调查统计结果显示:服刑人员未成年子女中辍学的人数占被调查服刑人员未成年子女总数的 13.1%。其中,户口居住地为大中城市、小城市(含县、镇)和农村的服刑人员的未成年子女辍学率分别为 6.6%、10.1% 和 16.1%。服刑人员未成年子女中的辍学群体在其父(母)亲入狱后显著增大。被调查的服刑人员中,其未成年子女在父(母)入狱前就已经辍学的占未成年子女辍学总人数的 17.56%,在父(母)入狱后辍学的为 82.43%。

至于辍学的原因很多,其中生活困难是服刑人员未成年子女辍学的首要原因。司法部课题组 2005 年对北京地区服刑人员未成年子女调研情况来看,而在对服刑人员未成年子女辍学原因的调查显示:被调查服刑人员未成年子女中,因受歧视而辍学的占 15.5%;因自己厌学而辍学的占 6%;因生活困难而辍学的占 44.5%;因病、残而辍学的占 2.4%;因无人照管而辍学的占 25%;因其他原因而辍学的占 7.1%。

即使正在上学的服刑人员未成年子女,也显示了诸多问题。主要表现有:第一,由于家庭经济困难,他们的学习费用堪忧。第二,亲人入狱带给他们的社会歧视和生活无助,导致他们很难像其他孩子一样顺利完成学业。第三,亲人入狱使孩子在学习上缺乏有效的指导和帮助,学习遇到困难时无法与亲人进行及时有效的沟通,很大程度上影响到了他们的学习。他们大多难以完成义务教育,继续深造的机会更少(谢启文,2012)。

此外,服刑人员未成年子女的学习成绩较差。朱华燕等对浙江宁波某县的服刑人员未成年子女的生存状况的调查发现:多数孩子的成绩在班级处于中等或偏下(朱华燕,2008)。陈伙平对福建省服刑人员未成年子女的调查结果显示,有43.18%的学习成绩较差(陈伙平,2005)。

C. 心理状况

就目前已经开展的对服刑人员未成年子女的救助情况来看,多是从物质保障上着手,尽可能的保证其可以吃饱穿暖和得到良好的教育,但是很少从心理层面进行干预。

(1)个性发展

①情感脆弱,缺乏安全感

王庆雨等通过对陕西回归研究会儿童村的调查发现:70%的子女常常思念父母,57%的子女会因为恐惧与不安导致失眠(王庆雨等,2011)。

②自信心受损,自卑,且易于自责

王庆雨等通过对陕西回归研究会儿童村的调查发现:几乎所有的学生自信心受损,开始不再相信自己,认为自己的能力不如其他正常的孩子。在事情的归因方式中,较难做到外界和内部归因的和谐统一。多数孩子在事情失败后,容易将失败原因归于自己,或者是走向另外一个极端,即完全不负责任,将过错基本归于他人(王庆雨等,2011)。

由于亲人的入狱使得服刑人员未成年子女背上了沉重的罪犯子女的包袱,在心理上总觉得自己低人一等,内心自卑而敏感(严浩仁等,2009)。

③性格内向、孤僻和忧郁

王庆雨等通过对陕西回归研究会儿童村的调查发现：服刑人员未成年子女很少进行主动的交往，32%的调查者会害怕陌生人，9%的人甚至觉得很被动，没有任何感觉，有些麻木。68%的调查者显示，在遇到不开心的事情时，自己忍受，不与他人交谈（王庆雨等，2011）。平时害怕别人的关注害怕别人的议论容易导致性格内向甚至自闭（严浩仁等，2009）。

刘怀光等通过EPQ人格特征分析显示：在P值表现上，服刑人员未成年子女都低于全国常值，这表现为古怪、孤僻（刘怀光，2011）。

④自我掩饰性强

王庆雨等通过对陕西回归研究会儿童村的调查发现：与同龄儿童相比，服刑人员子女更容易说谎，一定程度上是为了赢得大家和老师、爱心妈妈的喜爱与关注，另外一个则是为了避免惩罚，自我掩饰。在儿童村长期形成的救助体制中，经常有爱心人士来看望儿童村的孩子，儿童村的孩子在不断应对各种外来人员时，渐渐表现出一种潜在的掩饰性（王庆雨等，2011）。

⑤较敏感，受他人影响大

王庆雨等通过对陕西回归研究会儿童村的调查发现：服刑人员未成年子女受父母入狱的重大生活事件的影响，内心变得脆弱敏感，73%的人容易因为小事影响自己的情绪，让自己生气。在平日的生活中，对他人的话语过度在意和过分敏感，常常认为其他人的言语和行为与自己相关（王庆雨等，2011）。

刘怀光等通过EPQ测试数据结果显示，服刑人员未成年子女男女生N数值明显偏高于全国常值，说明服刑人员未成年子女焦虑、紧张、易怒，自我保护意识过于强烈，冲动情绪很大（刘怀光，2011）。

⑥嫉妒心理

因父母罪错而失却家庭温暖的孩子总觉得自己十分不幸，因此看到同学被父母关心疼爱,看到同学的行为受到老师的赞赏,看到同学之间的友好同伴关系时,容易产生嫉妒(陈伙平,2005)。

(2)情绪情感

①情绪淡漠

据调查,儿童村的孩子在情绪上表现的较为淡漠,对很多事情不太关心,多数时候以自己的情感体验为主。

②情绪不稳定

此类特殊儿童的情绪不太稳定,波动较大,易受小事的影响。

③情绪的内隐性

据调查问卷和访谈,服刑人员未成年子女的快乐情绪易于表现出来,但是他们的不开心的情绪68%自己承担,较少的向同伴和朋友、老师反映出来(王庆雨等,2011)。

(3)行为规范

有一些不良的行为习惯,如偷盗、欺骗、攻击性行为等(王庆雨等,2011)。

(4)社会适应

在社会交往上,他们表现出较强的胆怯性,70%的未成年子女经常思念自己的父母,在社会交往上不积极主动,对待他人不信任,同时也有迎合、顺应他人等的行为表现,就主动性而言,他们交往的主动性低,在交往中处于不利的地位(王庆雨等,2011)。

他们害怕别人歧视,不敢与人交际,即使在与人交流的时候也比较拘谨、放不开,自己有想法或要求时不敢表达和坚持,怕得不到别人的认可。包括他们的家长出于保护孩子的需要,担心这些孩子遭到其他孩子的歧视和欺负,不鼓励孩子活跃交际,甚至限制孩子与其同学伙伴交往,不善交际不主动交际使得他们更加孤独和脆弱(严浩仁等,2009)。

现有的文献多是论述此群体的心理问题,却少有从此群体的优势视角出发,发现他们心理上的优势。但事实上这种优势是存

在的,主要表现在:

个性发展方面:独立意识较强

严浩仁等2008年对浙江省常山县、开化县和平湖市进行了实地走访和问卷调查发现50%的孩子想早点长大独立。做饭、洗衣服两样都会做的孩子已占到总体的40.63%(严浩仁等,2009)。

王庆雨认为这在个性发展中,服刑人员未成年子女较其他同龄人对比而言,相对独立与成熟,考虑事情较周全,生活快乐、幸福的标准较同龄人低,更容易因为简单的事情感到快乐和幸福,能更好地获得快乐感和幸福感。

行为规范方面:

大多数服刑人员未成年子女在儿童村或自身日常学习中,逐步掌握各种行为规范,如主动让座的和观望让座的比率共达97%,等绿灯过马路的比率达77%,捡到钱上交的占97%,行为习惯较好(王庆雨等,2011)。

社会适应方面:

在社会交往中,能更好的理解他人,体谅他人的生活,较少的提出无理的要求;在生活上,服刑人员未成年子女生活独立性强(王庆雨等,2011)。

相关影响因素分析

(1)家庭关系恶化,教育缺乏

随着父母一方或双方入狱,其子女的家庭经济支柱坍塌,无法为其提供必要的经济支持;由于缺乏必要的相处时间与互动,感情交流受到阻碍,其子女无法从父母那里获得充足的亲情慰藉;对于青少年成长过程中的烦恼与困惑,其父母也无法给予及时正确恰当的支持与帮助;而且,其父母服刑带给子女巨大的心理、精神方面的冲击。总之,服刑家庭存在复合性功能危机,这给其子女的正常、健康发展带来了巨大的影响。

在孩子成长的关键时期,本来身处畸形的家庭环境中,缺乏良好的榜样、和谐的家庭气氛,如果在孩子脆弱、迷茫的时候家长不能很好地给予引导和帮助、关怀与呵护,孩子的认识很容易产生偏差,心理出现问题,甚至走上犯罪的道路。

(2)亲子关系的中断

我国《监狱法》第十九条规定,罪犯不得携带子女在监内服刑。异地服刑目前是我国的主要服刑方式,服刑地点也不能由服刑人选择或申请转狱。探视犯人就变得非常麻烦。并且服刑人员家庭大多数经济状况不好,而救助中心多为民间机构,运营艰辛,没有足够的人力物力安排经常去探视,导致亲子关系中断。

这些未成年的孩子正处于需要情感支持,需要父母呵护的敏感时期,在此时得不到父母关爱势必会影响孩子优良人格的形成。服刑人员未成年子女虽然也恨他们的家长,但自然亲情使他们另一方面渴望家长关爱。父辈服刑阻断了这种家长关爱,丧失了家庭的温暖,会导致孩子抑郁、自卑、喜怒无常,导致人格和性格的异常。再加上对在狱中长期服刑的亲人不了解,用想象代替了现实,通过电视、网络、报纸等得到的信息,想象出父母是一种邪恶的形象,心中充满了自卑感,使得孩子很难亲近父母,父母也无法走进孩子的内心。由于经济因素,服刑人员与其子女见面的机会并不多,亲情淡化,不利于孩子的健康成长。

教育歧视与学校教育方法失当

服刑人员未成年子女在父母入狱后家庭变得残缺,家庭教育缺失,这就需要学校来加以引导和帮助,这将缓解孩子们异常的心理和改变不良的行为。然而若学校教育不当,反而会对处于青春期的服刑人员未成年子女的心理和思想起到反方向作用,使他们心理更加自卑、消极。

教育歧视是在教育过程中对学生后天努力无关的个人特征的评价。根据这个定义,对一个学生的评价要看他后天的努力程度,而不是他的天赋、家庭出身、民族、性别、身体上的先天特征、国籍或所在地区等因素。如果这些与后天努力无关的因素在教育过程中得到正的或负的价值，就可以说发生了教育歧视。教育歧视普遍存在，服刑人员未成年子女更会受到不公平对待。一直以来，入校学习都要填写家庭信息，为的是帮助学校和老师了解家庭情况，更好地教育孩子。可是一些学校一旦知道某些学生家长是服刑人员，就会拒绝其入学。特别是需要考试的一些重点中学。生活中，老师也会对其产生偏见，认为"龙生龙，凤生凤"。犯罪服刑人员的孩子就一定会受到父辈的影响，学校一旦出现丢东西的情况，毫无疑问，首先被怀疑的一定是这些学生。这深深地伤害了孩子的自尊心。老师的否定较多，肯定较少，老师的不信任也会波及全班，周围同学也会对其疏远。学校的教育产生的排斥，也严重影响了服刑人员未成年子女正确价值观的形成。

几十年来，中国一直提倡素质教育，但在实际贯彻中存在许多问题，学习有困难的学生被老师放弃是常见的事情，服刑人员未成年子女整体的学习成绩与学习态度不如良好家庭子女，于是，很容易受到老师的冷落，成绩越差，老师的关心和教育就越少，而本身就自卑的服刑人员未成年子女，认为这个集体不接受他，歧视他，就越发地压抑，学生在集体中感受不到温暖和归属感，不愿意融入集体中。青少年正处于精力旺盛的时期，倘若不把心放在学习和集体生活中，一旦存有邪念，没有家长和老师的帮助、引导，长此以往，面对这个纷繁的世界，稍有留神即会走上犯罪的道路。而学习教育尤其是农村学校教育中，法律常识教育的不足，也使这些孩子很容易受到侵犯或侵犯其他人的利益，许多少年犯上法庭才知道自己的行为是违法的。

缺乏必要的法律监督、保障

服刑人员未成年子女作为一个特殊的弱势群体，政府对其保护和救助方面的工作相对处于缺位的状态。目前，我国没有关于救助服刑人员未成年子女系统的法律法规或政策,没有设立专门负责救助服刑人员未成年子女的工作部门,而且目前的一些政策还制约着民间机构救助活动的发展,如一些民间社会组织注册于工商管理部门,就不能公开募捐筹资,这就很大程度上限制了救助中心的资金来源与救助范围和力度。

目前对服刑人员未成年子女救助的文件主要有:2006年1月中央综治委预防青少年违法犯罪工作领导小组、中央综治办、民政部、司法部、共青团中央、全国妇联等6部委共同发布的《关于开展为了明天——全国服刑人员未成年子女关爱行动的通知》,强调各级民政部门要在服刑人员未成年子女的抚养、监护、教育和管理等方面制定救助政策,根据情况,采取提供最低生活保障、纳入特困户救助、家庭寄养等多种方式开展帮扶救助工作。对监护人无法履行职责的服刑人员未成年子女可以由民政部门所属的流浪未成年人救助保护机构提供生活照料。同时,2006年3月,民政部等16部委发布《关于加强孤儿救助工作的意见》中,首次将服刑人员未成年子女纳入到社会福利事业和社会救助工作之中,指出"对因父母服刑或其他原因暂时失去生活依靠的未成年人,可以依据相关法律规定妥善安置"。然而,救助中心,例如DL太阳村,在发展中最初一直找不到相关的法律、法规认可它的合法地位和指导它开展工作,也缺乏相应的国家层面上监督管理制度,在发展中曾举步维艰。由于没有配套的实施细则来指定明确的职能部门和财政拨款、规范救助程序,要救助这些弱势中的服刑人员未成年子女还需要很长的一段路。

社会组织救助不成熟

在政府角色缺位的情况下,我国专门救助服刑人员未成年子女的机构主要来自民间。从1995年陕西省建立第一家专门为服刑人员未成年子女服务的民间组织——回归儿童村,到2013年,这类救助中心总数还不到十五家。民间救助力量相对比较薄弱,救助模式单一,资金来源不稳定,政策支持力度不够,制约着其组织的发展,救助对象的范围也受到相应的限制。据资料显示,到2007年救助的总人数不到2000人。

缺乏社会关爱与关注

在我们的社会中,传承着一种不良的文化,那就是对服刑人员家属及未成年子女的歧视。更有甚者认为,犯罪有代际传递的倾向,即所谓的"龙生龙,凤生凤,老鼠的儿子会打洞"。甚至有人认为"应该对罪犯的子女采取坚决打压的态度,认为我们对其子女关爱,里面的人就会更加嚣张,无后顾之忧。对罪犯子女就应该打压,就是要让罪犯知道,社会是在歧视他们的子女,让他们害怕犯罪。"可见,社会上不仅带着有色眼镜看待服刑人员未成年子女,而且对其还有某种程度的仇恨报复心理。

一项调研研究发现,在被访中48.22%的人根本就没有想过还有服刑人员未成年子女这个群体的存在,而在想到过或者关心服刑人员未成年子女问题的人中,其获得的信息的方式73.75%源于影视媒体、新闻报道,23.4%是听人说的,13.47%是亲眼所见,1.4%的人是依靠自己的想象。所以,多数民众对服刑人员未成年子女的生存状况并不了解,更多是处于一种想象、片面的状态。

【附件五】

"爱心妈妈"访谈提纲

1. 基本信息:年龄、工作年限、文化程度等。
2. 您日常工作内容包括那些方面,这些工作你都能胜任吗?
3. 您平常管教孩子采取哪种方式,你认为这种方式有作用吗?
4. 在孩子的学习上,您主要发挥哪些作用,觉得最大的困难是什么?
5. 当小孩子之间发生矛盾时,你是如何解决的,处理结果使双方满意吗?
6. 除了日常照顾工作外,和小孩交流的时间多吗?通常都交流哪些内容?
7. 太阳村有没有对爱心妈妈陪护人员的管理制度,您觉得需要这样的制度吗?
8. 您在工作中遇到那些困难,有没有压力非常大的时候,通常是在什么情况下?是如何解决的?
9. 您为什么会选择这份工作,您喜欢在太阳村的工作吗?
10. 您在太阳村工作这么长时间,有什么收获和感受能和我分享吗?

"法律孤儿"访谈提纲

1. 基本信息:年龄、入园年限等
2. "爱心妈妈"是如何照顾你们的?
3. 曾经被"爱心妈妈"打骂过吗?是在什么样的情况下?
4. "爱心妈妈"会经常和你们谈心嘛?
5. 你们喜欢她们对待你们的方式吗?你们希望"爱心妈妈"以怎样的方式对待你们?
6. 你们觉得"爱心妈妈"辛苦吗?你们向她们表达过内心的感谢之情吗?
7. 你们觉得"爱心妈妈"还有哪些需要改进的地方?
8. 你们怎样评价"爱心妈妈"?

参考文献

著作类:

[1] 埃文·塞德曼,周海涛主译. 质性研究中的访谈:教育与社会科学研究者指南[M]. 第1版,重庆:重庆大学出版社,2009

[2] [美]艾尔·巴比著. 社会研究方法[M]. 第10版,邱泽奇译. 北京:华夏出版社,2005.

[3] [美]安东尼·吉登斯著. 现代性与自我认同[M]. 赵旭东、方文译. 北京:三联书店,1998.

[4] [法]布迪厄,[美]华康德著. 实践与反思——反思社会学导引[M]. 李猛、李康译. 北京:中央编译出版社,2004.

[5] [加]查尔斯·泰勒著. 自我的根源:现代认同的形成[M]. 韩震等译. 南京:译林出版社,2001.

[6] 常扬. 在离开父母的日子里——中国首家罪犯子女儿童村纪实[M]. 西安:未来出版社,2000.

[7] 陈向明. 质的研究方法与社会科学研究[M]. 北京:教育科学出版社,2000.

[8] 费梅苹. 次生社会化:偏差青少年边缘化的社会互动过程研究[M]. 上海:上海世纪出版集团,2010.

[9] 风笑天. 社会研究方法[M]. 北京:中国人民大学出版社,2013.

[10] 顾东辉. 社会工作概论[M]. 上海:复旦大学出版社,2008.

[11] 何雪松. 社会工作理论[M]. 上海:华东理工大学出版社,2007.

[12] 洪守义. 青年行为学[M]. 北京:中国青年出版社,2004.

[13] 候钧生. 西方社会学理论教程[M]. 天津:南开大学出版社,2006.

[14] 鞠青,张小亮,陈晨编. 中国流浪儿童研究报告[M]. 北京:人民出版社,2008.

[15] [美]杰克·瑞启曼,马克·弗瑞瑟编著. 青少年暴力理论:抗逆力、危险和保护[M]. 穆光宗,孙梦雪,赵雪萍,古琳译. 北京:中国人口出版社,2007.

[16] [美]A. Pervin等著. 人格手册:理论与研究[M]. 黄希庭主译. 华东师范大学出版社,2003.

[17] 康晓光. 起诉——为了李思怡的悲剧不再重演[M]. 内部发行,2003.

参考文献

[18] 龙迪. 性之耻还是伤之痛:中国家外儿童性侵犯家庭经验探索性研究[M]. 桂林:广西师范大学出版社,2007.

[19] 李晓文. 青少年发展研究与学校文化生态建设[M]. 北京:教育科学出版社,2009.

[20] 李迎生. 社会工作概论(第二版)[M]. 北京:中国人民大学出版社,2010.

[21] 卢德平. 中国弱势儿童群体问题与对策[M]. 北京:社会科学文献出版社,2007.

[22] 诺曼·K.邓津,伊冯娜.S.林肯著. 个案研究定性研究:策略与艺术[M]. 风笑天译. 重庆:重庆大学出版社,2007.

[23] Paula Allen-Meares. 儿童青少年社会工作[M]. 上海:华东理工大学出版社,2006.

[24] 潘慧玲. 教育研究的取径:概念与应用[M]. 上海:华东师范大学出版社,2005.

[25] 仇立平. 社会研究方法[M]. 重庆:重庆大学出版社,2008.

[26] 阮曾媛琪. 中国就业妇女社会支持网络研究——"扎根理论"研究方法的应用[M]. 北京:北京大学出版社,2002.

[27] 单光鼐等. 中国青年发展报告[M]. 沈阳:辽宁人民出版社,1994.

[28] 尚晓援. 中国儿童福利前沿问题[M]. 北京:社会科学文献出版社,2010.

[29] 王思斌. 社会工作导论[M]. 北京:高等教育出版社,2004.

[30] 王燮辞. 青少年心理危机干预概论[M]. 成都:四川大学出版社,2011.

[31] 王毅杰,高燕. 流动儿童与城市社会融合[M]. 北京:社会科学文献出版社,2010.

[32] 熊易寒. 城市化的孩子:农民工子女的身份产生与政治社会化[M]. 上海:上海世纪出版社,2010.

[33] 许莉娅. 个案工作[M]. 北京:高等教育出版社,2007.

[34] 叶斌. 抗逆力:青少年抗逆力培育手册[M]. 上海:华东师范大学出版社,2011.

[35] 郑霞泽. 服刑人员未成年子女现状调查[M]. 北京:法律出版社,2006.

[36] 中华人民共和国国家统计局. 中国统计年鉴[M]. 中国统计出版社,2013.

[37] 朱眉华,文军. 社会工作实务守则[M]. 北京:社会科学文献出版社,2006.

[38] 中华医学会精神科学会,南京医科大学脑科医院. 中国精神疾病分类方案与诊断标准[M]. 南京:东南大学出版社,1995.

期刊类：

[39] A·霍耐特,赵璇. 完整性与蔑视:基于承认理论的道德概念原则[J]. 世界哲学,2011,03:68-77.

[40] 安吉."空椅子"疗愈心理创伤[J]. 科普天地(资讯版)2013,06.

[41] 丛玉明,李灵,高阳,姜海丽. 绘画治疗在服刑人员心理矫治中的作用探析[J]. 心理技术与应用,2015(1):37-40.

[42] 陈钢,鄢梦. 犯罪人员未成年子女保护研究[J]. 科技向导,2011(21).

[43] 陈红莉. 叙事治疗在团体工作中的运用与思考[J]. 社会科学家,2011(1):114-116.

[44] 陈少锋,贺新春."法律孤儿"权益保障问题的法律思考[J]. 学术论坛,2014(8):138-141.

[45] 陈伙平. 福建省家长服刑的子女家庭教育调查研究[J]. 福建师范大学学报(哲学社会科学版),2005(2):136-140.

[46] 陈伟. 承认的类型学探析——对霍耐特承认理论的解读[J]. 理论与现代化,2008,05:117-121.

[47] 陈钟林,吴伟东. 国外社会工作评估:理论架构探析[J]. 北京科技大学学报(社会科学版),2006(4):13-15.

[48] 邓国徽:行政化约束在中国非营利组织的能力建设——以太阳村为例[J]. 发展研究,2008(7).

[49] 杜静等. 服刑人员未成年子女民间救助机构的现状研究——基于西安儿童村的调查报告[J]. 社会工作,2007(1).

[50] 段鑫星,马亚静,刘桂智. 小组工作对农村留守儿童交往不适的介入研究[J]. 中国矿业大学学报(社会科学版),2010(2):82-86.

[51] 范蕾蕾. 服刑人员未成年子女的心理特点与教育[J]. 公共管理,2011(1):123.

[52] 范玉倩. 理性情绪疗法在个案社会工作中的应用[J]. 西江月,2013(8).

[53] 范燕宁. 抗逆力在青少年成长过程中的两面性特点——以北京市未成年人社区矫正服刑者的情况为例[J]. 中国青年研究,2006(11).

[54] 冯艳."法律孤儿"心理创伤研究——以X市个案为例[J]. 青年与社会,2013(28):84-85.

[55] 顾东辉. 社会工作实务中的需求评估[J]. 中国社会导刊,2008(22):43.

[56] 谷峻杰,赵晓星. 太阳村:"法律孤儿"温暖的家[J]. 人权,2007(2):38-42.

[57] 管健. 污名研究:基于社会学和心理学的交互视角分析[J]. 江淮论坛,2007(5):110-115.

[58] 郭欣.浅谈服刑人员未成年子女社会保护问题[J].湖南公安高等专科学校学报,2006(4)89－92.

[59] 侯玲.专业社工介入社会性突发事件精神救助的瓶颈与突破[J].中国青年研究,2008.09.

[60] 胡孝斌.社会工作者介入工会工作的可行性及对策[J].社会工作,2011(22):17－19.

[61] 黄双双等.关于服刑人员未成年子女的社会问题及媒介形象研究——以西安儿童村为例[J].文化研究,2012(9):160－161.

[62] 黄卫湘.优势视角下的青少年网瘾问题探讨[J].黑河学刊,2010:159－160.

[63] 黄晓燕,许文青.事实孤儿社会支持研究:基于三类主体的分析——四川省凉山州的实地调查[J].南开学报(哲学社会科学版),2013(1):40－49.

[64] 贺新春,阴秀琴.社会转型期"法律孤儿"抚育模式研究[J].广西社会科学,2013,215(5):85－88.

[65] 贺新春.构筑"法律孤儿"社会关爱体系[J].牡丹江师范学院学报(哲社版),2014,181(3):8－9.

[66] 贺新春.和谐社会视野下"法律孤儿"的思想道德状况及其教育对策[J].中北大学学报(社会科学版),2014,30(2):67－71.

[67] 贺新春.社会工作介入"法律孤儿"社会救助研究[J].江西广播电视大学学报,2012(3):15－18.

[68] 何雪松.叙事治疗:社会工作实践的新范式[J].华东理工大学学报(社会科学版),2006,3.

[69] 季广茂.精神创伤及其叙事[J].山东师范大学学报(人文社会科学版),2011(9).

[70] 寇彧,王磊.儿童亲社会行为及其干预研究述评[J].心理发展与教育,2003(4):86－91.

[71] 寇彧,张庆鹏.青少年亲社会行为的概念表征研究[J].社会学研究,2006(5):169－187.

[72] 李和佳.承认的哲学:霍耐特承认理论评述[J].国外社会科学,2007(5):9－14.

[73] 李克,孙温平.公共管理的制度创新——以民间组织的培育与管理为视角[J].北京政法职业学院学报 2005(4):41－44.

[74] 林东京,刘旭刚,徐杏元.服刑人员未成年子女的现状及救助体系[J].中国司法,2011(4):100－102.

[75] 刘岸泓,郭建丽.服刑人员未成年子女救助现状问题探析[J].中国市

场,2011(35).
- [76] 刘汉生.体育对服刑人员未成年子女心理重建的效用[J].体育文化导刊,2011(9):38—41.
- [77] 刘海燕,郭德俊.情绪心理学的主要理论及其发展[J].心理科学,2005(3).
- [78] 刘红霞.在押服刑人员法律孤儿救助体系的构建与完善[J].法学志,2016(4):125—132.
- [79] 刘怀光,刘岸泓.基于EPQ的服刑人员未成年子女心理问题分析[J].广西政法管理干部学院学报,2011(5).
- [80] 刘庆.青少年偏差行为的社会工作介入[J].青少年研究,2007(3):22.
- [81] 刘曙楠.服刑人员未成年子女人格特征及心理健康研究:以河南太阳村为例[J].课程教育研究(新教师教学),2013(31).
- [82] 刘新玲,杨优君.我国服刑人员未成年子女的救助考察——以北京"太阳村"为个案[J].福建行政学院福建经济管理干部学院学报,2007(7):55—60.
- [83] 刘新玲,张金霞,杨优君.中美服刑人员未成年子女救助的理论与实践比较[J].福建行政学院学报,2009(1):39—45.
- [84] 刘新玲等.中美服刑人员未成年子女救助的理论与实践比较[J].福建行政学院学报,2009(1).
- [85] 李享仁,田国秀.建立抗逆力对抗赌博成瘾——香港预防青少年参与赌博的尝试[J].中国青年研究,2006(11).
- [86] 刘艳雪,王庆雨.对服刑人员子女寄养机构的思考与建议[J].社会学研究,2011(6).
- [87] 路鹏程,石永东.记者职业与心理疾病——国外新闻记者职业性心理创伤研究的现状与展望[J].新闻记者,2013(7):67—75.
- [88] 卢琦."监狱服刑人员未成年子女基本情况调查"综述[J].青少年犯罪,2006(6).
- [89] 陆士桢,宣飞霞.关于中国社会城市青少年弱势群体问题的研究[J].青年研究,2002(7).
- [90] 陆阳,杜桂娥.服刑人员未成年子女的教育现状及对策研究[J].社会研究,2012,23—53.
- [91] 旅安娜·库图.有一种力童叫复原力[J].商业评论,2003(7).
- [92] 吕晗,韦康,刘熊,康堃.服刑人员未成年子女社会救助问题研究[J].法制博览(中旬刊),2013.
- [93] 苗冬青,陈建俏.依托朋辈群体开展大学生德育的模式探究[J].科教文汇(上旬刊),2015,301:16—17.

[94] 彭佳.浅析服刑人员未成年子女保护的必要性及途径[J].山西青年管理干部学院学报,2010(1).

[95] 彭华民,刘玉兰.抗逆力:一项低收入社区流动儿童的实证研究[J].广东青年职业学院学报,2012,26(90).

[96] Robert B. Mc Call, Christina J. Groark, Junlei Li. 福利机构中的类家庭养育[J].曾凡林译,社会福利,2009(12).

[97] 任慧.年浅析影响儿童心理创伤痊愈的因素[J].科技创新导报,2011(36).

[98] 沈之菲.青少年抗逆力的解读和培养[J].思想理论教育,2008(1).

[99] 盛来运等.中国统计年鉴[J].中国统计出版社,2013.

[100] 田国秀.从"问题视角"转向"优势视角"——挖掘学生抗逆力的学校心理咨询工作模式浅析[J].中国教育学刊,2007(1).

[101] 田国秀.从抗逆力视角对"问题青少年"实施干预[J].中国青年研究,2006(11).

[102] 田国秀.抗逆力研究及对我国学校心理健康教育的启示[J].课程教材教法,2007,27(3).

[103] 田国秀,邱文静,张妮.当代西方五种抗逆力模型比较研究[J].华东理工大学学报,2011(4).

[104] 田国秀,曾静.关注抗逆力:社会工作理论与实务领域的新走向[J].中国青年政治学院学报,2007(1).

[105] 万明国,夏东海.重大灾害事件群体创伤心理障碍与救助研究[J].武汉理工大学学报(社会科学版),2011(6).

[106] 王波.阅读疗法理论和实践的新进展[J].图书馆杂志,2010(10):25-32.

[107] 王才勇.承认理论的现代意义辨析[J].马克思主义与现实,2010(6):119-123.

[108] 王凤才.从承认理论到多元正义构想——霍耐特哲学思想发展的基本轨迹[J].学海,2009(3):88-92.

[109] 王凤才.论霍耐特的承认关系结构说[J].哲学研究,2008(3):41-50.

[110] 王凤才."为承认而斗争":霍耐特对黑格尔承认学说的重构[J].马克思主义与现实,2010(3):101-112.

[111] 王国芳,滕建楠,杨敏齐.监狱服刑人员未成年子女研究现状分析[J].枣庄学院学报,2012(6):112-117.

[112] 王健,李长江等.服刑人员未成年子女的心理问题和社会支持度的关系[J].中国儿童保健,2012(7):622-624.

[113] 王建会."创伤"理论与亚裔美国文学批评——以亚裔男性研究为视角[J].当代外国文学,2010(2).

[114] 王君健,寇薇.承认理论视角下"法律孤儿"生存现状的个案研究[J].青年研究,2013(5):44—52.

[115] 王君健:社会工作介入"受艾滋病影响的失依儿童"抗逆力养成——基于河南省 ZMD 市的循证研究[J].青年研究,2011(3).

[116] 王君健,庞一.以社会交换论为分析工具的污名解读[J].现代交际,2013(6):11—12.

[117] 王美芳.学前儿童亲社会行为的发展特点与教育[J].山东师大学报(社会科学版),2000(4):74—76.

[118] 王庆雨.服刑人员子女发展现状的调研报告_以陕西回归儿童村为例[J].知识经济,2011(17).

[119] 王庆雨,刘艳雪,张宇飞,陈晋.对服刑人员子女心理健康状况的调查报告——以陕西回归研究会儿童村为例[J].学理论,2011(5).

[120] 王铁梅,于秋波.合理情绪疗法及其应用研究[J].佳木斯大学社会科学学报,2007(2):123—124.

[121] 魏强.服刑人员未成年子女救助机制缺失的法律思考[J].枣庄学院学报,2013(3):47—50.

[122] 卫小将,何芸."叙事治疗"在青少年社会工作中的应用[J].华东理工大学学报(社会科学版),2008(2).

[123] 吴宗宪.赫希社会控制理论述评[J].预防青少年犯罪研究,2013(6):76—88.

[124] 席居哲,桑标,邓赐平.儿童心理健康发展的家庭生态系统特点研究[J].心理科学,2004(1).

[125] 夏学銮.青少年心理健康与问题面面观[J].中国青年研究,2003(6):6—8.

[126] 夏禹波,姜志荣.青岛市服刑人员未成年子女教育现状调查及对策研究[J].青岛大学师范学院学报,2010(3).

[127] 谢倩.给服刑人员子女一个家[J].民主与法制,2011(20).

[128] 谢启文.服刑人员未成年子女的生存与救助[J].青少年研究(山东省团校学报),2012(1).

[129] 许威,李佳佳.儿童创伤后应激障碍的特点及治疗方法[J].中小学心理健康教育,2014(2).

[130] 许莉娅."失依儿童福利院内家庭养护模式探索性研究——以北京市儿童福利院孤残儿童为例"[J].中国青年政治学院学报,2007(4).

[131] 徐浙宁,冯萍. 服刑家庭子女生活状况及发展需求调查[J]. 青年研究, 2005(6):41—49.

[132] 严浩仁,陈鹏忠,殷导忠. 服刑人员未成年子女生存状况与社会救助研究——对浙江常山县、开化县和平湖市的调查[J]. 法治研究,2009(3).

[133] 杨美荣,郭鑫等. 服刑人员未成年子女心理健康状况[J]. 中国学校卫生,2013(7):866—867.

[134] 詹红,雷平华."福利院3种抚育模式对孤残儿童身心发育影响调查分析"[J]. 江西医药,2010,45(7),第681—683页.

[135] 张宝山,俞国良. 污名现象及其心理效应[J]. 心理科学进展,2007,15(6):993—1001.

[136] 张金俊,王德荣. 50例问题大学生的挫折适应和支持网络[J]. 铜陵学院学报,2007(2).

[137] 张明锁,张瑞红,李倩影,谢小卫,李飞跃,刘文静. 我们想融入"社会"这个家——关于服刑人员未成年子女的形势分析与需求评估报告[J]. 预防青少年犯罪研究,2012(7).

[138] 张爽. 从抗逆力视角对未成年劳教人员进行思想道德教育初探[J]. 科教导刊,2011(11).

[139] 张卫英,陈琰. 国家机关在法律孤儿社会救助中的作用[J]. 中国青年政治学院学报,2008(4):34—37.

[140] 曾守锤,李其维. 儿童心理弹性发展的研究综述[J]. 心理科学,2003(6).

[141] 赵琰. 国内霍耐特承认理论研究综述与思考[J]. 广州社会主义学院报,2011(1):46—50.

[142] 周涛. 浅谈服刑人员子女的社会保护[J]. 辽宁警专学报,2005(4).

[143] 朱华燕,朱华军. 服刑人员未成年子女生存状况实地调查——以浙江宁波某县为例[J]. 青年研究,2008(4).

[144] 赵冬梅. 心理创伤的治疗模型与理论[J]. 华南师范大学学报(社会科学版),2009(3):125—129+160.

[145] 邹琼. 青少年自我同一性研究[J]. 当代青年研究,2005(3).

会议论文类:

[146] 杨蕴萍,王倩. 创伤:精神分析进展[C]. 全国首届心理创伤治疗和危机干预学术研讨会论文集,2005.

报纸类:

[147] 刘新玲,张金霞,杨优君. 中美服刑人员未成年子女救助的理论与实践

比较[N]. 福建行政学院学报,2009.
[148] 王凤才. 哪里有蔑视,哪里就有反抗?[N]. 中国社会科学院报,2009 (1):6-10.
[149] 谢烨. 南京2幼女疑被饿死家中谁之过?[N]. 南方周末,2013-06-26, http://www.infzm.com/content/91793.
[150] 张雪梅. 我国服刑人员未成年子女保护问题研究[N]. 法制日报,2004 (1).

论文类：

[161] 蔡群瑞. 复原力对离婚后个人适应之影响研究[D]. 台湾:国立彰化师范大学,2002.
[162] 常田子. 服刑人员家庭未成年子女教育问题研究[D]. 河南大学,2002.
[163] 陈姿漩. 运用冒险式学习建构青少年复原力之研究[D]. 台湾:国立暨南国际大学,2007.
[164] 陈福侠. 问题学生污名研究[D]. 华东师范大学,2010.
[165] 黄敏儿. 情绪调节过程与个体差异[D]. 首都师范大学博士论文,2002.
[166] 郝桐. 个案工作对老年人抑郁情绪的介入问题研究——以童心苑老年公寓某老人为例[D]. 华中科技大学,2013.
[167] 蒋超. "初二学生"认知行为偏差的小组工作介入——以苏州市葑门街道"快乐初二"项目为例[D]. 苏州大学.,2014
[168] 孔莉. 对青少年偏差行为的社会工作干预——以湖南省特训学校为例[D]. 中南大学,2013.
[169] 李佳丽. 小学生助人行为发展及培养的实验研究[D]. 河北师范大学,2012.
[170] 梁兵. 画疗法在儿童车祸心理绘创伤治疗中的应用[D]. 长春工业大学,2013.
[171] 刘海燕. 青少年恐惧情绪再评价调节脑机制FMRI研究[D]. 首都师范大学博士论文,2005.
[172] 马晓梅. 孤儿创伤后应激障碍的社会工作介入研究[D]. 吉林大学,2013.
[173] 孔丽娟. 艾滋病致孤儿童的抗逆力研究——以河南省若干艾滋病致孤儿童为例[D]. 中国青年政治学院,2011.
[174] 李卉. T机构服刑人员未成年子女的需求调查及救助模式的探索[D]. 中国社会科学院,2012.
[175] 卢婧一. 霍耐特承认理论探析[D]. 大连理工大学,2007.
[176] 彭艳玲. 未成年人偏差行为及其预防[D]. 中国政法大学,2006.

[177] 沈辰.关于社会工作介入服刑人员未成年子女救助的研究[D].吉林大学,2012.
[178] 孙聪.服刑人员未成年子女教育问题研究——以顺义"太阳村"为例[D].长春:吉林农业大学,2011.
[179] 孙铭慧.服刑人员未成年子女抗逆力养成研究[D].中国青年政治学院,2013.
[180] 沈辰.关于社会工作介入服刑人员未成年子女救助的研究[D].吉林大学,2012.
[181] 盛平.服刑人员未成年子女救助问题研究[D].大连理工大学,2009.
[182] 苏永健.基于扎根理论的大学生学校认同过程研究[D].华中师范大学,2009.
[183] 王克.优势视角下的当代大学生抗逆力状况研究[D].西北大学,2011.
[184] 薛蕾.服刑家庭儿童青少年心理健康状况及心理干预对策研究[D].陕西师范大学,2008.
[185] 闫静洁.社会转型期青少年偏差行为矫治的社会工作介入研究[D].陕西师范大学,2014.
[186] 杨晖.小组工作方法在90后大学生人际交往能力训练中的应用——以S大学为例[D].山东大学,2013.
[187] 张朦朦.小组工作方法介入大学新生适应问题研究—以 s 大学新生成长小组为例[D].首都经济贸易大学,2014.
[188] 赵琰.国内霍耐特承认理论研究综述与思考[D].华侨大学,2011.
[189] 朱晓荣.民间儿童救助组织与政府互动合作关系研究[D].大连理工大学,2013.

其他类：

[190] 司法部预防犯罪研究所课题组:2006年监狱服刑人员未成年子女基本情况调查报告［EB/OL］. http://zqb.cyol.com/content/2006-07/04/content－143600.htm.
[191] 关于关注和解决服刑人员未成年子女生活和教育问题的建议［EB/OL］.人民网(北京),2009年全国两会议案提案. 2009－03－14
[192] 盛来运.总编23－30在押服刑人员基本情况[Z].中国统计年鉴,2013.

外文类：

[193] Achenback, T. M., & Edelbrock, C. S. *The Child Behavior Profile II：Boys Aged 12-16 and Girls Aged 6-11 and 12-16. Journal of Consulting and Clinical Psychology*, 1979,47:223, 233.

[194] Allison Harding & Jamie Harding. *Inclusion and exclusion in the rehousing of former prisoners*, 2006, http://prb.sagepub.com/content/53/2/137.

[195] Allen-Meares, P., *Social Work with Children and Adolescents*, New York: Longman Publisher, 1995.

[196] Bates, R. E., Lawrence-Wills, S. & Hairston, C. F. *Children and Families of Incarcerated Parents: A View from the Ground*. Research Brief: Children, Families, and the Criminal Justice System, 2003.

[197] Bowlby, J. *Attachment and Loss*, Vol. 1: *Attachment*. New York: Basic Books, 1982

[198] Len Doyal & Ian Gough, *A Theory of Human Need*, The Macmillan Press LTD, 1991.

[199] Driessnack, M. *Remember me: Mask making with chronically and terminally ill children*. Holistic Nursing Practice, 2004, 18 (4), 211−214.

[200] Fritsch, T. A., & Burkhead, J. D. *Behavioral reactions of children to parental absence due to imprisonment*. Family Relations, 1981: 30, 83−8.

[201] Garmezy N, *Children in poverty: Resilience despite risk*, Psychiatry, 1993: 56−61. Mumola C J. Incarcerated parents and their children. Washington, DC: U. S. Department of Justice [August 2000, NCJ 182335], 2000.

[202] Gabel, Stewart. *Forum of Corrections Research. Behavioral problems in the children of incarcerated parents*. Volume 7 (2). 1995.

[203] Gabel S. *Children of incarcerated and criminal parents: Adjustment, behavior, and prognosis*. Bulletin of the American Academy of Psychiatry Law 20, 1992, 33−45.

[204] Gaudin J & Sutphen R. *Foster care vs. extended family care for children of incarcerated mothers*. Journal of of-fender Rehabilitation, 19 (3/4), 1993, 129−147

[205] Gorss, J. J., *Emotion and emotion regulation*. In L. A. Pervin & O. P. John(Eds.). Handbook of Personality : Theory and Research (2nd. Ed.) New York: Guilford, 2000.

[206] Jones. Tiffany J. *Neglected by the System: A Call for Equal Treatment for Incarcerated Fathers and Their Children-Will Father Absenteeism Perpetuate the Cycle of Criminality?* California Western Law Review 39 Cal. W. L. Rev. 87, 2002−2003.

[207] Kruczek,T. *Inside-outside makes*. In H. Kaduson & C. Schaefer (Eds.), *101 more favorite play therapy techniques*. Lanham, MD: Jason Aronson, 2011: 70—74.

[208] Laver M. *Incarcerated parents: What you should know when handling an abuse or neglect case*. Child Law Practice, 2001,20(10):45—159.

[209] Lanier C S. *Incarcerated father: A research agenda*. Forum of Corrections Research. Volume 1995,7(2).

[210] Muffay Jeseph. *The cycle of punishment: Social exclusion of prisoners and their children*, Criminology and Criminal Justice. 2007,7:55

[211] Murray, J. *The cycle of punishment: Social exclusion of prisoners and their children*. Criminology and Criminal Justice, 2007,7(1), 55—81.

[212] Mandel co B. L. and Peery J. C., *An organizational framework for conceptualizing resilience in children*, Journal of Child and Adolescent Psychiatric Nursing, 2000:139.

[213] Office of Performance Evaluations. *Programs for Incarcerated Mothers (Report to the Idaho State Legislature)*. 2003.

[214] Ohcsner,K. N. ,Bunge,S. A. ,Gross,J. J. ,Gbarieli,D. E. *Rethinkgkinng Feelings: An FMRJ Sutdy of the Cognitive regulation of emotion*. Journal of Cognitive Neuroscience,2002,14(8):1215—1229

[215] Philip Genty, Arlene Lee, Mimi Laver. *The Impact of the Adoption and Safe Families Act on Children of Incarcerated Parents*. Washington, DC:Child Welfare League of America. 2005.

[216] Richardson G. E. , *The meta theory of resilience and resiliency*, Journal of Clinical Psychology, 2002,58:307—321.

[217] Rutter M. *Psychosocial resilience and protective mechanisms*, American Journal of or psychiatry, 1987:57.

[218] Sarrni,C. , umme,D. L. , & Campos,J. L. *Emotion development: Action,communication,and understanding*. In W. Dmmon (Series Ed.) & Eisernberg (Vol. Ed.),*Handbook of child psycholoygy:Vol. 3. Social,emotional,and personality development* (5th ed.,) New Yorkk: Wiley. 1998:237—310

[219] Seymour, Cynthia, Hairston, Creasie F (eds.) *Children with Parents in Prison. Child Welfare Policy, Program, & Practice Issues*. Transaction Publishers New Brunswick (U. S. A.) and London (U. K.), 2001

[220] Smith B & S Elstein. *Children on Hold: Improving the Response to Children Whose Parents Are Arrested and In car-cerated*. Washington D. C.: American Bar Association, Center for Children and the Law. 1994.

[221] Stanley, E, Byrne, S. *Mothers in Prison: Coping with Separation from Children*. Australian Insitute of Criminology, 2000.

[222] Ungar M. "*The Social Construction of Resilience Among "Problem" Youth in out-of-Home Placement: A Study of Health-Enhancing Deviance*," Child and Youth Care Forum, 2001(30):137—154.

[223] Victorian Association for the Care and Resettlement of Offenders (VACRO) 2000, *Doing it hard*. A study of the needs of children and families of prisoners in Victoria, Australia.

[224] Werner E. and Smith R., *Overcoming the odds: High risk children from birth to adulthood*. Ithaca, NY: Cornell University Press, 1992: 69—73.

致　谢

在这里研究团队成员代表王君健、寇薇、彭燕、刘文静衷心感谢香港理工大学——北京大学对我们研究团队的培养,特别是阮曾媛琪教授、王思斌教授对我们项目的支持,感谢古学斌老师、叶少勤老师对我们的督导,感谢凯瑟克基金会从读书到项目的资金支持,特别是基金会王少芬女士、曾乐礼先生一直的关心,还要感谢太阳村和爱童园的孩子们和工作人员。

图书在版编目(CIP)数据

为了两代人的重生:"法律孤儿"救助保护的实践研究/王君健主编.—上海:上海三联书店,2019.6
ISBN 978-7-5426-6483-9

Ⅰ.①为… Ⅱ.①王… Ⅲ.①孤儿-法律保护-中国-文集 Ⅳ.①D923.84-53

中国版本图书馆 CIP 数据核字(2018)第 206506 号

为了两代人的重生:"法律孤儿"救助保护的实践研究

主　　编 / 王君健
责任编辑 / 郑秀艳
装帧设计 / 一本好书
监　　制 / 姚　军
责任校对 / 张大伟

出版发行 / 上海三联书店
　　　　　(200030)中国上海市漕溪北路 331 号 A 座 6 楼
邮购电话 / 021-22895540
印　　刷 / 上海惠敦印务科技有限公司
版　　次 / 2019 年 6 月第 1 版
印　　次 / 2019 年 6 月第 1 次印刷
开　　本 / 890×1240　1/32
字　　数 / 250 千字
印　　张 / 11
书　　号 / ISBN 978-7-5426-6483-9/D·401
定　　价 / 48.00 元

敬启读者,如发现本书有印装质量问题,请与印刷厂联系 021-63779028